Jürg Jegge
DUMMHEIT IST LERNBAR

Erfahrungen mit «Schulversagern»

Vorwort von Hans-Jochen Gamm
Professor für Pädagogik
an der Technischen Hochschule Darmstadt

W0089612

Kösel-Verlag München

Lizenzausgabe für die
Bundesrepublik Deutschland
mit Genehmigung des
Zytglogge Verlags, Bern

© 1976 Zytglogge Verlag, Bern
Alle Rechte vorbehalten
Umschlag und Gestaltung: Werner Maurer
Satz und Druck: Willy Dürrenmatt AG, Bern
Printed in Switzerland 1980
ISBN 3-466-11007-6

Vorwort

Seit die Studenten und Schüler gegen Ende der sechziger Jahre in den westlichen Industrienationen erstmalig beharrlich die politisch-gesellschaftliche Analyse ihrer Erziehungseinrichtungen betrieben und nach deren verborgenen Interessen gefragt haben, ist die öffentliche Überzeugung, dass es mit der Bildung der nachwachsenden Generation zum besten stehe, zunehmend brüchiger geworden. Schulneubauten, Turnhallen, naturwissenschaftliche Kabinette und Sprachlabors bilden keine hinlängliche Legitimationsbasis für die Humanität einer Schule.

Zwar lässt sich die Beunruhigung, wie jedermann weiss, durch besonders nachdrückliche Betonung der Vorteile unseres Bildungssystems leicht kaschieren. Es fehlt fraglos nicht an Beispielen der Art, dass es andernorts im Erziehungsprozess weit rigider zugeht, nur, es ist misslich, Gebrechen und Mängel anderer Verhältnisse zur Entschuldigung eigener Versäumnisse aufzubieten, und so scheint inzwischen das traditionell gute Gewissen der Machteliten in den westlichen Industrienationen in Hinsicht auf die Bildungsbelange und das sogenannte Bürgerrecht auf Bildung leicht belastet.

Der Verdacht will sich nicht von der Hand weisen lassen, dass Kinder und Jugendliche, denen als nachwachsender Generation die Trägerschaft unseres Gesellschaftssystems von morgen anheim gegeben sein wird, im Rahmen der Schule einer umfassenden *Disziplinierung* unterworfen werden, die sie eher dazu veranlasst, die vorgefundenen Verhältnisse unverändert zu tradieren, weil sie sie inzwischen verinnerlicht haben, als darauf vorbereitet, dem Menschen zu seiner Würde zu verhelfen, das heisst, die gesellschaftlichen Verhältnisse in *allen* Bereichen *menschlich* zu gestalten. Dabei ist Bildung jenes Vehikel, das die Einsicht in die regulierenden Bedingungen von Geschichte und Gegenwart zu vermitteln in der Lage wäre und daher das Ferment des Emanzipationsprozesses hergeben könnte.

Aber die Schule diszipliniert nicht nur, sie *liest auch aus.* Die Dreigliedrigkeit unseres Gesellschaftssystems findet ihre Entsprechung in der vertikalen Staffelung der Bildungseinrichtungen. Es gibt eine «höhere», eine «mittlere» und eine «einfache» (= niedrige) Bildung, und die solchen Typen zugeordneten Anstalten zeigen bei materialistischer Betrachtung recht präzise den unterschiedlichen Aufwand, den die Gesellschaft für ihre gestaffelten Bildungsformate bereitzustellen wünscht. Wer für die einfache Bildung ausgelesen ist, für den stehen weit geringere Bildungsmittel in materieller wie ideeller Hinsicht zur Verfügung als für die übrigen Rangstufen. Zudem wird bei der Auslese innerhalb der unteren Position noch ein zusätzlicher Effekt wirksam, der auf die Stigmatisierung einer Schülerminori-

tät hinausläuft. Diese Minorität steht unter der fragwürdigen pädago-
gisch-psychologischen Diagnose, sie sei nur beschränkt bildsam, sei durch
verlangsamte Aufnahmeprozesse gekennzeichnet und scheitere in an-
spruchsvolleren logischen Operationen; das Abstraktionsniveau lasse sich
nicht wesentlich erhöhen.

Für diese Minorität stellt die Gesellschaft in teils karitativer, teils rehabili-
tatorischer Absicht die *Sonderschule* für «Lernbehinderte» zur Verfügung.
Die Wirtschaft bezieht daraus einen kräftigen Stamm Unqualifizierter,
sprich: Hilfsarbeiter – Leute, die dankbar sein müssen, dass sie trotz ihrer
Behinderung arbeiten dürfen, denn bislang gibt es keine Gewerkschaft, die
sich der Interessenvertretung solcher Menschen annähme. So bleibt – in
leicht modifizierter Gestalt zwar, aber in der Kernfunktion unverändert –
die industrielle Reservearmee bestehen, über deren Bedeutung für den
Wirtschaftsapparat wir durch *Karl Marx* gründlich belehrt worden sind.

Nun erfolgt diese Siebung aber – wie gesagt – in der Schule, einer Anstalt
unter humanitärem Anspruch. Ein Urteil, das auf «Dummheit» lautet, hat
lebenslange weitreichende soziale Folgen, die vom betroffenen Individuum
nicht zu vertreten sind.

Eine Revision des Urteils ist angezeigt und wo sollte sie geschehen, ausser
in der Schule selbst? Dies freilich erfordert ein Umdenken hinsichtlich der
Lerngeschichte des Individuums und seiner Bezugsgruppe, also eine veränderte pädagogische Anamnese. Dies erfordert vor allem den Mut von Pädagogen, sich für gesellschaftliche Handlangerdienste nicht unbedingt her-
zugeben, sondern das Urteil über die Leistungsfähigkeit eines Schülers im
Zusammenhang mit dessen Individualgenese zu sehen. Vor allem aber
käme es darauf an, in den Katakomben unseres Bildungssystems, in der
Sonderschule für Lernbehinderte, die Chancen einer individuellen und sozialen Selbstbestimmung für möglich zu halten und zu eröffnen.

Jürg Jegge, in einem Dorf nahe Zürich, ist einer der Lehrer, die sich mit den
geläufigen Bildungsniveaus nicht abfinden wollen. In seiner kleinen Schule
für Lernbehinderte herrscht so etwas wie eine pädagogische Ursituation.
Die erzieherische Phantasie, eine bei manchen Lehrern, Schulaufsichtsbe-
amten und Erziehungswissenschaftlern nahezu verkümmerte Ausstattung
des Menschen, lässt Jegge Einsichten gewinnen, die bei einer nur «beam-
tenmässigen» Einstellung längst unter Routine, Abwehr oder Resignation
begraben worden wären. Bei ihm dürfen sich die von ihrer Umgebung oft
brutal misshandelten und sozial geschädigten Kinder und Jugendlichen so
verhalten, wie es ihnen ihre Stimmung gebietet, ohne dass auf ihre aggressiven Akte sogleich ein Rückschlag erfolgte. Eine solche Szene, die erste Ansätze von angstfreiem Umgang vermittelt, lässt Erfahrungen entstehen, un-

ter denen die ständig bedrohte Pflanze Identität offenbar zu gedeihen in der Lage ist. Was die «Behinderten» persönlich darzubieten vermögen, lässt den Leser jedenfalls nachdenklich werden.

Das gesamte Buch Jürg Jegges ist aus der Sicht der Betroffenen selbst dargestellt, es ist Plädoyer für eine humane Erziehung angesichts kränkender Umstände in der spätbürgerlichen Gesellschaft. Was Jegge erkennt und praktiziert, hat er wesentlich in der Gemeinschaft mit seinen «Behinderten» gelernt. Die *Situation,* das heisst, die Basis des erzieherischen Prozesses, gab dafür den Erkenntnisrahmen her. Was er dagegen früher während seiner Ausbildung studiert haben mag, dürfte längst vergessen worden sein, dürfte sich überhaupt den bedrängenden Umständen gegenüber als inadäquat erwiesen haben.

Hier war gefordert, sich in seiner menschlichen Qualität zu stellen, eine Aufgabe, die kaum methodisierbar ist. Gleichwohl hat Jegge im Umgang mit den ihm Anvertrauten eine Fülle neuer Methoden erfunden und geübt. – Dabei wurde Wissenschaft zur Praxis und praktische Erfahrungen boten neue theoretische Ansätze, von denen der Autor manche erstaunliche Beispiele vorlegt.

Anhand des Buches von Jegge lässt sich erkennen, dass mit Hilfe gesellschaftlicher Reglementierungen Dummheit lernbar ist, dass aber auch erzieherische Verhältnisse zu schaffen sind, in denen die Vollsinnigkeit des Menschen neue Grundlagen findet. Ob diese Erkenntnisse nur einer pädagogischen Provinzialisierung dienen, muss die Zukunft lehren. Aber wie sollte die Humanisierung der Verhältnisse anders bewirkt werden, als zunächst im Rahmen kleiner Gruppen?

Darmstadt, im Juli 1976   Hans-Jochen Gamm

Einige Bemerkungen zum Gegenstand dieses Buches

Lieber Leser, offenbar gehören Sie zu den Menschen, die Bücher lesen. Und zwar Bücher, die einen bestimmten «Gegenstand» «behandeln». Vermutlich besitzen Sie also eine gewisse «Bildung» – noch schöner: einen gewissen «Bildungsgrad». Erworben haben Sie sich diese Bildung in – oder trotz – der Schule. Auf jeden Fall haben auch Sie ganz bestimmte Erfahrungen gemacht in Ihrer Schulzeit. Vielleicht solche, wie sie der Psychoanalytiker Hans U. Müller an seinem eigenen Beispiel beschreibt:

«Von den ersten vier Klassen weiss ich nicht mehr viel. Meine Noten waren nicht gut und nicht schlecht, ich nahm sie kaum wahr. In der 4. Klasse kam ich zu einem Lehrer, der mich für schwererziehbar erklärte, und da stiess ich zum ersten Mal mit der sogenannten «Betragensnote» zusammen.

«Unbefriedigend» hiess es da – nicht nur einmal! Da wurde mir langsam bewusst, dass ich etwas Dunkles, Abscheuliches in mir hatte. Das drückte mich sehr, und ich konnte mir nur mit noch grösseren Frechheiten etwas Luft machen. Statt in ein Erziehungsheim, wie der Lehrer vorschlug, wurde ich in eine andere Klasse versetzt. Der neue Lehrer mochte mich. Alsbald verschwand auch das Dunkle und Verbrecherische in mir, und ich verbrachte zwei schöne Schuljahre. Die Stunden waren zwar langweilig – aber wie gesagt, der Lehrer mochte mich, und ich bekam immer bessere Noten. Es regnete nur so 5–6er und Sechser.[1] Die meisten anderen hatten schlechtere Noten. Da gab es so Fritze und Jolandas, die kaum ein Wort flüssig lesen konnten, die keine Antwort wussten, wenn der Lehrer eine Frage stellte. Doppelt süss war es da, aufzustrecken und die richtige Antwort herauszuposaunen. Da wurde so recht klar, wer gescheit, wer noch gescheiter und wer dumm war. Was für ein Gefühl, oben zu sein und noch einen Sechser mehr zu haben als der feine und saubere Marcel, dessen Vater so reich war. Endlich wusste ich, welchen Wert ich hatte.

Dann stürzte ich ins kalte Bad der Mittelschule. Dort gab es so viele unangenehme Kerle, die auch gute Noten machten, bessere als ich. Die Zeit der «Exe» brach an. Der Lateinlehrer – nebenbei ein feinsinniger Hölderlin-Forscher – las die Notenranglisten herunter wie ein Sportkommentator. (Übrigens hasste er den kulturlosen Sport.)

«Meier hat sich nach vorn gearbeitet – bravo, weiter so! – Meili hat leider

---

Anm. 1
Im Kanton Zürich ist die Sechs die beste Note.

etwas Terrain verloren. Aufholen, aufholen, nur nicht aufgeben! – Und da ist noch Müller – ja – nichts Berühmtes! Noch mehr gegen die Schlussgruppe zurückgesackt. Bedenklich, bedenklich . . .»

Zwei Jahre später hiess es – diesmal vom Mathematiklehrer: «Müller, du gehörst nicht hieher. Wir sind hier eine Elite, verstehst du. Geh doch lieber in die Fabrik. Da gehörst du hin!» Worauf ich mir Mühe gab und mich der Elite wieder um 0,875 im Durchschnitt näherte. Das rettete mich, und schliesslich machte ich die Matur.

Auf der Universität, wo ich ein paar Semester studierte, waren Noten nicht mehr nötig. – Sie sass bereits allen tief in den Knochen, die Frage: Wer ist besser, du oder ich? Und die grösste Quelle des europäisch-amerikanischen Glücks hatte sich allen erschlossen: besser zu sein als der andere. Der Sieger zu sein unter Verlierern. Da dieses Glück kein glückliches Glück ist, muss es ständig erneuert werden.

Wo sind neue Gegner, die ich übertrumpfen kann? Gib mir heute meinen täglichen Sieg über andere . . . Denn: Rein als Mensch bin ich noch nichts. Erst durch meine Leistung und durch meine Wertmarke werde ich etwas.»[2]

Wenden wir uns den anfangs erwähnten «Fritzen und Jolandas» zu. Diese haben Sie nicht lange auf Ihrem schulischen Erfolgs- oder Leidensweg begleitet. Die sind irgendwann in der Primarklasse sitzen geblieben, und Sie haben sie aus den Augen verloren. Begegnet sind Sie ihnen möglicherweise später wieder bei der allfälligen Lektüre pädagogischer oder psychologischer Fachliteratur. Aber wie wunderbar haben die sich verändert:

«Die statistisch signifikante Korrelation zwischen sozialer Derivatheit einerseits und psychogener sowie soziogener Defizite andererseits ist evident.»[3]

Verstehen Sie so etwas auf Anhieb? Ich auch nicht. Kaum sind in solcher Prosa Ihre Schulkameraden aus den ersten Klassen wiederzuerkennen. Auf keinen Fall wird ersichtlich, wieviel Unrecht, wieviel menschliches Leid hinter einer solchen Aussage steckt, besser: davon verdeckt wird. Zum

---

Anm. 2
H. U. Müller in einem unveröffentlichten Vortrag.
Anm. 3
Auf Deutsch heisst das: Arme Leute – dumme Kinder.

Glück für solche Autoren ist Richard Hausers[4] Begriff der Intelligenz noch nicht allzu weit verbreitet. Dieser umfasst neben dem logischen auch noch den sozialen und den gefühlsmässigen Faktor. Wäre das allgemein üblich, so bezeichnete man so etwas wie den obigen Text als eine etwas spezielle Form von Dummheit.

Doch nun zum vorliegenden Buch. Es hat keinen «Gegenstand», es handelt von Menschen. Von diesen Fritzen und Jolandas, die in Ihren ersten paar Schuljahren mit in Ihrer Klasse sassen und oft belachte Antworten lieferten.

Ich habe solche Kinder ziemlich genau kennengelernt, seit ich eine Klasse für «Schwachbegabte» führe. Und je besser ich sie kennenlernte, desto mehr sah ich: Ihre «Dummheit», die ihnen von ihrer Umwelt so gern bestätigt wird, ist keine von vorneherein unveränderbare Grösse. Sie hängt ab von ganz verschiedenen Faktoren, die auch veränderbar sind. Dass die mit ihnen durchgeführten Intelligenztests negative Resultate erbracht haben, sagt mehr aus über die Eingleisigkeit dieser Tests als über die Intelligenz dieser Kinder. Zu diesem ganzen Problemkreis möchte ich hier einige Berichte, Erfahrungen und Überlegungen vorlegen.

Wenn ein geplagter Landschulmeister ein Buch schreibt, so muss er sich die Zeit dazu geradezu stehlen. Er hat nämlich etwas weit Ernsthafteres zu tun: Er muss Schule halten. Deshalb ist vieles in diesem Buch nur angedeutet, bruchstückhaft beschrieben, nicht mit genügender Konsequenz zu Ende gedacht. Ein in allen Punkten ausgefeiltes Buch zu schreiben, will ich gerne fleissigeren Leuten überlassen.

In einem Punkte allerdings halte ich es sehr wohl für repräsentativ: Viele darin enthaltene Berichte – die fettgedruckten – stammen von meinen Schülern. Von Hilfsschülern. «Geistesschwäche leichteren Grades» lautet das offizielle Etikett, «sprachlich schwach», «kann sich nicht ausdrücken» und ähnliche einschlägige Qualifikationen finden sich in ihren Zeugnissen. Entstanden sind die Berichte im Zuge der noch zu beschreibenden pädagogisch-therapeutischen Arbeit. Sie wurden von mir so bearbeitet, wie eben ein Lehrer einen Aufsatz behandelt: Ich habe Rechtschreibfehler ausgemerzt, allzu verunglückte Sätze geradegestellt, mehr nicht. Alles übrige stammt von den Schülern.

Anm. 4
R. u. H. Hauser: Die kommende Gesellschaft, Barmen/Wuppertal o.J.

So beschreibt beispielsweise im nächsten Kapitel ein Schüler – wir wollen ihn Ruedi nennen – seine Erlebnisse in der Primarschule. Niedergeschrieben hat er sie in Schulstunden, in seiner Freizeit, wann immer er gerade das Bedürfnis dazu hatte. Wir besprachen miteinander, was er aufgeschrieben hatte. So bekam er mit der Zeit eine veränderte, eine distanziertere Einstellung zu seinen Erlebnissen.

Wenn Sie, lieber Leser, Ruedis Bericht mit Ihren eigenen Schulerinnerungen (oder beispielsweise mit denen Hans U. Müllers) vergleichen, so werden Sie vermutlich feststellen, dass die sich himmelweit davon unterscheiden. Mir ergeht es mit meinen Erinnerungen nicht anders. Natürlich ist auch das Dasein des relativ erfolgreichen Schülers kein eitel Honiglecken. Natürlich hatten auch wir Schwierigkeiten. Natürlich erlitten auch wir Kränkungen. Natürlich wussten auch wir uns oft kaum zu helfen.

Aber die Erlebnis-Ebene ist eine ganz andere. Wir wurden nicht in den ersten paar Schuljahren – oder vorher – zusammengestaucht, als wir die Erwachsenen noch als kleine Götter betrachteten und deshalb ihrem vernichtenden Urteil nichts entgegenzusetzen hatten. Unsere ersten paar Erfahrungen mit Lernen, mit Bildung waren positiv. (Deshalb gehören wir jetzt zu den Menschen, die Bücher lesen.)

Unsere Misserfolge lassen sich kaum mit den Misserfolgen dieser Kinder vergleichen. Sie sind – vielleicht verstehen Sie erst nach der Lektüre des Buches, wie ich das jetzt meine – harmloser. Das erschwert uns das Einfühlen in den Problemkreis. Ich auf jeden Fall hätte niemals das alles kennen gelernt, was ich in diesem Buch beschreibe, wenn mir meine Schüler nicht geduldig und nachsichtig dabei geholfen hätten.

Noch etwas: In diesem Buch werden auch andere Arbeiten zitiert. Immer, wenn solche Zitate als negative Beispiele gebracht werden, gebe ich die Quelle nicht an. Es geht hier nämlich nicht um die stellenweise verunglückten Formulierungen schreibender Pädagogen. Es geht nicht um die Blossstellung «veralteter Positionen». Es geht überhaupt nicht um pseudo-wissenschaftliche Streitereien, hinter denen nur wieder das liebe alte Leistungsproblem sichtbar wird. Ich brauche diese Arbeiten lediglich als Hintergrund, um meine eigene Ansicht besser darstellen zu können.

Wie Ruedi in die Hilfsschule kam

Eingesdenächte
"Ich - Werdung"

Wie Ruach in die Hilfsschule kam

Kindergarten

Ich ging zwei Jahre in den Kindergarten. Ich kann mich noch genau an den ersten Eindruck erinnern. Wir waren damals zwei «Klassen» bei einer Lehrerin. Statt dass es einfach nur eine Klasse gab, gab es die Grösseren und die Kleineren. Das setzte mir sehr zu. Ich war mich vom Spielen auf der Strasse nicht an solche Altersmauern gewöhnt. Im Kindergarten durften immer zuerst die Älteren ihre Spielsachen aussuchen, und das passte mir gar nicht. Ich sass in der Stuhlreihe so ziemlich an letzter Stelle, und immer konnte der erste mit dem Auslesen der Spielsachen beginnen. Ich fand das eine Ungerechtigkeit und begann zu protestieren. Das Reklamieren nützte jedoch bei der Lehrerin nicht viel. Sie sagte: Du bisch au nüd immer de Brävscht.

Ich musste also eine andere Methode herausfinden, mit der ich durchkam. Ich begann, mit den bevorzugten «Kameraden» um die Spielsachen zu streiten. Oftmals landete ich deshalb im «Schämdieggli», und diese Schmach liess keiner gern vor der ganzen Klasse über sich ergehen. Einmal, ich erinnere mich noch ganz genau, hatte ich wieder den Bösen gespielt. Die Lehrerin hatte von irgend jemandem einen Sack Caramel-Bonbons erhalten. Diese verteilte sie am Ende des Morgens der ganzen Klasse, ausser zweien, die gerade böse gewesen waren. Die beiden hiessen Marcel und Ruedi. Sie gab uns noch eine Frist, um am andern Morgen brav zu sein. Am andern Morgen war ich wieder böse gewesen. Ich hatte es nur nicht bemerkt. Die Lehrerin stellte uns am Ende des Morgens vor die ganze Klasse und sprach: Marcel ist heute schön brav gewesen, dafür bekommt er jetzt das versprochene Bonbon. Dann sprach sie so richtig schadenfreudig auf mich herab: So Ruedi, du bist heute nicht brav gewesen. Es blieb still. Verschämt spürte ich alle Blicke auf mich gerichtet. Was dachten wohl die andern über den sogenannten Bösen? Als das schwarze Schaf ging ich nach Hause.

Einmal nach den Ferien brachte die Kindergärtnerin einen schönen Kristallstein mit. Sie liess ihn durch die ganze Reihe gehn. Ich bekam ihn von meiner Cousine, die gerade neben mir sass. Damals interessierte ich mich sehr für seltene Steine. Deshalb prüfte ich ihn von allen Seiten, von unten und oben. Ich versuchte ihn auch auseinander zu brechen und wurde bei diesem Versuch leider wieder zum Sünder. Der Stein hielt nicht so fest, wie ich mir vorgestellt hatte und brach

17

entzwei. Vor Schreck fast in Panik geraten gab ich den Stein meiner Cousine zurück statt mich selbst zu stellen. Man kann sich denken, wie mir zumute war. Meine Cousine meldete der Lehrerin, dass der Stein entzwei war. Diese wusste wieder einmal nichts Gescheiteres, als mich als schwarzes Schaf vor der Klasse hinzustellen. Vor Angst hatte ich gar nicht bemerkt, dass ich mich in den Finger geschnitten hatte. Wieder merkte dies meine Cousine zuerst. Sie meldete es der Lehrerin und bat sie gleichzeitig um ein Pflaster. Die Kindergärtnerin reagierte gar nicht darauf. Sie sagte nur: Strafe muss sein.

Unterstufe

In die erste Klasse ging ich zu Frau G. Ich hatte gehofft, jetzt endlich vom Kindergarten erlöst zu sein. Aber ich machte eine falsche Rechnung, wenn ich dachte, in der Schule sei es besser. Frau G. war auch eine, bei der nur die fleissigen und braven Schüler sich Punkte erobern konnten. Im Kindergarten hatten wir noch schwatzen dürfen, und das war hier streng verboten. Ich fühlte mich so verloren, wie man es überhaupt nur sein kann.

Was durfte man eigentlich? Gehorchen, gehorchen und nochmals gehorchen musste man. Ich kann mich noch erinnern, dass ich wegen des Schwatzens sehr oft vor die Türe musste. Das war das Ärgste für mich, denn kaum läutete es, kamen die Schüler der andern Klassen heraus und zeigten mit dem Finger auf mich. Der musste vor die Tür, pfui, pfui, pfui.

Einmal musste ich auch wieder vor die Tür. Warum weiss ich heute nicht mehr. Jedenfalls musste ich plötzlich dringend aufs WC. Also ging ich. Als ich fertig war und das WC verlassen wollte, erschrak ich sehr. Die Lehrerin stand im Gang draussen. Ich suchte sie zwar nicht, aber anscheinend suchte sie mich sehr. Sie wurde wütend, nahm mich an den Haaren, stellte mich vor die ganze Klasse und sagte: Seht einmal alle her. Anstatt sich vor der Tür zu schämen geht er aufs WC. Alle Blicke richteten sich auf den Übeltäter, der getan hatte, was die Natur von ihm verlangte.

Langsam ging mir das auf die Nerven. Das Verhältnis zu den Kameraden wurde immer schlimmer, da mich die Lehrerin oft so blöd vor der

Klasse hingestellt hatte. Sie begann mich auszulachen und obendrein noch den Dummkopf, damit war ich gemeint, zu schelten. Ich
musste etwas unternehmen, damit das aufhörte.

Leider tat ich das Falsche. Ich versuchte nämlich diejenigen nachzu-
ahmen, die am wenigsten von den andern Prügel bekamen. Das waren die Prahler. Diese hatten bei der Lehrerin zwar Punkte und waren
schön brav. Auf der Strasse jedoch, wo die Lehrerin nichts sah und
nichts hörte, fühlten sie sich als die Grössten und verhielten sich
auch dementsprechend. Ich begann auch einen grossen Mund zu
führen, und wenn ich einmal zuschlug, dann immer auf diejenigen,
die schwächer waren.

Der grosse Mund und das «Abschlagen» von Kleinen ging jedoch den
«geliebten» Kameraden auf die Nerven. Damit hatte ich nicht gerechnet. Sie wurden noch viel wütender über mich. Ich kroch langsam in
mich selbst zurück und wusste weder ein noch aus.

Dazu hatte ich auch mit dem Lernen Schwierigkeiten. Am Lesen hatte
ich gar keine Freude, weil ich nicht gut mitkam. Es gab Kinder, die
wussten Antworten, die die Lehrerin in Erstaunen setzten. Ich wusste
nie solche. Ich fand, dass es gar nicht notwendig sei, dass ich meinen
Senf auch noch dazu gab. Ich merkte, dass ich eben dumm sei und
fast nichts begreife. Wenn wir Leseaufgaben bekamen, machte ich
sie überhaupt nicht mehr. Ich dachte, ich sei ja dumm, für was also
lernen. Das Rechnen fand ich noch viel komplizierter als das Lesen,
und darum machte ich mir gar nie die Mühe, richtig aufzupassen. Es
war auch so, dass meistens die Gescheiten drankamen. Ich kam nur
sehr selten dran, und wenn ich etwas gesagt hatte, sagte die Lehrerin
zwar, es sei gut, wusste aber immer noch etwas Besseres dazu. So
verlor ich langsam mein Selbstvertrauen.

Das Schreibenlernen, stellte ich mir vor, ist etwa dasselbe wie das
Lesenlernen. Ich dachte so bei mir, dass ich da wohl die gleiche Mühe
hätte, wie beim Lesenlernen. Und tatsächlich geriet ich auch dort in
Schwierigkeiten. Als ich dann einmal in einer Prüfung eine «0-1» erhielt, stellte ich erst richtig ab.

Ich kann mich noch an die Weihnachtsfeier in der dritten Klasse erinnern. Frau G. hatte einen kleinen Tannenbaum auf den Tisch gestellt.

Sie hatte noch für jeden Schüler eine kleine Schokoladefigur drangehängt. Dann rief sie uns gruppenweise auf. Zuerst kamen die Mädchen, dann die Knaben. Ich rannte nach vorne und wollte schon das von mir ausgesuchte Schokolademännchen abzerren. Da gellte Frau G.s Stimme: Halt, nicht so voreilig. Hopp, geh an den Platz zurück. Beschämt gehorchte ich. Als alle wieder mit ihren Schokoladen an den Platz zurück gegangen waren, durfte ich die meinige auch holen.

Dieb

Als ich keine Möglichkeit mehr wusste, Kameraden zu gewinnen, wurde ich zum Dieb. Ich versuchte, meine Kameraden mit Süssigkeiten zufriedenzustellen. Geld hatte ich natürlich keines. Daher musste ich mir also Geld beschaffen. Ich begann, meine Eltern zu bestehlen. Wenn ich für die Mutter posten ging, nahm ich im Laden immer ein Geldstück aus dem Portemonnaie und schob es in meinen Hosensack. Die Mutter kam nie darauf, dass ich stehle, denn sie hatte niemals das Geld im Portemonnaie nachgezählt, weil sie mir vertraute. Nun begann mein schlechtes Gewissen zu klopfen. Ich musste also meine Mutter betrügen, damit ich für einige Minuten Kameraden hatte. Länger war ich nämlich nie «en liebe Siech» für sie.

Nun kam noch etwas dazu. Als ich zu klauen begonnen hatte, hätte ich gerne wieder aufgehört. Ich spürte jedoch bald, dass dies nicht ging. Ein neuer Angstwall liess mich erschauern. Die Worte: Du kannst das Stehlen nicht mehr aufgeben, machten mich fast verrückt vor Angst. Es kam nämlich der Gedanke in mir auf: Du bist ein Dieb geworden und kannst nicht mehr aufhören, also bleibst du ein Dieb bis am Ende deines Lebens. Ich konnte fast niemandem mehr in die Augen schauen. Du wirst ein Verbrecher. Die Idee, eines Tages vielleicht gar im Gefängnis zu sein, trennte mich von meiner Umwelt.

Da mich das Stehlen nicht befriedigte, da ich in der Sicht meiner Kameraden ein dummer blöder Kerl war und von ihnen die ganze Zeit «abgeschlagen» wurde, begann ich meine Unzufriedenheit an den Tieren auszulassen. Mein Grossvater war Kaninchenzüchter. Ich schlich in den grössten Kaninchenstall und nahm mir den erstbesten Hasen einmal vor. Ich packte ihn mit Zeigefinger und Daumen und hob ihn auf. Er fühlte sich in seiner Lage sehr unwohl, zappelte wie verrückt, und kratzte mich, was mir wieder nicht passte. Ich holte aus, und zwar nicht gerade wenig, und schleuderte ihn an eine Wand. Meister Hase erholte sich rasch wieder und raste blind vor Angst unter

das nächste Brett. Das nächste Mal las ich mir einen sehr unange-
nehmen Rivalen aus. Grossvater hatte nämlich auch Schafe. Darunter fiel mir ein grosser Bock auf. Zuerst lockte ich ihn an, sanft wie ein
Engel. Als er mein scheinbares Zutrauen bemerkte, liess er sich brav
von mir streicheln. Ihm gefiel das. Mir wurde es langweilig. Dann begann ich ihn zu würgen und mit einem Stock zu schlagen. Er raste davon und ich sah ihm schadenfreudig nach. Ich wandte mich dem
Traktor zu. Als ich noch zwei Schritte von ihm entfernt war, donnerte
ein gesenkter Schafsbockkopf in mein Hinterteil. Mein Kopf schoss in
den Kotflügel des Vehikels. Ein zweistimmiges Blöken ertönte.

Mein Verhältnis zu den Eltern war auch nicht mehr befriedigend. Mir
begann nämlich alles zu verleiden. Ich war ein Langweiler in der
Schule. Langsam wurde ich auch ein solcher zu Hause. Ich rekla-
mierte fast immer, wenn mein Vater mich zur Arbeit mitnehmen wollte. Man kann sich denken, dass ich lieber auf dem Spielplatz war. Ich
war ein langsamer und deshalb in seinen Augen auch langweiliger
Knabe. Wenn ich beim Vater protestierte, sagte er: «Leute, die sich im
Leben ans Arbeiten gewöhnt sind, kommen viel leichter durch als die
Vagabunden da draussen.» Damit waren meine «Kameraden» gemeint. Wenn ich widerreden wollte, fuhr er mich an: «Sei still und
halte nicht immer das letzte Wort.» Meine Geschwister sowie meine
Eltern fanden, ich sei ein schwieriger Fall. Mein drei Jahre jüngerer
Bruder flötete immer in den gleichen Tönen wie meine Eltern. Sehr oft
stritten wir heftig miteinander. Die andern halfen natürlich immer dem
mit ihnen piepsenden Vögelchen. Nun hatte ich das Gefühl, von aller
Welt abgeschieden zu sein. Ich hatte überhaupt niemanden mehr,
dem ich vertrauen konnte, niemand, der mich liebte und der mich annahm.

Mittelstufe

Nach der dritten Klasse gab es bei uns Lehrerwechsel. Die einzige
Hoffnung, die ich hatte, war die, nun einmal zu einem vernünftigen
Menschen zu kommen. Leider wurde diese Hoffnung schon in der ersten Woche ausgelöscht. Die Lehrerin war zwar noch jung, aber sie
kam aus der Stadt. Uns Landkinder schaute sie wohl für primitiver an
als die Stadtkinder. Sie hielt uns oft Vorträge, wie sie ihrer früheren
Klasse viel besser hätte trauen können.

21

Wenn ich sage, sie schaute uns alle für ein wenig primitiv an, so ist das nicht ganz wahr. Die sogenannten Gescheiten, Fortgeschrittenen waren bei ihr sehr beliebt. Langsam hatte auch sie bemerkt, dass ich ein Langsamer war. Ich machte während der Schule sehr wenig Schriftliches, wenn wir Zeit für die Aufgaben hatten. Dafür hatte ich immer sehr viele Aufgaben zu Hause. Noch ein Grund für die vielen Aufgaben war auch, dass die Lehrerin immer nur die Besten während der Schule fragte, wie weit sie gekommen seien. Die Lehrerin hatte gemerkt, dass die einen immer sehr viele Aufgaben hatten. Nun fand sie einen neuen Weg. Diejenigen, die im Heft noch nicht so weit gekommen waren wie die «Gescheiten», mussten nachsitzen. Heute weiss ich nur, dass, wenn man mir die Überstunden bezahlt hätte, ich jetzt vermutlich reicher als Onassis wäre. Eine gute Seite hatte unsere Lehrerin auch. Wir bastelten sehr viel mit ihr. Wenn die Mädchen Nähschule hatten, falteten wir sehr oft. Da entstanden aus viereckigen Papierchen Vögel oder irgend so etwas. Einmal mussten wir Stoffresten von zu Hause mitbringen. Frl. K. hatte für jeden eine kleine Bastmatte besorgt. Jeder konnte nach seinem Willen einen Fasnachtsböögg als Wandbehang aufkleben. Als die Weihnachtszeit hereinbrach, bastelten wir Strohsterne und kleine Engel. Das waren Stunden, die mir sehr gefielen. Ich war mit Leib und Seele dabei. War die Stunde um, beschäftigte ich mich wieder mit andern Gedanken. Dann war ich wieder der alte Ruedi.

Zu all dem hatte ich auch noch einen recht blöden Banknachbarn erwischt. Er klatschte alles, was ihm nicht gefiel oder wovor er Angst hatte. Auch das Verhältnis zu den andern Klassenkameraden hatte sich nicht gebessert, eher verschlechtert. Wenn sie auf dem Pausenplatz etwas spielten und nicht eine gerade Zahl von Spielern zur Verfügung stand, musste immer der letzte, der Überflüssige zuschauen. Und der war ich. Am Ende des Jahres gehörte ich gar nicht mehr zu denen, die sich zum Spielen überhaupt meldeten.

Einmal brachte ein Schüler unserer Klasse ein kleines Fläschchen Niespulver in die Schule mit. Während der Pause verteilte er es an diejenigen, die davon haben wollten. Als es etwa noch halbvoll war, kaufte ich es ihm für zwanzig Rappen ab. Sofort kam ein anderer Junge und bot mir einen Fünfziger, wenn ich nichts daraus entnehme. Ich war mit dem Handel sofort einverstanden. Als es läutete, gingen wir wie üblich in die Schulstube. Wir hatten Singen. Als ein paar der

22

«Genossen» ziemlich heftig «nossen», kam das der Lehrerin verdächtig vor. Sie fragte Hansheiri, warum er plötzlich niese. Er sagte, er wisse es auch nicht. Wir sangen weiter. Aber plötzlich begannen etwa fünf miteinander zu niesen. Sofort brach die Lehrerin das Lied ab. Sie fragte sehr energisch, was eigentlich los sei. Ein Mädchen, das als Klatschtante bekannt war, erzählte es ihr. Sie verlangte von jedem, dass er sich melde, wenn er Niespulver genommen habe. Nun meldete sich der Hatschi-Klub. Fast die halbe Klasse rief, dass ich auch Niespulver genommen habe. Die Lehrerin fragte mich, weshalb ich mich nicht gemeldet hätte. Ich versuchte ihr verständlich zu machen, dass ich gekauft und wieder verkauft habe, ohne etwas davon zu nehmen. Sie sagte, es gäbe gar keine Ausreden. Mir gehöre die gleiche Strafe wie den andern.

In den letzten Tagen bei Frl. K. erwartete ich etwas, das ich eigentlich schon lange gefürchtet hatte. Meine Erwartung war nämlich, dass im Zeugnis stehen würde, ich müsse die vierte Klasse wiederholen. Als ich das Zeugnis von der Lehrerin erhielt, öffnete ich es sofort. Meine Erwartung bestätigte sich. Die ersten Gedanken galten den Eltern. Was sagten die wohl dazu? Ich hatte mich damit abgefunden, denn wie gesagt, ich war mir schon seit längerer Zeit darüber im klaren gewesen, dass es einmal so kommen würde. Aber meine Eltern? Würden sie sich wohl auch ohne weiteres damit abfinden? Als ich meinem Vater mit schlechtem Gewissen das Zeugnis hinhielt und er hineingeschaut hatte, sagte er, ja, er wisse schon, worum es sich handle. Er gab mir einen Brief in die Hände. Der Brief kam von der Schulpflege. Darin stand, dass es für mich nur eines gebe: die Klasse zu wiederholen.

Eine leise Hoffnung hatte ich trotz allem doch noch. Ich dachte für mich: «Du hast ja die ganze Klasse schon einmal durchgemacht. Du weisst also schon Dinge, von denen die andern keine Ahnung haben. Wenn du nun auch mitmachen kannst, wenn du genau hinhörst und das tust, was der Lehrer von dir verlangt, dann ist das Ganze gar nicht so schlimm.» Aber als der Klassenwechsel stattfand, gab es wieder neue Probleme. Das Hauptproblem waren die Kameraden. Für sie war ich nicht viel besonderes. Ich war ja einer, der es im vorigen Jahr nicht geschafft hatte. Schon am ersten Tag hänselten sie mich deswegen. Sie trafen mich wie mit Pfeilen ins Herz. Nun wusste ich, dass ich das Spiel endgültig verloren hatte. Die Trümpfe waren mir aus den Hän-

23

den gerissen worden. In den ersten Wochen war ich während der Schule mit meinen Gedanken immer an einem andern Orte. Deshalb vermochte ich mich nicht zu sammeln und aktiv am Unterricht zu beteiligen. Wenn der Lehrer mich etwas fragte, erschrak ich jedesmal, denn mit der Frage wurde ich aus meinen Träumen gerissen. Hämisch sagte der Lehrer vor der ganzen Klasse: «Wenn du jetzt nicht aufpasst, wirst du es auch bei uns nicht schaffen.» Jedesmal, wenn er so etwas sagte, dachte ich, dass er wahrscheinlich recht hätte. Ich sah ein, dass ich es niemals schaffen würde.

Wenn ich schrieb, meine Gedanken seien immer an einem andern Ort gewesen, so meine ich damit, dass ich sehr oft über mich selbst nachdachte. Ich bekam dabei immer ein beklemmendes Gefühl. Niemand hatte ich, dem ich hätte meinen Korb, in dem nichts als Kummer steckte, ausleeren können. Ich fühlte, dass es mit mir mehr und mehr bergab ging. Wenn es in der Schule so weiter ging, was würde ich wohl für einen Beruf erlernen können? Wenn ich daran dachte, war ich seelisch einfach fertig.

Als mein Lehrer merkte, dass bei mir Hopfen und Malz verloren waren, sprach er einmal mit mir über meine Zukunft. Ich war allerdings schon so verdorben, dass es zu spät war. Ich dachte, was er da rede, sei ja schön und gut, aber ich sei ja dumm und bleibe dumm. Am andern Tag hatte ich schon wieder alles vergessen, und ich war wieder der alte Ruedi.

Dann kam der Schreck meiner Schulzeit. Herr Z. musste für längere Zeit in den Militärdienst. Die Vikarin, die für ihn kam, war niemand anders als Frau P., die ich schon von der Blockflötenstunde her kannte. Dort war ich von ihr nicht begeistert gewesen, und ich stellte mir vor, sie würde auch in der Schule nicht anders sein. Wenn ich an sie dachte, hatte ich immer ein bisschen ein schlechtes Gewissen. Das hatte seinen Grund: Da ich auch in der Blockflötenstunde nicht gerade erfolgreich abgeschnitten hatte, dachte ich, ich könnte ja geradesogut aufhören. Ich tat es auch, ohne mich abzumelden. Ich fragte mich nun, was sie wohl über mich denken würde. Ich dachte, dass sie mich wohl für mutlos und dumm hielt. Meine Vermutung bestätigte sich auch. Von nun an war es nur noch eine Qual für mich, zur Schule zu gehen. Mich beherrschte der Gedanke: Du bist dumm, einfältig und für nichts zu gebrauchen.

24

Meine Eltern waren sich schon gewohnt, dass ich nicht die besten Zeugnisse heimbrachte. Der Vater sagte: «Dein Bruder (der übrigens sieben Jahre älter ist) sagte, als er vor der Berufswahl stand: Papa, du hast mich zu wenig geschlagen. Nun könnte ich einen besseren Beruf lernen. Ich will nicht, dass du mir einmal dieselben Vorwürfe machst.» Wild donnerten meine Gedanken in meinem Kopf herum. Ich glaubte nämlich, ich sei dumm geboren, bleibe für immer blöd und sterbe einfältig. Und für dieses Dummsein-Müssen würde ich nun noch hart gestraft, wo ich doch nichts dafür könnte. Glücklicherweise blieb die angedrohte Strafe Theorie. Die Strafpredigt endete mit den Worten: «Das nächste Mal sehe ich dann etwas Besseres.»

Als ich das nächste Mal ein Zeugnis bekam, stand darin: Versetzung in die Sonderklasse B.[5] Da sagte der Vater: «Mit dir ist alles verloren.» Die Mutter redete ihm heftig drein: «Nein, er könnte es, wenn er wollte, er ist nur zu faul.» Nachts, als ich im Bett war, kamen mir Tränen in die Augen. Mit Wehmut dachte ich daran, dass ich niemals einen Beruf erlernen könne, der mir Spass machte. Alles, alles war für mich verloren, der kleinste Hoffnungsschimmer in mir war vergangen.

Anm. 5
Sonderklasse B: So wird im Kanton Zürich die Hilfsschule bezeichnet. Für Kinder mit «Geistesschwäche leichteren Grades».

25

Müssen dumme Schüler dumm sein?

Thesen

1. Unter den gegenwärtigen gesellschaftlichen und kulturellen Verhältnissen stellt sich ein Problem meist gar nicht, über das so oft und gern schwungvoll gestritten wird: Ist die Begabung eine Frage der Vererbung oder eine solche von Umwelteinflüssen?

Der Streit, so reizvoll er in wissenschaftlicher und politischer Hinsicht sein mag, ist für die Praxis fast bedeutungslos. Lange bevor ein Kind an seiner genetischen Begabungsschranke anzustossen Gefahr läuft, werden andere Beschränkungen wirksam, die seine «Ich-Werdung» beeinträchtigen. (Beispiel 1)

2. Wichtig ist nun die Art dieser Beschränkungen. Es lassen sich – grob gesehen – zwei Hauptgruppen unterscheiden: sozio-kulturelle (Beispiel 2) und psychische Beschränkungen (Beispiel 3). Beide bedingen sich gegenseitig und gehen ineinander über. (Beispiel 4)

3. Das bedeutet für das Problem des «schlechten Schülers»: Aus schlechten Schulleistungen darf niemals auf eine schwache Begabung geschlossen werden. Ebensowenig schlüssig ist das Ergebnis irgend eines Intelligenztests. Ausschlaggebend sind vor allem die seelische und die sozio-kulturelle Situation des Schülers. (Beispiel 5)

4. Damit soll nicht behauptet werden, dass «absolute» (physiologische) Begabungsbeschränkungen nicht existierten. Nachdrücklich sollen jedoch undifferenzierte Begriffe wie «Dummheit», «Schwachbegabung», «Geistesschwäche leichteren Grades» usw. angeprangert werden, mit denen bei Repetitionen, Einweisungen in Sonderklassen usw. allzu leichtfertig umgegangen wird.

Beispiel 1: Der Bub mit dem Hirnschaden

Fredi, der nun seit etwa einem Jahr zu mir in die Schule kommt, ist ein problematischer Bub: Seit langem weiss man, dass er Epileptiker ist. Er steht deswegen unter ärztlicher Kontrolle. Bei der kinderpsychiatrischen Untersuchung, der dann die Einweisung in die Sonderklasse folgte, wurde zusätzlich noch ein leichterer Hirnschaden festgestellt. Dieser äussere sich vor allem darin, dass Fredi viel langsamer begreife und arbeite als seine Altersgenossen. Man könne allerdings nicht genau ermitteln, wie sich nun Epilepsie und Hirnschaden zueinander verhielten, hiess es damals. Auf alle Fälle sei er in seiner bisherigen Schulzeit schwer überfordert worden.

Dies zeigt nur schon ein Blick in seine Schulhefte. Eine ungeordnete, verzweifelt anmutende Schrift, überall angefangene, durchgestrichene, wieder neu begonnene und nicht zu Ende geführte Arbeiten, garniert mit liebevollen Bemerkungen des Lehrers: «Schrift!», «Schöner schreiben!» «Wo sind die Verbesserungen?», «Hausaufgaben nicht gemacht! Unterschrift der Eltern:».

Nun sitzt er also bei mir in der Sonderklasse. Viel geleistet hat er bis jetzt nicht. Freiwillig arbeitet er sowieso nie, und wenn ich ihm etwas erklären will, legt er seine Stirne in Falten, macht ein ganz dummes Gesicht und ruft ungeduldig aus: «Das verstehe ich nicht.» Ich habe schon alles mögliche versucht, aber ich bin bei ihm mit dem schriftlichen Zusammenzählen, kleinen Lesestücklein, Kartenlesen, Pflanzensuchen und den alten Römern gleichermassen gescheitert. Dafür «rudert» er gewaltig. Als «rudern», «robotern», «bubele» («bübeln») bezeichnen es meine Schüler, wenn einer sinnlos Dinge zerstört, Scheiben einschlägt, die andern von der Arbeit abzuhalten versucht usw. Nun, Fredi robotert also, und ich bin oft nahe daran, den Mut zu verlieren. Kann man diesem Buben überhaupt helfen? Und wie? Schulbesuchern, die mich auf sein Verhalten und seine schwachen Leistungen ansprechen, erkläre ich: «Wissen Sie, er hat eben einen Hirnschaden. Zu alledem ist er Epileptiker.» Darauf folgt meist dieselbe Reaktion. Man beobachtet ihn etwas und sagt dann: «Ach so. Ja, man sieht es ihm an.» Und dann folgt die ebenso verständnisvolle wie stumpfsinnige Bemerkung: «Es ist überhaupt schwierig mit solchen Kindern. Aber sicher noch dankbar.» Dann wird das Thema gewechselt.

Fredis Schulleistungen sind schwach bis sehr schwach, dazu Verhaltensstörungen. Das typische Bild «solcher» Kinder. Nichts zu machen, leider. Oder eben doch: Angewöhnung an Sauberkeit, Pünktlichkeit, Ordentlichkeit, Treue im Kleinen. Denn gerade «solche» Kinder, die sich ja später nicht auf ihren Kopf verlassen könnten, müssten diesen Ausfall durch charakterliche Vorzüge wettmachen. So wird mir oft empfohlen. Ein Rat, der ebenso besticht durch die seltsame Alternative «Verstand oder Charakter» wie durch die nähere Beschreibung dieses «Charakters». Auf einen kurzen Nenner gebracht heisst das wohl: «Nehmen Sie doch das Bürschchen einmal in die Finger. Sind Sie denn ein so schlechter Lehrer, dass Sie das nicht können?»

Fredi ist ein gutes Beispiel für die Problematik der «Begabungsgrenze». Natürlich ist er – durch Hirnschaden und Epilepsie – irgendwie «beschränkt», das lässt sich nicht wegdiskutieren. Aber ist die «Beschränkung», diese Schranke, an der er jetzt anstösst, wirklich seine «Begabungsgrenze»? Nein, es handelt sich hier um etwas ganz anderes: Um sein Krankheitsgefühl, seinen Eindruck, er sei anders als die andern, seine Mutlosigkeit.

– Dies zeigen seine spärlichen Schularbeiten. Er ist immer sehr rasch entmutigt, wird wütend oder läuft davon, wenn etwas nicht auf Anhieb klappt.

– Seine Schrift wirkt immer noch hilflos, verzweifelt, tastend.

– Zeichnet er einen Baum, so wird das eine Art Trauerweide, die Äste hängen herunter, und darum herum liegen abgefallene Blätter.

– Auch seine «Rudereien» sind Ausdruck dieser Entmutigung.

So sieht sie aus, die «Beschränkung», an der er anstösst und über die hinwegzukommen ich ihm jetzt helfen muss. Ob und wie bald er dann an seiner wirklichen «Beschränkung» anstossen wird, ist eine offene Frage – ebenso wie die, ob jene Schranke dann auch wirklich seine «begabungsmässige» sei.

Es ist Sonntagmittag nach ein Uhr. Ich habe mich eben auf dem Sofa ausgestreckt, auf dem Plattenspieler läuft Mozarts Klarinettenkonzert. Da klingelt es. Fredi steht draussen. «Darf ich zum Kaffee kommen?» Ich schlucke meinen Ärger über die Störung hinunter. Es kommt mir in den Sinn, wie Fredi in letzter Zeit, trotz seiner Roboterei, immer zutraulicher geworden ist, und das möchte ich nicht zerstören. «So komm. Mach dir einen Sirup. Aber sei bitte noch etwas still, ich möchte noch diese Platte zu Ende hören.»

31

Er setzt sich mit dem Glas in der Hand in einen Stuhl. Beim Klarinettenkonzert unterdessen der langsame Satz. Die vielleicht reinste und edelste
Musik. Und wie Hansrudolf Stalder das spielt! Wie der Satz zu Ende ist, sagt
Fredi mit einem tiefen Seufzer: «Herrgott, ist das schön!» Während des
dritten Satzes wiegt er den Kopf genau im Takt der Musik hin und her.
Dann, nach dem Schlussakkord: «Darf ich noch einen Sirup haben?» Er
darf.

Selbstabwerts

Nun entspinnt sich zwischen uns folgendes Gespräch:
«Sag einmal, Fredi, möchtest du nicht ein Instrument spielen lernen?»
«Nein.»
«Warum nicht?»
«Es stinkt mir.»
«Sicher?»
«Das kann ich nicht.»
«Ich glaube, das kannst du.»
«Ich weiss, dass ich das nicht kann.»
«Warum?»
«Ich kann überhaupt nichts lernen. Ich bin nicht richtig im Kopf.»
«Erzähle.»
«Ich muss ja Pillen nehmen. Seit ich in den Kindergarten gehe. Das löscht
mir ab.»
«Du hast Angst.»
«Nein. Aber es stinkt mir. Ich kann ja doch nichts lernen, auch später
nicht.»
«Also doch Angst?»
«Ja. Was soll ich denn werden?»
«Weisst du, weshalb du Pillen nehmen musst?»
«Ja. Weil ich krank bin im Kopf.»
«Nein. Damit du nicht krank wirst. Das ist ein Unterschied.»
«Das ist kein Unterschied, das kommt auf dasselbe heraus.»
«Nein. Schau, es gibt Leute, die sich leicht erkälten. Die ziehen sich warm
an, sobald es kalt wird. Und im Winter trinken sie Lebertran und solches
Zeug. Damit sie nicht krank werden. Bei dir ist das ähnlich. Du nimmst
diese Pillen auch, damit du keine Anfälle bekommst, damit du nicht krank
wirst.»
Er sieht mich lange und ernst an.
«Glauben Sie?»
«Ich weiss.»
«Das muss ich mir überlegen.»

32

Lange Pause. Dann sagt er:
«Ich will Ihnen einmal etwas erzählen. Ich hatte einen Freund. Einen Erwachsenen, einen Italiener. Mit dem konnte man über alles reden. Aber dann ist er fortgezogen. – Aber mit Ihnen kann man auch gut reden. Sie sind kein böser Mensch.»
«Wie meinst du das?»
«Sie schimpfen nicht, wenn ich zu spät in die Schule komme, und wenn ich robotere.»
«Und darum, glaubst du . . .»
«Ja, darum kann man mit Ihnen über alles reden, auch über meinen Kopf. Stimmt das mit den Pillen?»
«Ja.»
«Dann ist es gut.»
Er verabschiedet sich.
Am nächsten Tag, in der Schule: «Kommen Sie, ich muss Ihnen etwas sagen. Ich möchte ein Instrument spielen lernen.»
«Und der Kopf?»
«Der lernt das schon.»

Und er lernt noch ganz anderes, dieser Kopf. Mit einem älteren Mitschüler als «Privatlehrer» arbeitet Fredi mit Eifer. Es geht erstaunlich gut voran, viel besser, als ich es je zu hoffen gewagt habe. Für das Rechenbuch der vierten Klasse braucht er ein halbes Jahr. Daneben aber «rudert» er unentwegt weiter. Reklamationen kommen. «Nehmen Sie doch das Bürschchen in die Finger.» Ich darf, solange es irgendwie zu verantworten ist, nicht eingreifen. Mein «tolerantes» Verhalten ist für ihn ja die Bestätigung, dass ich kein «böser Mensch» sei, ihn also nicht angelogen habe wegen seinem Kopf. Erst allmählich, mit langsam zunehmender Sicherheit und stärkerem Selbstgefühl, beginnen seine «Robotereien» etwas nachzulassen. Es wird wohl noch einige Zeit so weitergehen. Aber ich bin zuversichtlich. Eine erste Schranke ist überwunden.

Fredis «Begabungsschranke» entpuppte sich als eine Grenze ganz anderer – seelischer – Art. Wenn das schon für diesen Extremfall einer eindeutigen, medizinisch festgestellten Beschränkung im Hintergrund gilt, wie sehr mag es erst für die Fälle normaler, gewöhnlicher «Dummheit» zutreffen. Begabungsgrenzen darf man nie trauen. Leuten, die ganz genau wissen, was mit «solchen» Kindern zu geschehen hat, auch nicht. Wie wäre Fredis Geschichte wohl ausgegangen, wenn ich nach deren Rat «das Bürschchen in die Finger genommen» hätte?

33

Beispiel 2: Sozio-kulturelle Beschränkungen

Hans U. Müller stellt in seinem Vortrag «Die Schule im Schlepptau der Gesellschaft» zwei Kinder verschiedener kultureller und sozialer Herkunft einander gegenüber:

«Das eine Kind stammt aus einem Milieu, das man nicht anders als stumpf und armselig nennen kann. Seine Eltern hatten selber Schwierigkeiten in der Schule. Die Schule ist für sie eine negative Erinnerung, eine Stätte des Versagens. Zuhause werden nur primitive Gespräche geführt. Der Wortschatz des Kindes ist begrenzt, seine Begriffswelt ärmlich. Wissenschaftliche Untersuchungen haben bewiesen, dass bereits bei den Vierjährigen erstaunlich grosse Unterschiede in bezug auf die geistige und seelische Entfaltung bestehen, und dass (das ist besonders wichtig!) diese Qualitäten in direktem Zusammenhang stehen mit dem kulturellen Niveau der Eltern. Wobei ich hier unter «kulturellem Niveau» etwas verstehe, das ebensosehr zu tun hat mit der Differenzierung des Gefühlslebens, der Beziehungen, wie mit der Intelligenz im engeren Sinne . . . Sie kennen sicher auch Gegenbeispiele: Kinder, die zuhause sehr viel Anregung empfangen. Da sind Eltern, die mit den Kindern nicht nur in Form von Kurzsätzen, wie «Geh jetzt!» und «Komm jetzt!» sprechen, die auf die Kinder eingehen, ihre Gefühle verstehen, ihre Fragen verstehen und auf ihre Erzählungen hören. Das hat gleich zwei positive Folgen für das Kind. Erstens entfaltet sich seine Intelligenz, zweitens bekommt es ein gutes Selbstgefühl dadurch, dass seine Äusserungen ernst genommen werden.

Die Gegensätze zwischen den Kindern treten im ersten Schuljahr bereits recht deutlich hervor. Spätestens in der dritten Klasse jedoch ist die Tatsache einer klaren Schichtbildung nicht mehr zu übersehen.»[1]

Dazu noch ein Beispiel aus dem Bereich: Sprachliche Ausdrucksfähigkeit – Differenzierung der Gefühle.

Ich war mit einer Schülergruppe im Theater. «Unsere kleine Stadt» von Wilder wurde gespielt. Links von mir sass der Bub eines Bankbeamten. Er hatte sich für den Abend eingeladen. Rechts von mir ein Schüler, der zum

---

Anm. 1:
Müller: Die Schule im Schlepptau der Gesellschaft. Schweizer Erziehungs-Rundschau, März 1971, S. 343

34

ersten Mal ein Theater besuchte. Sein Vater ist Chauffeur. Während des dritten Akts, der ergreifenden Stelle, wo die tote Emily Gibbs nochmals auf die Erde zurückkehrt, verfolgten beide ganz gebannt das Geschehen auf der Bühne. Mein Schüler weinte, die Tränen liefen ihm über die Backen, aber er vergass, nach einem Taschentuch zu suchen, so sehr packte ihn das Stück. Wie alles zu Ende war, das Licht im Saale anging und die Leute klatschten, sagte der Bub zur Linken: «Das ist eigenartig, dieser Schluss. Ich verstehe da nicht ganz alles. Können wir nachher noch miteinander darüber reden?» Mein Schüler zur Rechten putzte sich seine Tränen ab, schnupfte zwei-, dreimal und sagte dann: «Das isch en Seich gsi.» Übrigens: Die Geschichte ist schon lange her. Beide Buben sind «etwas» geworden, der eine Primarlehrer, der andere Plattenleger. Preisfrage: Welcher was?

Beispiel 3: Albert kann nicht lesen

Die Frage der seelisch bedingten Begabungsbeschränkungen – auch sie wird weiter unten noch ausführlicher besprochen werden – ist sehr vielschichtig. Hier als Einstieg ins Thema einen auf den ersten Blick vielleicht etwas krassen Fall, der aber gar nicht so selten ist. (Ich habe inzwischen mehrere solcher Kinder erlebt.)

Wie Albert zu mir in die Sonderklasse kam, kratzte ich mich erstaunt am Kopf. Ein Elfjähriger, der nicht lesen kann, das gibt es doch nicht! Und doch war es so. Die Buchstaben kannte er alle, auf Anhieb. Er besass ein sicheres Raumgefühl, auch kleine grafische Formen konnte er gut erkennen, seine akustische Aufnahme- und Merkfähigkeit war normal entwickelt, kurz, er erfüllte alle Voraussetzungen für ein erfolgreiches Lesenlernen. Aber lesen und schreiben, das konnte er nicht. Der Intelligenztest ergab bei allen Aufgaben, die nicht direkt von sprachlichen Fähigkeiten abhängig waren, ausgesprochen gute Resultate. «Dumm» war er also auf keinen Fall, trotz seiner auffallend schwachen Schulleistungen, auch im Rechnen. Ich stand vor einem Rätsel. Was war da los?

Drei Jahre lang habe ich den Buben beobachtet, mit ihm gesprochen, sein Vertrauen zu gewinnen versucht. Ich habe natürlich auch versucht, ihm etwas beizubringen, denn dafür war ich ja wohl da. Im Rechnen – da ging's so einigermassen. Aber im Lesen steckte ich einen Misserfolg nach dem andern ein. Ich habe es mit Güte, mit Überredungskunst, mit Versprechungen, mit moralischem Druck, mit sanftem Zwang versucht – ohne Erfolg. Albert widerstand tapfer oder – was auf dasselbe herauskam – machte brav mit, begriff aber einfach nichts. Der einzige Erfolg: Er konnte jetzt zwei Buchstaben zusammenhängen: ma me mi mo mu. Gerade überwältigend war das nicht als Frucht dreier Jahre. Ich habe alle Auffälligkeiten in seinen Äusserungen und in seinem Verhalten fein säuberlich in einem Heft zusammengetragen. Das wurde eine ziemlich umfangreiche Angelegenheit, denn Albi begann bald einmal zu «rudern», und dies nicht zu knapp. Auffällig war, dass er vor allem mir gegenüber sehr aggressiv wurde.

Ein Beispiel:
Freitagnachmittag, ich arbeite mit einer Gruppe in deren Gruppenzimmer. Albi, der draussen ein wenig geblödelt hat, kommt herein. «Mir stinkt's, das ist ein fertiger Quatsch hier in der Schule.»
Ich antworte: «Das begreife ich gut, mir würde es auch langweilig, wenn ich nichts täte.» Gerade will ich ihm ein paar Tätigkeiten vorschlagen, da unterbricht er mich:
«Auf Sie höre ich sowieso nicht, Sie sind ein selten blöder Kerl.»
Ich: «Das ist schon möglich, das kommt ganz darauf an, wie man's ansieht.»
In diesem Augenblick speit er mich an. Die Mitschüler sind entsetzt. Ich selbst bin eher überrascht, denn das habe ich nun doch nicht erwartet. Gerade will ich ihn energisch in die Schranken weisen, da fällt mir Alberts Blick auf. Er ist flackernd, unsicher, Angst und Entsetzen spiegeln sich darin. Was geht wohl in diesem Buben vor? Ich unterdrücke meinen ersten Impuls und sage nur zu den Kindern:
«Das ist nicht so schlimm, das kann jedem einmal passieren.»

Damit ist die Sache erledigt.

Albert ist ein hochsensibler Bub. Alles, was er erlebt, nimmt er mit einer ungeheuren Intensität auf. So kam es, dass er auch seinen Vater, der manchmal etwas laut, ungeduldig, ja grob mit ihm war, als unerhört brutal erlebte. Er fühlte sich ihm schutzlos ausgeliefert, war äusserst brav, gehorchte aufs Wort, aus Angst. Auf dem väterlichen Bauernhof half er mit, wenn es ihm befohlen wurde. Alles in allem: Ein gut angepasster, ängstlicher, wehrloser Bub.

Und doch nicht so ganz wehrlos. Er rächte sich an seinem Vater – unbewusst – auf eine sehr wirkungsvolle Weise. Eben, indem er nicht lesen lernte. Das klingt etwas abenteuerlich. Und doch ist es so. Irgendwie muss er bei seinen

36

ersten Misserfolgen auf diesem Gebiet gespürt haben, wie sehr er seinen überstarken Vater damit treffen konnte, und er hatte Erfolg. Man denke: Der Bub, der Einzige, der einmal den Hof übernehmen würde, ein Trottel. Das sass.

Aber damit hatte Albert einen eigentlichen Teufelskreis in Bewegung gesetzt. Denn nun geriet er in das Drucksystem, das bei jedem schwachen Schüler wirksam wird: Druck von seiten der Schule, Druck von seiten der Mitschüler, die ihn auslachten, Druck von seiten des Vaters, der auf die Misserfolge mit noch grösserer Brutalität reagierte. Und je stärker der Druck wurde, desto mehr zog sich Albert zurück. Auch die Rechenleistungen wurden schwächer und schwächer, schliesslich war der Bub selber davon überzeugt, dass er dumm sei.

Was ursprünglich unbewusst Rache am Vater war – die Leseunfähigkeit – wurde zum Bumerang. Der Bub gab sich selbst auf. Äusserlich war er zwar brav und angepasst, innerlich aber voll Angst und Hass, überzeugt, dass niemand ihn mochte, allein.

So kam er zuguterletzt in die Sonderklasse, ein misstrauischer, ängstlicher Bub, der mit «Autoritäten» (vor allem mit dem Vater) denkbar schlechte Erfahrungen gemacht hatte. Nun werden auch seine «Rudereien» und seine Aggressionen mir gegenüber verständlich: An mir verarbeitete er seine gemachten schlechten Erfahrungen. In dem Masse, wie es mir gelang, nicht so zu reagieren, wie er es gewöhnt war, in dem Masse, wie es mir gelang, ihm zu zeigen, dass ich ihn trotz allem akzeptierte, kam es bei ihm langsam zu einem Abbau seiner Ängste. Und erst als dieser Angstabbau vollzogen war, waren bei Albert die Voraussetzungen für das Lesenlernen geschaffen. Dann allerdings ging's rasch voran. Er hat in kurzer Zeit «aufgeholt».

Bleibt noch nachzutragen, wie sich bei Albert die Bereitschaft zum Lesenlernen zum ersten Mal ankündigte.

Ich diktierte einer Gruppe irgendeinen Text. Albi sass daneben und störte dauernd. Schliesslich nahm er einen Zettel in die Hand und rief: «Ich schreibe auch mit.» Wenig später gab er mir den Zettel zur Korrektur. Eine Kuh war draufgeschmiert, daneben irgendein Gekritzel. Ich schrieb auf den Zettel: ALBI = LÖLI. Gespannt wartete ich. Würde er das lesen können? Er nahm den Zettel an sich und studierte ihn aufmerksam. Dann fragte er mich: «Wie schreibt man das Jegge-J?» Ich zeigte es ihm. Als ich das Blatt zurückerhielt, stand darauf: JEGE SAFSEKEL. Noch kaum je hat mich eine Schülerarbeit so gefreut wie dieses SAFSEKEL.

Beispiel 4: Schwachbegabt

Fritz heisst er. Auch er sitzt in meiner Sonderklasse. Seine Geschichte soll hier berichtet werden als ein Beispiel für die Verflechtung psychischer und sozio-kultureller Schranken:

Er kommt aus einem anregungsarmen, ja hoffnungslosen Milieu. Seine Eltern hatten früher im Toggenburg einen Kleinbauernhof betrieben. Aber die Sache hatte nicht rentiert. So waren sie ins Flachland hinunter gezogen und hatten eine Stelle in der Fabrik angenommen. Im Grunde aber haben sie immer noch Heimweh nach ihrem Heimetli.

Da nun beide Eltern berufstätig sind, war Fritz von Anfang an der Obhut seiner Geschwister überlassen. Schon bald merkte der Kleine, dass alles, was ihm grosse Mühe bereitete, diesen viel leichter fiel, einfach aus dem Grunde, weil sie älter waren: Zog man sich an, um vor das Haus zu gehen, war er zuletzt fertig, und man musste ihm noch helfen dabei. Kletterte man über einen Zaun, war er der Letzte, musste man beim Abtrocknen helfen, zerbrach er einen Teller und wurde ausgescholten. Aus unzähligen solchen Erlebnissen zog Fritz für sich den Schluss: «Ich bin eben sehr ungeschickt.» Nicht, dass er sich dies bewusst gesagt hätte, aber er wurde zusehends ruhiger und traute sich weniger zu. Das wurde allerdings von seiner Umgebung nicht bemerkt. Man stellte nur mit Zufriedenheit fest, dass er «brav» sei.

Etwas allerdings war der ganzen Familie aufgefallen: Fritz zeichnete mit grossem Geschick und mit riesiger Freude. Aber er wurde nicht gelobt dafür, man stellte dies einfach fest. Man sprach überhaupt nicht sehr viel miteinander in dieser Familie, und vor allem nicht mit Fritz. Was er zu hören bekam, waren vor allem Kurzsätze: «Still jetzt», «Marsch ins Bett». Fritz selbst sprach auch nicht viel, und das wenige, das er sprach, ging im «Betrieb» zu Hause meist unter.

Von seinen Geschwistern zog er sich auch immer mehr zurück, da er ja so viel «ungeschickter» war als sie. Er verbrachte Stunden allein mit Vaters Hund zusammen.

Es kam der Tag, an dem er zur Schule musste. Er sah ihm mit einer gewissen Angst entgegen – und mit Recht, wie sich bald herausstellen sollte. Es zeigte sich, dass Fritz gegenüber den meisten seiner Klassenkameraden einen grossen Rückstand aufwies. Allein schon in sprachlicher Hinsicht war er den Anforderungen kaum gewachsen. Er war nur imstande, ganz einfache Sätze zu bilden. Man hatte ja auch nur in solchen zu ihm gesprochen. Manche Wörter, die die Lehrerin oder andere Schüler brauchten, hatte er noch nie gehört. So galt er bald als «sprachlich schwach». Er hatte auch grosse Mühe mit Lesenlernen. Oft nahm er ein Leseblättchen mit nach Hause und übte zusammen mit einer etwas älteren Schwester, aber die Wörter und Sätze wollten ihm, der den Umgang mit der Sprache so ungewohnt war, einfach nicht im Kopf bleiben. Am nächsten Tag sagte dann die Lehrerin: «Du hast wahrscheinlich wieder nicht geübt.» Die Klassenkameraden, die alle so viel bessere Schüler zu sein schienen, lachten, wenn er statt «Pfund» «Hund» las. Er stand dann ganz hilflos in seiner Schulbank und wusste sich nicht zu helfen. So hatte er bald den Eindruck: «Ich bin nicht nur ungeschickt, ich bin auch dumm.» Von diesem Augenblick an wurden auch seine Leistungen im Rechnen schlechter. Er traute sich weniger zu, zog sich immer mehr zurück, und die Lehrerin sagte von ihm: «Er macht einfach nicht mit.»

Da er nun schon viele Male erlebt hatte, wie seine Anstrengungen nichts nützten, wurden diese zusehends schwächer. Er begann die Hausaufgaben zu vernachlässigen, und das trug ihm natürlich Strafarbeit ein. Jetzt «wusste» er: «Ich bin nicht nur ungeschickt und dumm, ich bin auch ein «lausiger» Schüler, einer, der gestraft werden muss.»

Nur im Zeichnen, da stellte er seinen Mann. Er wurde auch anerkannt, und die Zeichenstunden hatte er weitaus am liebsten.

Es kam, wie es kommen musste: Fritz erreichte am Ende der ersten Klasse das Lehrziel nicht und musste repetieren. Das war nun freilich ein harter Schlag für ihn, der ja in seinem Selbstwertgefühl schon ohnehin schwer geschädigt war. Für seine Eltern übrigens auch. Man schimpfte mit dem Buben, sprach von Schande und «was sagen wohl die Nachbarn». So «lernte» Fritz daraus noch etwas weiteres: «Ich bin das schwarze Schaf in der Familie.» Jedesmal, wenn er in der Pause seine einstigen Klassenkameraden sah, sagte er sich: «Die sind jetzt schon in der Zweiten und ich nicht, weil ich dumm bin.» Nun, er gewöhnte sich daran.

39

Anfangs ging es zwar in der Schule noch recht gut mit ihm. Aber bald zeigten sich wieder dieselben Schwierigkeiten. Er war «sprachlich schwach», machte «mündlich nicht mit», war ein «lausiger Schüler», weil er immer wieder seine Hausaufgaben «vergass». Dazu kam nun noch etwas anderes: Er war der Grösste in der Klasse – und der Dümmste, der oft ausgelacht wurde. Um nun doch etwas zu «leisten», Aufmerksamkeit zu erlangen, begann er, den Klassenclown zu spielen und wurde bald auch noch «frech». Die Strafaufgaben häuften sich. Nachsitzen, vor der Türe stehen usw. wurde ihm bald zur Gewohnheit. Man sagte zu ihm: «Ich weiss gar nicht, was mit dir los ist. Du warst früher so brav.» Nun «wusste» er: «Ich bin nicht nur dumm, ich bin auch böse, man mag mich nicht.»

So wurde er «mitgeschleppt» bis zur dritten Klasse. Er war immer der Letzte, der Dümmste, am Examen gehörten seine Antworten zu den beliebtesten Produktionen, über die sich die allwissenden Grossen an der Wand nicht genug ergötzen konnten. Er quälte seine Klassenkameraden, die ihn wiederum damit quälten, dass sie laut lachten, wenn er statt «Bahnangestellte» «Bananengestelle» las. Sogar seine Zeichnungen wurden zusehends ärmer, er hatte keine Freude mehr am Zeichnen, und schliesslich behauptete er, es überhaupt nicht zu können. So sass er Tag für Tag in der Schule und hatte unvorstellbare Angst: Angst, «dranzukommen», Angst, etwas nicht zu können, Angst, ausgelacht zu werden, Angst, eine Strafe zu erhalten. Er erzählte später, er hätte oft nächtelang nicht geschlafen. Aus Angst.

Seine Lehrerin liess ihn «testen». Der «Tester» war sehr freundlich zu ihm. Er setzte sich mit ihm zwei Stunden lang ins Lehrerzimmer, und Fritz musste Fragen beantworten, zeichnen, Bildergeschichten legen usw. Aber der Bub hatte Angst, es war dieselbe Angst, wie er sie im Schulzimmer erlebt hatte: Angst, etwas Falsches zu sagen, etwas falsch zu machen. Und er war von Anfang an überzeugt, ohnehin nichts zu können. Später sagte er: «Ich schämte mich richtig vor dem freundlichen Mann. Ich dachte immer, das müsste ich doch eigentlich können, und er sagte jeweils, das sei doch ganz leicht, und dann konnte ich es doch nicht.» Das Ergebnis des Tests war eindeutig: Fritz ist schwachbegabt.

Nun sitzt er in der Sonderklasse, die für solche Schwachbegabte eingerichtet worden ist, völlig überzeugt, dass er nichts kann und nie etwas können wird. Er hat sich selbst aufgegeben.

40

Beispiel 5: Der Intelligenztest

Dass schlechte Schulleistungen allein kein Beweis für mangelnde Intelligenz sind, ist allgemein bekannt, wenn auch die aus dieser Erkenntnis erwachsenden Schlussfolgerungen oft mehr theoretischer als praktischer Natur sind. Ergebnisse von Intelligenztests aber gelten weitherum als ausserordentlich «relevant». Dazu das folgende Beispiel.

Mir gegenüber sitzt Kurt, 16 Jahre alt, seit drei Jahren mein Schüler. Ich habe mir vorgenommen, mit ihm einen Intelligenztest durchzuführen.[2] Lange Zeit war der Bub verschlossen und misstrauisch gewesen, freundlich und zuvorkommend zwar, aber unzugänglich. Jetzt, da er «aus dem Gröbsten heraus» ist, da er Vertrauen zu mir gefasst hat, jetzt dürfte die Durchführung eines solchen Tests einigermassen zuverlässige Hinweise auf seine Intelligenz ergeben. Wir wechseln einige freundschaftliche Worte und beginnen dann mit der Arbeit.

Schon bald merke ich, dass dieser Test nicht gut herauskommen wird. Immer häufiger erhalte ich die Antwort: «Das weiss ich nicht – noch nie gehört» usw. Ich versuche, Kurt aufzumuntern. Wir sprechen kurz von etwas ganz anderem, dann fahren wir fort. Bei der Rubrik «Allgemeines Verständnis» mache ich eine Beobachtung: Die von ihm gegebenen Antworten werden hier mit zwei, einem oder null Punkten bewertet. Kurt denkt über jede Frage gründlich nach, dann gibt er entweder eine Zwei-Punkt-Antwort, oder aber er sagt wieder: «Das weiss ich nicht.» Er gibt also keine halbrichtigen oder falschen Erklärungen. Folgt das Zahlennachsprechen. Hier arbeitet er ausgesprochen gut. Ich lobe ihn. Er scheint dankbar für die Aufmunterung, lächelt mich an. Beim nächsten Test, Rechnen, stellen sich grosse Schwierigkeiten ein. Selbst einfache Aufgaben weiss er nicht zu bewältigen. Nun, ich weiss, dass er sich mit dem Rechnen schwer tut, er hat mir auch mehrere Male erzählt, wie schwach er in diesem Fach immer schon gewesen sei und es auch jetzt noch merke. Ich weiss aber auch, dass er gerade hier grosse Fortschritte gemacht hat. So schlecht, wie er jetzt rechnet, arbeitet er sonst nie.

Ich bin nun vollends aufmerksam geworden. Wieder ein paar Ermunterungen, dann der Untertest «Gemeinsamkeiten finden». Die Antworten wer-

---

Anm. 2:
Es handelt sich um den HAWIK (Hamburg-Wechsler-Intelligenztest für Kinder). Ähnliche Erfahrungen lassen sich aber auch mit andern Intelligenztests machen.

41

den spärlicher, einige ganz wenige Ein-Punkt-Antworten, dann schweigt Kurt. Ich sehe, dass er nahe am Weinen ist. «Was ist los?» Da bricht es aus ihm heraus: «Das ist doch ein verdammter Schmarren, das Ganze. Wozu ist das überhaupt gut?» usw. Es dauert eine gute Weile, bis ich Kurt einigermassen beruhigt habe.

Später sprechen wir miteinander über die Angelegenheit. In meinem Auto fahren wir durch die Gegend.[3] So fühlt sich Kurt am wohlsten. Es hat für ihn etwas Befreiendes, er spricht viel ungehemmter, als wenn er mir gegenüber sitzt. Und nun wird mir klar, was vorhin mit ihm los war.

Er hat eine denkbar unschöne Schulzeit hinter sich. Unzählige Male ist er blossgestellt oder ausgeschimpft und bestraft worden wegen seiner Schulleistungen. Das Resultat? Er hatte Angst, die ihn nicht mehr verliess. Angst, aufgerufen zu werden, Angst ausgelacht oder gar bestraft zu werden und die grösste Angst: Ich bin dumm, aus mir wird nichts werden. Er sagt jetzt: «Das ist wie ein Deckel, der auf einem lastet. Manchmal denkt man nicht daran. Man vergisst es, aber er ist immer da.» Mein Vorgänger hat mir berichtet, der Bub habe ein volles Jahr lang kaum ein Wort zu ihm gesprochen. Ich weiss jetzt, weshalb: aus Angst. Im letzten Jahr erst, nachdem er mich zwei Jahre kennen gelernt hatte, verlor er diese Angst langsam, fasste er Vertrauen, zu mir und zu sich selbst. Aber vorhin, in der Testsituation, sind alle diese Ängste neu aktiviert worden. Er sagt: «Man hat ein ganz enges Gefühl, man glaubt, man werde zertreten.» Und gegen diese Ängste bin ich mit meinen wohlüberlegten und gut gemeinten Ermunterungen nicht aufgekommen.

Kurt hat sich ausgesprochen. Die Atmosphäre im Auto ist entspannt, fast gemütlich. Er sagt auch, er sei sehr froh, dass wir darüber gesprochen hätten. Plötzlich kommt mir ein Gedanke. Wie käme es wohl heraus, wenn ich ihm die Testfragen jetzt stellte, in der Situation, in der er sich offensichtlich wohl fühlt?

Ein nächstes Mal. Wir fahren wieder durch die Gegend. Nun stelle ich ihm, ganz nebenbei, die Fragen, die er mir im Test nicht hat beantworten können. Er riecht natürlich bald den Braten, hat aber Spass daran. Und beant-

---

Anm. 3:
s. dazu: H. Zulliger: Die Spaziergang-Behandlung – eine Form des psychotherapeutischen Umgangs mit gefährdeten Jugendlichen in: Biermann (Hg): Handbuch der Kinderpsychotherapie, München/Basel 1969, S. 428 ff.

wortet noch eine ganze Menge Fragen. Jetzt erhalte ich auch in vermehrtem Masse Ein-Punkt-Antworten oder solche, die falsch sind.

Am Abend werte ich die beiden Tests aus. Resultat: Nach dem ersten Test (im Schulzimmer durchgeführt) weist Kurt einen IQ von 94 auf. Das liegt zwar noch einigermassen im Durchschnitt, aber doch deutlich an der untern Grenze. Nach dem zweiten Test aber (im Auto) liegt der IQ bei 120.

Es lohnt sich, die beiden Tests etwas zu vergleichen.

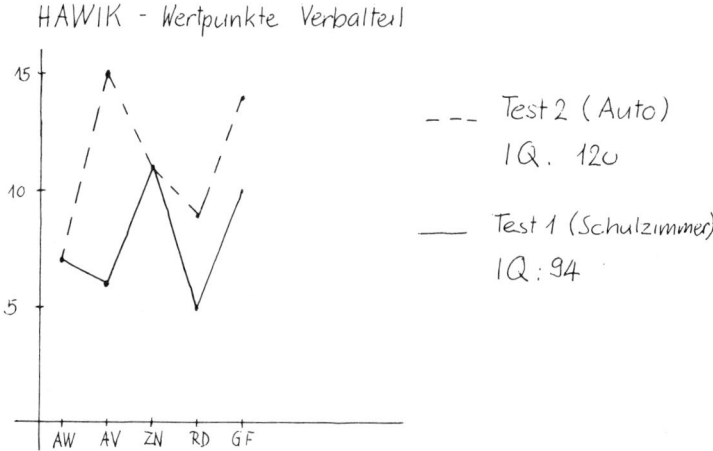

Gleich geblieben sind sich die Resultate in den Subtests «Allgemeines Wissen» (AW) und «Zahlennachsprechen» (ZN). Auffallend höhere Resultate zeigen die Tests «Allgemeines Verständnis» (AV) und «Gemeinsamkeiten finden» (GF), sowie der Test «Rechenfertigkeit» (RD). Hier zeigte sich deutlich die Auswirkung der seelischen Situation des Buben. Nebenbei wird auch klar, weshalb fast nur im zweiten Test Ein-Punkt- und falsche Antworten vorkommen. Sie sind Ausdruck der Tatsache, dass in dieser Situation Kurt es riskierte, hin und wieder einen Fehler zu machen, also mutiger war.

Auf einen möglichen Einwand soll hier noch eingegangen werden. Im Handbuch zum HAWIK heisst es beispielsweise: «In der richtigen Testsituation besteht zwischen dem VL und der VP eine ruhige und freundliche Zusammenarbeit, die wenig von der sonst üblichen Atmosphäre einer «Prüfung» an sich hat. So ist es z. B. nicht nur erlaubt, sondern häufig not-

43

wendig, das Kind zu ermuntern und zu bestätigen. Der VL muss immer versuchen, die allgemeine Testsituation nach dem individuellen Kinde auszurichten . . .»[4]

Man könnte nun mein Beispiel mit dem Hinweis entkräften, dass es mir im ersten Fall (Test in der Schule) offenbar nicht gelungen sei, die Atmosphäre der «ruhigen und freundlichen Zusammenarbeit» herzustellen. Dazu ist zu sagen: Ich kenne diesen Buben nun seit drei Jahren. Er ist (auch nach den Aussagen seiner Eltern), seit er zu mir in die Klasse geht, erst richtig «aufgetaut». Diese «Atmosphäre der Zusammenarbeit» besteht zwischen uns eigentlich täglich. Aber seine durch seine allgemein seelische Situation bedingten, immer noch vorhandenen Ängste, die in der speziellen Prüfungssituation zum Vorschein kommen, sind so gross, dass auch ich hier machtlos bin. Wie sehr mag dies erst bei einem dem ängstlichen und introvertierten Buben völlig unbekannten «VL» gelten.

Inwiefern spielt bei diesem Testergebnis die sozio-kulturelle Situation des Schülers mit? Nehmen wir als Beispiel den Test «Allgemeines Wissen». Es fällt auf, dass Kurt sämtliche geografischen Fragen nicht beantwortet hat. Er ist der Sohn einfacher Bauersleute. Die Kinder der Swissair-Angestellten aus dem gleichen Dorf wissen diese Fragen sehr wohl zu beantworten. Und woher in aller Welt soll Kurt wissen, was Hieroglyphen sind oder wer Dschingis Khan war? Etwa aus dem Unterricht in der Sonderklasse?

Ich weiss von einem an der Sonderschule unterrichtenden Kollegen, der zur Rede gestellt worden ist, weil er seinen Schülern griechische Sagen erzählt hat. Er müsse sie doch «auf das Leben vorbereiten». Fast ist man versucht, auch hier von einem Teufelskreis zu sprechen: Solche Dinge darf der dumme Schüler nicht erfahren, weil's später dumm wäre, wenn er's wüsste.

Was hier dargestellt wurde, ist nicht als Argument gegen Intelligenztests überhaupt gedacht. Die Notwendigkeit solcher Tests, ihr «klinisch-diagnostischer Wert» soll hier nicht in Frage gestellt werden. Aber: IQ-Zahlen und Intelligenzprofile sind keine Evangelientexte. Ihre enorme Abhängigkeit von der allgemein psychischen und der sozio-kulturellen Situation des Schülers sowie von der spezifischen Testsituation sollte hier an einem auffallenden Beispiel dargestellt werden.

Anm. 4:
HAWIK-Handbuch, Bern/Stuttgart 1966[3], S. 19

Das Erscheinungsbild des «dummen» Schülers

Die Begabungsschranke als soziokulturelles Problem

Thesen

1. Allgemein bekannt ist das Beispiel der «Sprachbarrieren». Darüber bestehen unzählige eingehende Untersuchungen, die völlig schlüssig sind, so dass sich ein näheres Eintreten auf dieses Thema erübrigt.

2. «Sprachbarrieren» sind meist nur der auffälligste Ausdruck einer allgemein kulturellen Anregungsarmut und durch diese bedingt. (Beispiel 6)

3. Eng damit verknüpft ist eine Armut der Beziehungskultur. Gefühle, Konflikte usw. werden kaum verbalisiert und damit kaum wahrgenommen. (Beispiel 7)

4. Dazu kommt noch eine ausgesprochene Bildungsfeindlichkeit des Milieus in vielen Fällen. (Beispiel 8)

5. Meist sind die Eltern auch ausserstande, im Falle von Schulproblemen die richtigen Hilfsmassnahmen einzuleiten. (Beispiel 9)

Beispiel 6: Kulturelle Anregungsarmut

Neben mir sitzt Peter Müller, der nun seit über drei Jahren meine Klasse besucht. Er berichtet von zuhause. «Es stinkt mir immer», sagt er, «es ist wie in einem langweiligen Theaterstück».

Theaterstück – unter diesem Gesichtspunkt möchte ich hier die kulturelle Situation seiner Familie beschreiben. Vielleicht wird dabei deutlich, was mit «Anregungsarmut» in diesem Bereich gemeint ist.

Personen: Vater Müller, Sohn eines Kleinbauern, arbeitet als Hilfskraft auf dem nahe gelegenen Flughafen. Die Mutter verdient als Hilfsarbeiterin (Packerin) im Dorf. Dann sind da noch ein Bub, eben Peter, und ein Mädchen. Es heisst Lina, wie die Mutter. Peter ist in der Sonderklasse, Lina hat sich immer noch ganz knapp in der Normalschule halten können.

Szenerie: Die Stube.
Die Stube einer Blockwohnung. Im ganzen Block wohnen nur Flughafenangestellte.
Vorne, beim Fenster, die Polstergruppe. Billige, etwas abgeschabte Polstermöbel, dazu ein nierenförmiger Mosaiktisch mit schrägen Beinen. Gleich daneben eine gewaltige Wohnwand, deutlich neueren Datums. Inhalt: Hausbar, Gummibaum (klein), Souvenirs (als Prunkstück ein Segelboot aus Horn, Aufschrift: Gruss aus Kiel), vier Silvabücher, die Traubibel. Die Bücher machen keinen sehr zerlesenen Eindruck, die Bibel wirkt geradezu jungfräulich. In einem Zeitungsständer einige Zeitschriften: die Bunte, Quick, das Gelbe Heft. In der Ecke ein Radioapparat (die Familie besitzt keinen Fernseher, sie bildet hierin eine Ausnahme), daneben noch ein Gummibaum (gross).
In einer weiteren Ecke, neben der Durchreiche in die Küche, der Esstisch und ein halbhohes Buffet. Darüber, an der Wand, ein bunt bedruckter Samtteppich, zwei oder drei holländische Windmühlen darstellend.
Ich habe in diesem Block schon einige Wohnungen von innen gesehen. In allen standen Polstergruppe, Wohnwand und der Wohnzimmertisch an der nämlichen Stelle.

Szene 1: Feierabend
Der Vater kommt von der Arbeit heim. Er wärmt den Kaffee und deckt den Tisch. Die Mutter kommt etwas später. Nun wird gegessen. Tischgespräche werden eigentlich keine geführt, vielleicht, dass der Vater zur Mutter etwa sagt: «Den Meier gesehen. Hat ein neues Auto. Einen VW. Rot.» Wenn eines der Kinder etwas sagen will, heisst es: «Still. Kinder sprechen nicht bei Tisch.»
Nach dem Essen besorgt die Mutter die Küche. Lina hilft dabei. Hier plaudern die beiden zusammen, über die Schule und auch sonst über alles Mögliche. Der Vater sitzt unterdessen in einem Polstersessel und liest die Zei-

48

tung. Natürlich liest er sie nicht ganz durch, von hinten bis vorn. Er liest zunächst die Aktualitäten, «Unglücksfälle und Verbrechen» und schliesslich alle Inserate. Da lässt er nichts aus. Das dauert ziemlich lang.

Unterdessen kommt die Mutter aus der Küche. Nun wird das Radio angestellt, meist Operetten- oder Ländlermusik. Die Mutter hält das aus, sie sitzt in einem Polsterstuhl und strickt. Der Vater streckt sich auf dem Sofa aus und schläft bald ein. So etwa um neun Uhr wacht er auf, steht auf – und begibt sich ins Bett.
So geht es praktisch Abend für Abend. Vielleicht werden Sie, lieber Leser, nun fragen: Und die Kinder? Genau das frage ich mich auch.

Szene 2: Sonntagnachmittag
Man ist auf Besuch oder hat (seltener) Besuch. Meist sind es (ähnlich strukturierte) Verwandte oder Bekannte. Interessanterweise ist der Kontakt unter den Familien im Wohnblock gering.
Es gibt Kaffee, von den Kindern ist meist nur Lina anwesend. Man plaudert. Worüber? Nun, über Diensterlebnisse natürlich, dann gibt auch der missratene Sohn (mein Schüler) Stoff. Daneben aber wird hauptsächlich über Neuanschaffungen gesprochen und was man dazu in Inseraten gelesen oder im Supermarkt gesehen hat.
Selten, aber doch hin und wieder, besucht die Familie, meist aber Vater und Mutter allein, das Kino im nächstgrösseren Ort. Man schaut sich Filme von Heintje oder Peter Alexander an.

So geht es jahrein, jahraus.

Man stelle sich nun vor: In diesem Milieu wachsen zwei Kinder auf: Das stets fleissige, erfolgreich domestizierte Lineli und Peter, der in der Schule nicht mitkommt und sich gegen das alles innerlich auflehnt, ohne genau zu erkennen, was zu seiner ganz und gar unbefriedigenden Situation geführt hat: Die Anregungen fehlen, die er zu seiner geistigen Entwicklung als stete Anreize so nötig brauchte. Übrigens: Auch bei ihm wird die «Sprachbarriere» wirksam. Seine Sprachnoten aus der Primarschule sind schlecht, und in den durchgeführten Intelligenztests sind Subtests wie «Allgemeines Wissen», «Wortschatz» auffallend schwach. Aber als weit gravierender empfindet er die Öde, die Anregungsarmut seines Zuhause. Und deshalb «stinkt's» ihm. Anders kann er's ja nicht ausdrücken.

Ich erlebte kürzlich eine fast deckungsgleiche Milieuschilderung im Theater. Gegeben wurde von Xaver Kroetz «Oberösterreich». Die Stumpfheit, die Hoffnungslosigkeit, gespiegelt in einer ausdrucksarmen, unbeholfenen Sprache, all das war hier in einer Dichte und Präzision dargestellt, die mir den Atem verschlug. Und wie reagierte das Publikum, meist junge Intellektuelle? Es lachte, wenn der Ehemann seiner Frau den Traum vom schönerem Leben aus dem Warenhauskatalog vorlas. Das Publikum fiel vor dem Stück durch. Mir selbst ist, seit ich Kinder wie Peter kennengelernt habe, das Lachen in solchen Situationen gründlich vergangen.

Beispiel 7: Beziehungskultur

Was mit der erwähnten «Armut der Beziehungskultur» gemeint ist, möchte ich am Beispiel meines Schülers Max aufzeigen:

Max war von seinem verheirateten älteren Bruder eingeladen worden, am Sonntag skifahren zu gehen. Er freute sich sehr darauf. Am Sonntagmorgen stand er in aller Frühe auf, richtete seine Siebensachen und wartete darauf, dass sein Bruder ihn nun abholen würde. Er wartete eine Stunde, zwei Stunden über die verabredete Zeit hinaus – es kam niemand. Schliesslich ging er seinen Bruder suchen. Er fand ihn zuhause, im Bett. Es sei doch sicher neblig im Toggenburg, meinte er. Er hatte es nicht für nötig befunden, Max irgendwie zu benachrichtigen. Er war ja schliesslich der Ältere, der Jüngere hatte sich nach ihm zu richten.

Interessant ist nun, wie Max reagierte. Er reagierte nicht. Er erwähnte mit keinem Wort, dass er sich vergeblich gefreut und obendrein noch zwei Stunden gewartet habe. Er nahm die Mitteilung einfach zur Kenntnis und begab sich wieder nach Hause. Dafür erklärte er nachher: «Es stinkt mir» – und wusste nicht, weshalb.

In den meisten Familien meiner Schüler wird den zwischenmenschlichen Beziehungen sehr wenig Aufmerksamkeit geschenkt. So werden beispielsweise einzelne Familienmitglieder (Kinder, Ehefrau usw.) ohne weiteres vor etwaigen sonntäglichen Besuchern blossgestellt. Die Kinder z. B. wären demnach dauernden seelischen Kränkungen ausgesetzt. Um sich dagegen einigermassen zu schützen, stumpfen sie sich ab. Sie nehmen Gefühle mit der Zeit kaum mehr wahr – und können sie in der Folge auch nicht mehr erkennen und artikulieren. So werden sie später auch ihre Kinder wieder vor andern Leuten blossstellen.

Bloß-
stellg.
i. d.
Fam.,

50

So erweist sich die zunächst als sozio-kulturelles Merkmal vorgefundene «Armut der Beziehungskultur» als eigentlich seelisches Problem. Sie ist eine «seelische Panzerung». Der Panzer hat die Aufgabe eines Schmerzschutzes. Solcherart gepanzerte Menschen fügen jedoch andern eben diese Kränkungen gleichfalls zu. So dreht sich auch hier ein eigentlicher Teufelskreis.

Beispiel 8: Bildungsfeindlichkeit

Was Bildungsfeindlichkeit ist, habe ich selten so eindrücklich erlebt wie am Beispiel von Paul. Sein Vater war ursprünglich Hilfsarbeiter und hat dann später irgendeine Anlehre gemacht. Paul war in seinem 7. Schuljahr zu mir in die Klasse gekommen, ein stiller, misstrauischer Bub. Er hatte sich dann in den drei Jahren gemacht. Er wurde etwas sicherer, und seine seelische Lebendigkeit wuchs spürbar. Im Prinzip hätte er nun nach dem 9. Schuljahr austreten sollen. Er wollte aber noch weiter lernen, und auch mir schien es unverantwortlich, den Buben jetzt aus der Schule zu geben. Es war in den drei letzten Jahren vieles in Fluss gekommen. Nur eines machte mir Sorgen: Wie würde wohl der Vater auf den Vorschlag reagieren, Paul noch ein 10. Schuljahr absolvieren zu lassen? Er hatte schon zu Anfang von Pauls Schulzeit bei mir erklärt, Paul werde sowieso keinen Beruf erlernen können. Aber das sei ja auch gar nicht nötig. Im übrigen hatte er sich nie um Pauls Schularbeit gekümmert.

Die Besprechung mit Pauls Vater war sehr anstrengend. Er hatte für seinen Buben eine Hilfsarbeiterstelle in Aussicht. Im Geschäft, in dem er arbeitete, würden Leute gebraucht, erklärte er. Auch Paul könne eventuell hier eingestellt werden. Meine Erwiderung, ich sei sicher, Paul würde nach einem weiteren Schuljahr eine Berufslehre absolvieren können, machte ihn böse. Das sei doch zwecklos, diese blöde Rechnerei, wohin das führe, sehe man ja bei den Studenten, die übrigens auch gescheiter einmal etwas Rechtes täten. Und überhaupt, auch er habe keine Lehre machen können und sei doch etwas Rechtes geworden. Dann meinten die Kinder nur, sie müssten ihm nicht mehr gehorchen. Übrigens habe auch sein Vater sein Brot als Hilfsarbeiter verdient.

Wie er schliesslich doch noch dazu gebracht werden konnte, dem 10. Schuljahr seines Sprösslings zuzustimmen, weiss ich nicht mehr. Ich weiss nur noch, dass ich daraufhin die ganze Nacht nicht einschlafen konnte. Ich hatte 16 Tassen Kaffee getrunken. Pauls Mutter hatte sie gezählt. Sonst war sie den ganzen Abend nicht in Erscheinung getreten. Sie hatte Kaffee gekocht und war dann staunend auf dem Kachelofen sitzen geblieben. Irgendwie ins Gespräch eingegriffen hatte sie nicht.

Die gleichen Schwierigkeiten zeigten sich auch, als es darum ging, eine Lehrstelle für Paul zu suchen. Der Bub wurde gefragt: «Glaubst du wirklich, dass du eine Lehre machen kannst? Ich glaube das nicht.» Aber Paul wollte, und irgendwie gelang es ihm, die Mutter für seinen Plan zu gewinnen. Grosser Ehekrach, dann unterschrieb der Vater den Lehrvertrag. Sich sonst irgendwie die Lehrstelle angesehen oder mit dem Lehrmeister gesprochen hat er nicht.

Aber etwas Merkwürdiges geschah auch noch: Am selben Tag, da der Vater den Lehrvertrag unterschrieb, suchte er unter seinen Akten sein altes Anlern-Diplom hervor und stellte es auf dem Stubenbuffet aus.

Ich berichte dieses Beispiel, weil sich hier alle drei Wurzeln der Bildungsfeindlichkeit finden, die ich bisher in meiner Arbeit kennengelernt habe.

a) biografische Wurzel: Die Eltern, selber in der Schule nicht erfolgreich, haben aus ihrer Schulzeit eine tiefe Abneigung gegen alles, was irgendwie mit Schule, mit Lernen, mit Bildung überhaupt zu tun hat, «ins Leben mitbekommen». Dies äussert sich hier in der Verweigerung eines weiteren Schuljahres, aber auch in den mit Ressentiment geladenen Hinweisen auf die Studenten oder den «studierten» Lehrer.

b) individuell-aktuelle Wurzel: Man ist doch «etwas Rechtes geworden». Diese Sicherung wird radikal in Frage gestellt durch die Tatsache, dass der eigene Bub nun «etwas Besseres» werden soll (Diplom!). Der Vater fürchtet zudem eine Beschneidung seines Machtbereichs.

c) gesellschaftliche Wurzel: Diesen Machtbereich (Familie) braucht er als Ausgleich zu seiner sehr unbefriedigenden Arbeit und Stellung im Geschäft und im Dorf. Zudem war es doch schon immer so. Schon sein Vater hat sich so verhalten, man ging auch früher nicht länger in die Schule als nötig und half dann beim Verdienen mit.
Die Einstellung: «Die Kinder sollen es einmal besser haben als wir» habe ich eher selten erlebt. Eigentlich nur bei Mittelstandskindern oder bei aus-

gesprochen klassenbewussten Arbeitern. Und die sind unter den Eltern meiner Schüler selten.

Beispiel 9: Hilflosigkeit

Emmas Zeugnis ist ein erschütterndes Dokument. Es zeugt von den aussichtslosen Versuchen eines Mädchens, die geforderten Schulleistungen zu erbringen. Aussichtslos waren diese Versuche vor allem deshalb, weil das Mädchen sie ganz allein unternehmen musste. Seine Eltern, beide arbeiten irgendwo als Hilfskräfte, waren nicht in der Lage, ihr Kind irgendwie zu unterstützen. Beide sind äusserst hilflose Menschen. Misstrauisch geworden durch ihre Hilflosigkeit, vollends hilflos geworden durch ihr Misstrauen.

Emmas Schullaufbahn ist von Anfang an gekennzeichnet durch Misserfolge. In Rechnen und Sprache. Die Noten: Es beginnt mit 4–5, flacht aber sofort ab, 4, 3-4, 3. Die Entmutigung wird sichtbar. Wie könnte man einem solchen Kind helfen? Es ermutigen, mit ihm üben. Aber dazu sind Emmas Eltern nicht imstande. Sie sind mit ihren eigenen Problemen (der Vater wechselt während Emmas erstem Schuljahr zweimal die Stelle) zu sehr beschäftigt.

Ende des zweiten Schuljahres. In Emmas Zeugnis steht: Provisorisch promoviert. Rechnet man den Durchschnitt in den Promotionsfächern nach, so kommt man genau auf 3-4, die Note, die für die endgültige Promotion nötig ist. Weshalb also das Provisorium? Offenbar ein Rechenfehler des Lehrers.

Wie könnte man hier Emma helfen? Nachrechnen, mit dem Lehrer oder der Schulpflege sprechen, endlich darüber hinaus die Hilfsmassnahmen ergreifen, die schon früher notwendig gewesen wären. Aber dazu sind Emmas Eltern nicht imstande. Sie beide sind dazu erzogen worden, der «Obrigkeit» blind zu vertrauen. Auch wenn sich diese einmal verrechnen sollte.

Mit diesem «provisorisch promoviert» muss Emma nun in einem andern Kanton zur Schule antreten. Die Familie ist umgezogen. Alles ist neu für Emma. Die Schüler sind im Lesen weiter, im Rechnen weniger weit. Dazu die Umgewöhnung. Bereits nach einem Monat wird die ohnehin nur provisorisch promovierte Emma in die zweite Klasse zurückversetzt. Wäre das ohne das Provisorium auch geschehen? Wie könnte man einem Kind in dieser Situation helfen? Jetzt endlich all das tun, was man schon vorher hätte tun müssen. Aber dazu sind Emmas Eltern nicht imstande. Sie können höchstens die Faust im Sack machen.

Bei der Wiederholung der zweiten Klasse ergeben sich sofort wieder Schwierigkeiten. Die Noten bleiben schlecht. Immer wieder taucht der Vermerk auf: Hausarbeiten nicht gemacht, Fleiss und Pflichterfüllung: oft nicht befriedigend. Das sind Hinweise auf die Entmutigung des Kindes. Wie könnte man Emma in dieser Situation helfen? Sie ermutigen, vielleicht Nachhilfestunden erteilen lassen. Aber dazu sind Emmas Eltern nicht imstande. Sie selbst empfinden ja ihre eigene Hilflosigkeit als Dummheit. Sie haben das Gefühl, das Kind schlage ihnen nach, da könne man sowieso nichts machen. Und so lassen sie eben alles gleiten.

In der Folge zieht die Familie mehrmals um. So etwa alle dreiviertel Jahre muss im Zeugnis ein neuer Schulort eingetragen werden. Zweimal wird auch der Kanton gewechselt. Die Zeugnisse sehen gar nicht allzu schlecht aus. Meist taucht die Note 3-4, manchmal sogar 4 auf. Offenbar gibt jeder Lehrer zunächst einmal eine «humane» Note. Und wenn dann «der grosse Fall» fällig wäre, ist die Familie schon wieder weitergezogen. Aber glücklich ist Emma dabei nicht, wenn man ihren späteren Worten glauben darf.

Wie könnte dem Kind in einer solchen Lage geholfen werden? Ich glaube, wir können uns diese Frage fortan ersparen. Die Situation ist zu verfahren, als dass hier mit «gewöhnlichen» Hilfsmassnahmen etwas auszurichten wäre. Und selbst zu diesen sind die Eltern nicht imstande.

Schliesslich taucht die Familie wieder in unserer Gegend auf. Emma ist inzwischen in der sechsten Klasse. Die Noten: fast alles 4. Der neue Lehrer spediert das Kind kurzerhand in die Sonderklasse. Er kennt ja die Familie seit langem. Der Sonderklassenlehrer wehrt sich. Er schickt das Kind zurück. Kinder mit Vierern gehören nicht in die Hilfsschule.

Das nächste Zeugnis sieht anders aus. Alles 3, in der Sprache eine 2-3. Dazu der Vermerk des Lehrers: «Emma arbeitet freud- und interesselos.» Jetzt gehört sie in die Sonderklasse.

Die Begabungsschranke als psychisches Problem

Thesen

1. Die Grundvoraussetzung seelischer Entwicklung: Das Kind muss sein grundlegendes Bedürfnis nach Geborgenheit, Sicherheit, Liebe, Anerkennung in ausreichendem Masse befriedigen können. Das Fehlen dieser Voraussetzung im frühkindlichen Stadium oder ihr späterer Ausfall kann zur Ursache psychischer Beschränkung werden.

2. Positiv: Ist dieses Bedürfnis befriedigt, entwickelt das Kind Autonomiestrebungen (Strebungen in Richtung Selbstentfaltung, Mündigkeit, Unabhängigkeit).

Negativ: Ist dieses Bedürfnis nicht oder ungenügend befriedigt, entwickelt das Kind keine oder nur ganz schwache Autonomiestrebungen. Ja, viele Kinder entwickeln nicht einmal das Bewusstsein eigener Individualität.

3. Positiv: Wird das Kind mit seinen Autonomiestrebungen akzeptiert und darin bestärkt, entwickelt sich ein sicheres Selbstgefühl, seelische Lebendigkeit, Lebensfreude. Grundlage dafür sind reiche, vielfältige zwischenmenschliche Beziehungen.

Negativ: Auch ein Kind, das nur ein ganz schwaches individuelles Bewusstsein entwickelt hat, wird hin und wieder als Individuum angesprochen. Dies geschieht aber meist in negativem Sinne: Es wird ausgeschimpft, blossge-

stellt, bestraft usw. Die Reaktionen darauf sind sehr viel-
fältig. Sie reichen von übersteigerten Aggressionen über
die Defensive bis zur völligen Selbstaufgabe.

Materialien zu These 1:
Die primären Bedürfnisse

«Ich habe auf das Kind hingewiesen, das, halbgeschlossener Augen dalie-
gend, der Ansprache der Mutter entgegenharrt. Aber manche Kinder brauchen nicht zu harren: weil sie sich unablässig angesprochen wissen, in einer nie abreissenden Zwiesprache. Im Angesicht der einsamen Nacht, die
einzudringen droht, liegen sie bewahrt und behütet, unverwundbar, im sil-
bernen Panzerhemd des Vertrauens.

Vertrauen, Vertrauen zur Welt, weil es diesen Menschen gibt – das ist das
innerlichste Werk des erzieherischen Verhältnisses. Weil es diesen Menschen gibt, kann der Widersinn nicht die wahre Wahrheit sein, so hart er einen bedrängt. Weil es diesen Menschen gibt, ist gewiss in der Finsternis
das Licht, im Schrecken das Heil und in der Stumpfheit der Mitlebenden die
grosse Liebe verborgen . . .» (Martin Buber)[5]

Ausgangspunkt war: Ungenügende Befriedigung grundlegender Bedürfnisse wie Geborgenheit, Sicherheit, Liebe usw. Wie ein Kind dies ganz
plötzlich schmerzlich erleben kann, zeigt folgender Bericht:

**«Mein Vater hat ein kleines Geschäft. Bei ihm arbeitete ein etwa fünf-
zigjähriger Mann. Er war nicht ganz hundert, wie man so sagt. Er war
bevormundet und kam jede Woche bei uns vorbei, um sein Trinkgeld
abzuholen. Wenn er guter Laune war, hätte ich am liebsten stundenlang mit ihm geredet. War er aber einmal schlecht gelaunt und brum-
mig, so sah ich mir immer wieder dieses verzweifelte Gesicht an. Es
zeigte ein langes und mühsames Leben, in dem es überhaupt keine
Höhepunkte, sondern nur die tiefsten aller Tiefpunkte gab. Hugo
huschte während der Arbeit ziemlich viel mit seinem Fahrrad ab und**

Anm. 5
Buber: Rede über das Erzieherische, z. B. in: Buber: Reden über Erziehung, Heidelberg 1953

56

ging in irgendeine Kneipe, um ein paar Flaschen Bier zu trinken. Manchmal musste ihn mein Vater sogar auf verschiedenen Polizeiposten abholen. Bald darauf kam er ins Irrenhaus. Ich hörte nicht mehr viel von ihm. An einem Sonntag, als gerade sein Geburtstag war, fuhr unsere ganze Familie zu ihm auf Besuch. Ich erschrak beim Anblick dieser Gestalt. Ich merkte ganz deutlich, dass man diesem Mann das letzte und teuerste genommen hatte: die Freiheit. Wir sprachen nicht sehr viel. Er erzählte nur, dass er krank gewesen sei, und dass er in ein paar Wochen endlich dieses halbe Jahr hinter sich hätte, wo man nicht allein spazieren dürfe. Dann verliessen wir ihn wieder, weil er mit einem Arzt fort musste. Ein paar Wochen später fuhr ich mit meiner Mutter im Auto nach Schaffhausen. Auf dem Weg sprachen wir über den Besuch bei Hugo. Sie sagte: «Siehst du, so geht es dir auch einmal, wenn du dich dauernd vor der Arbeit drückst. Für diese Leute hat die Welt einfach keinen Platz. Solche Drückeberger landen immer zuletzt im Gefängnis oder im Irrenhaus.» Ich weiss noch heute, wie ich damals erschrak. Es war, als wäre direkt hinter mir eine Bombe geplatzt. Und genau so schlug es auch bei mir ein. Ich spürte, wie mir das Blut in den Kopf schoss. Warum sagte gerade sie so etwas. Es hätte es ja jemand sagen können, von dem ich solches gewohnt war. Oder war ich denn wirklich so schlecht? Von dem Moment an, da die Mutter mich aufs Irrenhaus aufmerksam gemacht hatte, steckte in mir eine unheimliche Angst, dass ich eines Tages auch in dieser Irrenhölle landen und kaum mehr an die Sonne gehen könnte. Diese Angst wurde auch durch Beobachtungen an meinen Geschwistern und Kameraden gestärkt. Viele halfen immer schön brav und wurden niemals mit solch unheimlichen Vorwürfen bedroht. Ich glaubte wirklich fest daran, dass ich eines Tages dort landen würde. Als es später in einem Brief hiess, dass ich in eine Schule für geistig Schwächere käme, dachte ich vollends, es sei aus.»

Die Möglichkeit, diese ganz primären Bedürfnisse nicht mehr erfüllt zu bekommen, kann zu einer ständigen Bedrohung werden:

Ich hatte eine Schülerin, die so ungefähr alle drei Monate völlig unausstehlich war. Sie störte, wo es nur ging, und war fast nicht ansprechbar. Regelmässig stellte sich dann jeweils heraus, dass ihre Eltern in jenen Tagen davon sprachen, sie in ein Heim zu stecken. Das hiess für das Mädchen: Deine Eltern wollen nichts mehr von dir wissen. Sie haben dich nicht mehr gern. Auf diese Bedrohung reagierte das Mädchen, indem es Schwierigkeiten machte, was natürlich für die Eltern wiederum ein Grund mehr war, davon zu sprechen, dass man es «nun endgültig in ein Heim stecken» müsse . . . Die Geborgenheit, die Sicherheit, die das Mädchen so zu verlieren fürchtete, hatte es in Wirklichkeit nie besessen. Auch hier handelte es sich um blosse «Scheingeborgenheit».

Es stellt sich nun die Frage: Worin unterscheidet sich denn die wirkliche von der erwähnten Scheingeborgenheit? Diese Frage ist nicht einfach zu beantworten. Ich möchte hier einen Punkt herausgreifen, der mir der wichtigste zu sein scheint, und den ich bei fast allen meinen Schülern angetroffen habe. Andere Punkte mögen mehr individueller Art sein.

Ein Kind, das wirkliche Geborgenheit, wirkliche Sicherheit erlebt, weiss sich um seiner selbst willen geliebt. Es hat die Gewissheit: Man mag mich leiden, so wie ich nun eben bin. Viele Kinder haben ebendies Bewusstsein nicht entwickelt. Ob sie akzeptiert werden, hängt davon ab, ob es ihnen gelingt, den herrschenden Verhaltens- und moralischen Normen zu entsprechen. So mindestens stellt sich die Sache für sie dar, denn etwas anderes können sie aus dem erzieherischen Verhalten ihrer Eltern nicht herauslesen.

Zunächst soll hier die «verhaltensmässige» Seite des Problems dargestellt werden. Das Geliebtsein ist für diese Kinder abhängig vom Bravsein, von Anpassungsleistungen im eigentlichen Sinne. Deshalb kann diese «Liebe» auch bei «bösem» Verhalten, ja schon bei Ungeschicklichkeiten oder Missverständnissen entzogen werden. Dies erzeugt eine beständige Angst. Das Gefühl der Geborgenheit, der Sicherheit kann so nicht entstehen. Das Motiv taucht immer wieder auf, in Träumen, in Angstvorstellungen, in Fantasien, in Antworten beim Düss-Fabel-Test:[6] Ich werde verfolgt, angegriffen oder geschlagen, weil ich etwas Dummes angestellt habe.

Bei einigen meiner älteren Schüler führte ich eine ganz einfache Stichprobe durch. Ich fragte sie im Gespräch: «Stell dir vor, du machst irgend einen ganz grossen Blödsinn. Du brichst beim Nachbarn ein und brennst mit Geld durch. Du stiehlst das Auto deines Vaters und baust damit einen Verkehrsunfall; oder irgend so etwas, und nun bringt die Polizei dich nach Hause. Was, glaubst du, würde nun geschehen?» Die Antwort wurde meist ohne langes Besinnen gegeben und war eindeutig: «Es wäre fertig. Die Eltern

---

Anm. 6
Düss: Fabelmethode, Biel 1964

58

würden von mir nichts mehr wissen wollen.» Das gab mir zu denken. Es geht nicht darum, wie die Eltern in einem solchen Fall nun wirklich reagieren würden. Das bleibt nach wie vor offen. Aber es zeigt sich hier, wie sehr für diese Kinder das Akzeptiertwerden, das Geliebtsein von ihrem Wohlverhalten abhängt. Es zeigt sich hier eine ständige Angst, fallengelassen, ausgestossen zu werden.

Zum «moralischen» Aspekt des Problems: Die meisten meiner Schüler haben durch ihre Erlebnisse den Eindruck erhalten, ihre spontanen, emotionellen und vitalen Reaktionen seien schlecht. Das bedeutet für sie: Ich selbst bin schlecht. Meine Eltern haben recht, wenn sie mich nicht mögen. Dazu einige Beispiele aus Berichten von Schülern:

«Eines Tages bot sich mir die Gelegenheit, einmal einen Mädchenleib genau zu untersuchen. Wir spielten Dökterlis. Ich als Herr Doktor nahm mir vor, genau zu sein und jede Krankheit herauszufinden. Ich überredete meine Cousine, sich auszuziehen. Was ich alles «untersuchte», weiss ich nicht mehr. Offenbar ging ich zu genau vor, denn sie sagte es meinem Vater. Der Vater pfiff mich zu sich und sagte: «Junge, wenn das noch einmal vorkommt, bekommst du eine Tracht Prügel von mir. Denk einmal, was der liebe Gott darüber denkt! Der sieht nämlich alles.» Damals nahm ich die Religion todernst. Nach den Worten des Vaters war ich nun also ein Sünder.»

«Im Religionsunterricht hörte ich einmal: Das Spielen mit dem eigenen Körper sei eine schwere Sünde. Das gab mir einen schweren Schlag, denn ich trieb Selbstbefriedigung. Ich wollte aufhören, merkte aber, dass es nicht ging. Ich hielt mich für den grössten Sünder, den es gab. Ich dachte, es gäbe wirklich nichts Schlimmeres. Ich hatte noch mit niemandem darüber gesprochen und konnte deshalb nicht wissen, dass das etwas völlig Normales ist. Plötzlich kam mir der Gedanke: Wenn ich so weitermache, werde ich homosexuell. Ich hatte rasende Angst davor. Damals wusste ich zwar nicht ganz genau, was ein Homosexueller ist, aber ich dachte, dass das die ärgsten Sünder sind.»

Es wäre allerdings falsch, wollte man diesen Aspekt auf das Gebiet der Sexualität beschränken. Man erinnere sich an Ruedis Bericht. Die Geschichte mit dem zerbrochenen Stein mag hier als Beispiel dienen, ebenso die Erzählung von der Weihnachtsfeier in der ersten Klasse.

«Man mag mich nicht», das ist wohl die schrecklichste Gewissheit, in der
sich für ein Kind die fehlende Sicherheit, Geborgenheit konkretisieren
kann. Hat sich dieses «Bewusstsein» gebildet, so wird die kleinste Bege-
benheit in dieser Art erlebt. So berichtet Lisbeth: «Ich habe zu Hause mehrere Geschwister, jüngere und ältere. Wenn die Arbeit verteilt wird (Lis-
beths Eltern sind Bauern), bekomme ich immer die mühsamste und ein-
fachste. Ich bin ja ein «Tubeli». Schon manchmal bin ich ganz verzweifelt
ins Schlafzimmer hinaufgerannt und habe dort geweint. Auch schon einen
ganzen Morgen lang. Weil doch niemand mich mag.»

Materialien zu These 2: Autonomie:

«Das erste Jahr nach der Geburt ist der Mensch (. . .) noch voll absorbiert
von dem Streben nach Sicherheit: Geborgenheit, körperliche Zärtlichkeit,
Hautkontakt (nackte Haut an nackter Haut), Wärme, Harmonie, sinnliches
Gefühl des Einsseins mit der Umwelt, auf deren Schutz man vertrauen
kann, sind neben den Bedürfnissen der Nahrungsaufnahme und -verarbei-
tung die bestimmenden Grundziele. (. . .)

Der Gegenpol beginnt sich zu entwickeln, sobald das Kind kräftig genug ist,
dass es überschüssige Energien auf die aktive Erkundung der Umwelt und
auf die Erprobung seiner Fähigkeiten richten kann. Dabei ist es ständig bedroht, Sicherheit zu verlieren. Denn um seine neuen Bedürfnisse nach Ak-
tivität und Selbständigkeit entfalten zu können, muss es sein altes Si-
cherheitssystem umorganisieren: es muss lernen, Unsicherheit zu ertragen, Risiken in Kauf zu nehmen, indem es sich zugleich auch immer wieder
rückwärts orientiert und darauf vertrauen kann, in die alte passive Geborgenheit (z. B. des Mutterschosses) zurückflüchten zu können. Hat es die
Gewissheit, die alte Sicherheit nicht zu verlieren, nicht aufgeben zu müssen, so kann es sich Schritt für Schritt davon lösen und eine neue, in ihm
selbst errichtete Sicherheit finden, die nicht mehr den blossen Gegenpol zu
Freiheit und Selbständigkeit darstellt, sondern diese Bedürfnisse als notwendige Bestandteile seines Sicherungsstrebens integriert hat.» (Hans-
Werner Sass)[7]

Anm. 7:
Sass: Links von sich selbst. Probleme mit der Emanzipation, in: Sass (Hrg.). Antiautoritäre Erziehung oder die Erziehung der Erzieher, Stuttgart 1972, S. 25 ff

<u>Edi</u>, einer meiner Schüler, erinnert sich:

«Eines Sonntags, als der Vater mit uns ausfuhr, wollten wir der Mutter einen Keks mit nach Hause bringen. Der Vater beauftragte mich, in den Laden zu gehen. Ich wollte nicht. In mir stieg eine heftige Angst auf. Wenn ich mich heute an das Gefühl zurückerinnere, das ich damals hatte, so war das so, als hätte mich der Vater in eine feindliche Umgebung hineingetrieben, wo ich ganz hilflos und alleine war. Die andern lachten: Sonst hat er immer ein so grosses Maul, und jetzt traut er sich nicht einmal, in einen Laden zu gehen.»

In dieser scheinbar nebensächlichen Geschichte, aufgeschrieben von einem ehemals «dummen» Schüler, steckt beinahe die ganze Problematik der seelisch bedingten Begabungsschranke: Solange Edi zusammen mit seinem Vater und seinen Geschwistern im Auto sitzt, spürt er so etwas wie «Geborgenheit». Die Leute um ihn herum sind ihm einigermassen vertraut. Ebenso kennt er ihre Verhaltensweisen und Reaktionen. Ist das aber wirkliche Geborgenheit? Die Situation im Auto wird so zum Modell für Edis Situation in der Familie überhaupt. Auch hier erlebt er so etwas wie «Geborgenheit»: Die Räume, die Möbel, das Verhalten der Familienmitglieder, die Art und Weise, wie der Abend verbracht wird, was gegessen wird, usw., das alles kennt er, das alles verleiht ihm eine gewisse «Sicherheit». Ist dies aber wirkliche Geborgenheit, effektive Sicherheit? Sobald Edi seine Selbständigkeit unter Beweis stellen soll, hat er Angst. Er fühlt sich hilflos und verlassen. Das Selbstgefühl, das zur Entfaltung seiner Autonomie unerlässlich ist, fehlt ihm. Er fühlt sich «in eine feindliche Umgebung hineingetrieben». Damit entlarvt sich die «Geborgenheit», die «Sicherheit», die Edi erlebt hat, als Scheingeborgenheit.

Dadurch, dass Edi nicht in den Laden geht, exponiert er sich. Die Reaktion bleibt denn auch nicht aus: Er wird tüchtig ausgelacht. Der ganze Vorfall bleibt als Misserfolgserlebnis in seiner Erinnerung haften – als eines unter vielen. Als ein Erlebnis, das wiederum sein Selbstwertgefühl vermindert. Diese Verminderungen kompensiert er mit einem «grossen Maul», und dies ist der Grund dafür, dass er bei nächster Gelegenheit wieder ausgelacht wird. Der Teufelskreis dreht sich weiter.

<u>Heini</u>

Kinder, die nur ganz schwache Autonomiestrebungen entwickelt haben,

61

können ruhig, still, höflich, aber auch oft unentschlossen, «uneigentlich», lahm, beschränkt, dumm wirken.

Heini (von dem noch zu berichten sein wird) konnte zum Beispiel nicht wünschen. Kam er zu Besuch und fragte ich ihn beispielsweise: «Was möchtest du trinken, Tee oder Sirup?» antwortete er regelmässig: «Ich weiss nicht» oder «Es ist mir gleichgültig». Das sagte er nicht etwa, weil ihm der Unterschied zwischen Tee und Sirup unbekannt gewesen wäre. Er konnte seine eigenen Bedürfnisse, Wünsche usw. weder erkennen noch artikulieren. Vom Anfang unserer Bekanntschaft an versuchte ich in solchen Situationen, ihm bei der Artikulation seines Wunsches zu helfen. So sagte ich etwa: «Schau, stell' dir einfach eine Tasse Tee vor, Lindenblütengeschmack, warm, süss usw., und nun ein Glas Sirup, Himbeergeschmack, kalt, mit Eis drin. Was möchtest du lieber trinken?» Dann blickte er mich meist ganz hilflos an und fragte: «Wovon haben Sie mehr vorrätig?». Dies tat er nicht etwa, weil er Angst hatte, er würde mangelhaft bewirtet. Er versuchte herauszufinden, was ich wünschte, dass er es wünschte. Noch deutlicher zeigte es sich, wenn man ihn zum Einkaufen schickte. Sagte man etwa zu ihm: «Holst du mir bitte rasch eine Schokolade?», so fragte er sofort zurück: «Was für eine?» Wenn ich dann antwortete: «Irgendeine», liess er nicht locker, bis ich ihm ganz genau die gewünschte Schokolade angegeben hatte.

Heinis Beispiel zeigt, wie eng Unselbständigkeit und Angst vor Liebesverlust miteinander verknüpft sind. Er getraute sich nicht, etwas zu unternehmen oder zu wünschen aus Angst, das Falsche zu verlangen oder zu tun. Diese Angst, einen Fehler zu machen, war bei ihm deshalb so gross, weil – für ihn – ständig die Möglichkeit des Liebesverlusts drohte.

Ein individueller Mensch sein

Der immer drohende Liebesverlust zwingt zur Anpassung. Dieser Zwang ist häufig so stark, dass das Bewusstsein eigener Individualität gar nicht oder nur sehr schwach entstehen kann. Dies umso mehr, als das Kind ja «von sich aus» diesem Zwang nichts entgegensetzen kann. Seine primären Bedürfnisse sind ja nicht in ausreichendem Masse befriedigt worden. Dies ist ein Punkt, den der Leser wohl kaum nachvollziehen kann. Wir alle haben doch das Bewusstsein entwickelt, Individuen zu sein. Dass man selbst an diesem Individuum, das da den eigenen Namen trägt, eventuell einiges auszusetzen hat, tut im Augenblick nichts zur Sache. Wichtig ist die Tatsache, dass wir uns primär als Individuen empfinden. Deshalb fällt es uns vermutlich schwer, das, was ich hier darstellen möchte, gefühlsmässig nachzuvollziehen.

Erich Fromm führt bei seiner Darstellung der Individuation eine ausgezeichnete Stelle aus einem Roman an. Sie zeigt, wie ein zehnjähriges Mädchen plötzlich sein Ich entdeckt:

«Und nun begab sich für Emily etwas sehr Wichtiges; sie merkte plötzlich, wer sie war. Warum dieses Ereignis nicht schon vor fünf Jahren erfolgt war, warum dies nicht erst fünf Jahre später eintrat, und warum es just an diesem Nachmittag dazu kam, liess sich kaum sagen. Sie hatte sich am Bug hinter dem Ankerspill ein Häuschen gebaut (als Türklopfer hatte sie einen Taschenkrebs davor gehängt), und als sie des Spieles müde geworden, war sie ziellos achtern geschlendert, hatte an ein paar Raupen und eine Feenkönigin gedacht – und da, mit einemmal, flammte es in ihr auf, dass sie _sie_ war. Sie blieb betroffen stehen und begann, sich zu betrachten, soweit dies einem Menschen in Kleidern und ohne Spiegel überhaupt möglich ist. Viel sah sie nicht, eigentlich nur die Vorderseite ihres Kleides und auch diese nur in der Verkürzung. Und dann ihre Hände, die sie zu diesem Zweck in die Höhe hob. Doch es genügte, um ihr eine ungefähre Vorstellung des kleinen Körpers zu geben, von dem sie plötzlich wusste, dass er der ihre war.

Sie lachte ein wenig spöttisch und dachte: «Jetzt haben wir dich . . . komisch . . . von all den Leuten dich! Stell dir nur vor: jetzt bist du gefangen; da kannst du ewig nicht raus! So musst du jetzt rumlaufen als Kind und musst gross werden und musst alt werden, bis du das verrückte Zeug wieder los wirst . . .» Entschlossen, sich bei dem wichtigen Ereignis durch nichts stören zu lassen, kletterte sie an der Webleine der Marswanten zu ihrem Lieblingssitz am Topp des Mastes empor, und jedesmal, wenn sie dabei Arme oder Beine in Tätigkeit setzte, überkam sie ein neues Staunen, wie bereitwillig ihr die Gliedmassen gehorchten. Dass sie das früher genau so getan hatten, sagte ihr natürlich ihr Gedächtnis, aber früher hatte sie sich nie darüber gewundert.

Oben auf ihrer Sitzstange begann sie, die Haut ihrer Hand einer genauen Prüfung zu unterziehen; es war ja nun _ihre_! Sie schlüpfte mit einer Schulter aus ihrem Kittel, lugte in ihn hinein, um zu sehen, ob sie unter dem Kleid so weiter ging; dann hob sie die Achsel zur Wange empor. Die Berührung mit ihrem Gesicht, die warme nackte Rundung der Schulter durchschauerte sie angenehm; es war wie das Streicheln eines befreundetes Wesens. Aber ob das angenehme Gefühl in der Wange oder in ihrer Schulter sass; wer der Streichelnde und was das Gestreichelte war, konnte sie nicht herausbringen. –

Endlich von der erstaunlichen Tatsache überzeugt, dass sie «jetzt» Emily Bas-Thornton war (warum sie ein «jetzt» einschaltete, wusste sie selber nicht; sie hatte sich ja nie eingebildet, jemand anders zu sein), begann sie ernst über die Verwicklungen nachzudenken, die der neue Tatbestand wohl mit sich bringen würde.»[8]

Was hier dargestellt wird, verdichtet in einer einzigen Situation, dürften wir alle in der einen oder andern Form schon erlebt haben: Ich-Erlebnisse, Augenblicke, da wir uns selbst spürten. Man vergleiche nun aber das hier angeführte Beispiel mit den Schülerberichten, die in diesem Buch gebracht werden. Der Unterschied wird sofort deutlich: Das Bewusstsein: Ich bin ich und niemand anders – kann oft gar nicht entstehen.

Vielen meiner Schüler ist es mit dem besten Willen nicht klar, dass sie sich in irgendeinem Punkte von den andern Menschen um sie herum unterscheiden. Dass sie etwas Eigenes sind, etwas, das es nur einmal gibt. Dass sie eigene Gefühle haben usw. Das Nicht-wünschen-können, wie ich es bei Heini beschrieben habe, ist ein Ausdruck davon.

Materialen zu These 3: Selbstgefühl

«Ein Baum antwortet der Sonne, indem er sich dem Licht zuwendet, selbst wenn er sich dabei krümmen und in einer ungewöhnlichen Form wachsen muss (ungewöhnlich – gemessen an der natürlichen, regelmässigen Gestalt, die er annehmen würde, wenn er nicht auf Grund seiner besonderen Lage die Sonne erst suchen müsste). Eine Mutter antwortet dem Lächeln ihres Kindes mit ihrem eigenen Lächeln. Sie antwortet seinem Hungergeschrei, indem sie es füttert. Der Säugling antwortet auf den Anblick der Mutter, ihre Augen, ihre Stimme, ihre Berührung. Ein Mensch antwortet auf die

---

Anm. 8
Hughes: A High Wind in Jamaica
zit. nach Fromm: Die Furcht vor der Freiheit, Frankfurt 1971[4], S. 34 ff

Freude oder Traurigkeit eines andern. Man antwortet auf ein Gemälde, eine Skulptur, ein Musikstück oder eine interessante Idee. Kurz, alle Lebensäusserungen sind Antworten, mit denen der Mensch seine Gefühle ausdrückt. . . . Weil ich Augen habe, möchte ich sehen; weil ich Ohren habe, möchte ich hören; weil ich Verstand habe, möchte ich denken; weil ich ein Herz habe, möchte ich fühlen.

Nur wer lebendig ist, kann antworten; oder genauer: je lebendiger jemand ist, desto mehr kann er antworten.» . . .
(Erich Fromm)[9]

Gestörte Beziehungen

Kinder wie Heini – und fast alle meine Schüler haben mit diesem Problem zu kämpfen – exponieren sich gewissermassen gerade dadurch, dass sie sich nicht exponieren. Und dadurch erleben sie: Wer sich nicht wehrt oder zu wehren weiss, der zieht unweigerlich die Aggressionen auf sich. In der Familie wie in der Schule. Spätestens hier zeigt sich dann, dass solche Kinder immer auch «beziehungskrank» sind. Ihre Umgebung gestattet es ihnen nicht, befriedigende zwischenmenschliche Beziehungen aufzubauen. Sie sind in ihr dauernden Kränkungen ausgesetzt.

In der Familie:

Viele Kinder spielen eine eigentliche Sündenbockrolle: Kaspars Eltern hatten seinetwegen heiraten müssen. Sie führen nun eine völlig unglückliche Ehe. Aber sie getrauen sich nicht, wieder auseinanderzugehen. «Man» tut so etwas eben immer noch nicht. Zudem sind inzwischen noch zwei weitere Kinder angerückt. Unbewusst rächen sich die Eltern nun an ihrem Ältesten, der ja an allem «schuld» ist: Er ist «dumm» und unbeholfen geworden und hat nun die Funktion des Sündenbocks. Liegt irgend eine Spannung, eine Missstimmung in der Luft – und das geschieht fast täglich –, so schimpfen Kaspars Eltern ihn aus oder strafen ihn wegen irgend etwas. So wird zwischen den Eltern eine Art Gemeinsamkeit hergestellt, und die Atmosphäre entspannt sich etwas. Kaspar hat sich in diese Rolle so gut eingespielt, dass er stets irgend etwas auf dem Kerbholz vorrätig hat, um seinen Eltern Grund zum Eingreifen zu geben. Das Beispiel mag extrem erschei-

---

Anm. 9:
Fromm, in: Summerhill, pro und contra, Reinbek 1971, S. 214

nen. Ich habe innerhalb von drei Jahren vier Kinder in meiner Klasse gehabt, die in der gleichen Situation steckten.
Damit ist aber nur eine Spielart des «Sündenbocks» dargestellt worden. Es gibt da unzählige Varianten. Spontan entstandene Witze gehen z. B. fast ausschliesslich auf Kosten eines andern Menschen. Ja, man kann sagen, der Witz besteht in der offensichtlichen Herabsetzung eines Mitmenschen. Dass sich dafür der Schwächste (Dümmste, Unbeholfenste) als Ziel besonders eignet, ist klar.

In der Schule:

Zahlreich sind die Erzählungen meiner Schüler darüber, wie sie in ihrer bisherigen Schulzeit blossgestellt, entwürdigt, heruntergemacht worden sind. Von Lehrern, Klassenkameraden und Schulbesuchern. Dieser Punkt scheint mir so wichtig zu sein, dass ich dabei noch etwas verweilen möchte.

Was meine Schüler dabei erlebten, vermöchte Bände zu füllen. Bände einer langen, traurigen Chronik. Einige auffällige Beispiele seien hier herausgegriffen:

Gret: «Ich war nie gut in der Schule. Auch im mündlichen Unterricht nicht. Manchmal, wenn ich eine Antwort wusste und deshalb die Hand aufhob, sagte der Lehrer: ,Nimm deine Hand nur wieder herunter, du erzählst sowieso einen Mist.' Die andern Schüler lachten.»

Franz: «Ich hatte einmal – nur einmal – ganz wenig Fehler im Diktat. Ich freute mich so. Da sagte der Lehrer vor der ganzen Klasse: ,Schaut, eine blinde Sau hat eine Eichel gefunden.' Die andern lachten.»

Peter: «Ich heisse Peter Gut. Wenn wir in der Schule eine Prüfung hatten, mussten wir uns am Schluss in eine Reihe stellen. Der mit der besten Note kam zuvorderst und der mit der schlechtesten zuhinterst. Das war meist ich. Da sagte der Lehrer jeweils zu mir: ,Du solltest nicht Peter Gut heissen, sondern Peter Schlecht.' Und dann lachten alle.»

Paul: «Ich war manchmal frech in der Schule.Wenn es wieder einmal so weit war, liess mich der Lehrer einfach etwas vorlesen. Die nächste Sätzchenaufgabe oder so. Das konnte ich nicht. Ich stotterte. Die andern Kinder lachten, und ich schämte mich. Der Lehrer liess mich manchmal auch vorlesen, wenn ich gar nicht frech gewesen war. Manchmal war es ein Missverständnis. Ich habe oft nächtelang nicht geschlafen, aus Angst, am nächsten Tag wieder vorlesen zu müssen.»

Kurt: «Ich hatte viel Krach in der Schule. Die Kameraden schoben immer alles auf mich. Ich war dann der Dumme und bekam die Strafe. Zweimal hatte ein anderer Schüler sich gerade erbrochen. Beide Male musste ich zur Strafe den «Kotz» des andern aufwischen, vor der Klasse.» [10]

Reaktionen auf den Druck der Umwelt:

Wie reagiert nun ein Kind, das sich ungeliebt fühlt, das keine rechte Geborgenheit, Sicherheit kennt, und zudem kaum das Bewusstsein eigener Individualität entwickelt hat? Wie reagiert ein solches Kind auf die dauernden Demütigungen und Angriffe, denen es in der Familie und in der Schule ausgesetzt ist? Um sich wenigstens einigermassen zu schützen, legt es sich die bereits erwähnte seelische Panzerung zu. Diese äussert sich in ganz bestimmten Reaktionsweisen, die dem Kinde bald zur «Gewohnheit» werden.

Aggressive Reaktionen

Die direkte Aggression

Es gibt Kinder, die sehr aggressiv reagieren. Das kann sich gegen Eltern, Geschwister, Schulkameraden, Lehrer oder Nachbarn richten. Dazu einige Berichte von Schülern:

«Irgendwie war in uns allen ein Hass uns selbst und andern gegenüber. Wir hatten mit allen Streit und prügelten uns mit denen, die uns nicht passten. Auch wir untereinander verschonten uns nicht. Wir machten aus dem Unterricht nur noch ein Plauder- und Lachstündlein. Das gefiel der Lehrerin nicht. Sie klebte eine Tabelle an die Wand. Auf der waren die Anfangsbuchstaben jedes Schülers aufgeschrieben. Wir fragten, was das wohl wieder für ein Quatsch sei. Sie sagte:

Anm. 10:
Üblicherweise werden solche Beispiele sogleich als Angriff auf einzelne Lehrer oder «die» Lehrer im allgemeinen verstanden. Das wäre aber sehr einseitig. Der Lehrer ist selbst eingespannt in ein «System» und unterliegt einer bestimmten «Kontrolle» (s. S. 207) Zudem ist das Berufsmilieu, in dem er arbeitet, denkbar ungesund.(s. Müller: Das Berufsmilieu des Volksschullehrers, in: Psyche, Band XII, Stuttgart 1958)

,Das ist kein Quatsch, sondern zu eurem Vorteil.' Dann erklärte sie uns: ,Von jetzt an werden hier drauf Striche gemacht. Wer drei Striche hat, kann eine Minute früher nach Hause.' ,Was müssen wir denn tun, um einen solchen Strich zu erhalten?' ,Ihr müsst eine Stunde lang schön brav und ruhig arbeiten.'

Lachend ging ich zur Tür und rief den andern zu: ,Die Kuh ist übergeschnappt', und warf die Tür ins Schloss, dass es nur so donnerte. Inzwischen hatte ich mich nämlich geändert. Ich war gar nicht mehr ich selbst. Ganz brutal und gemein war ich jetzt geworden. Aus nichts mehr machte ich mir ein Gewissen. Andere, die mir nichts antun konnten, lachte ich aus, bis sie weinend davonliefen. Heute überlege ich mir: Warum ist das so gekommen? Ich komme auf das Resultat: Es musste ja so kommen. Ein Mensch kann eine solche Unterdrückung einfach nicht aushalten, ohne dass es einmal zu einer Explosion kommt. Schliesslich kann man auch nicht so viel Luft in einen Trottinettpneu pressen wie in einen Autopneu. Einmal ist es einfach zu Ende.»

«Mein um zwei Jahre jüngerer Bruder wurde mir immer vorgezogen. Oft hatte ich eine grosse heimliche Wut auf ihn. Aber ich durfte diese nie zeigen. Eines Tages waren wir allein zuhause. Da benützte ich die Gelegenheit, mich an ihm einmal richtig zu rächen. Ich nahm einen Holzklotz vom Baukasten und schlug ihn damit. Er weinte und bat, ich solle aufhören. Aber ich hörte nicht auf. Schliesslich verleidete es mir. Erst dann legte ich den Holzklotz beiseite.»

Kinder, die in der beschriebenen Weise oder ähnlich reagieren, bringen einen eigentlichen Teufelskreis in Gang: Auf ihre Aggressionen wird die Umwelt mit Strafe, das heisst ihrerseits mit Aggression reagieren, was den Mechanismus, der ihre Aggression hervorgerufen hat, nur noch verstärkt. So finden sich unter «frechen, ungezogenen» usw. Schülern sehr viele ängstliche, unglückliche Kinder, die eigentlich nur eines suchen: Sicherheit, Geborgenheit, Liebe. Aber sie wissen ihr Bedürfnis nicht anders auszudrücken als durch Frechheit.

Der Machtkampf

Nicht alle Kinder, die mit Aggressionen reagieren, tun dies so stark wie in den beschriebenen Beispielen:

68

Es war während einer Turnstunde. Toni hatte sich aus der Turnhalle geschlichen, und plötzlich bemerkte man, dass alle Duschen unter Volldruck liefen. Als ich den Duschenraum betrat, um die Hahnen wieder zuzudrehen, rannte der «Missetäter» davon. Zufällig traf ich mit ihm bei der Turnhallentüre zusammen. Als ich ihn fragte, was er mit diesem «Zwischenspiel» bezwecke, rief er aus: «Ich brauche Ihnen doch nicht zu gehorchen, wenn ich nicht will!» und machte sich aus dem Staub.

Hier haben wir einen regelrechten Machtkampf vor uns. Wer ist stärker? Der Schüler oder der Lehrer? Solche Machtkämpfe kann man häufig beobachten. Oft stellen Kinder etwas an, von dem sie «doch ganz genau wissen», und man hat es ihnen doch hundert Mal gesagt, dass sie das nicht dürfen». In den meisten Fällen liegt dann ein solches kleines Machtkämpflein vor.

Die Provokation

Manchmal sind die Aggressionen kaum mehr als solche erkennbar:

Während eines Vikariates an einer Sonderklasse lernte ich Trudi kennen. Sie schwatzte und stichelte dauernd und störte so ständig den Unterricht. Ich ermahnte sie, rief sie an, schalt sie – ohne Erfolg. Bis mir eines Tages auffiel, dass sie geradezu strahlte, wenn ich sie rügte. Nun wurde mir klar, was sie wollte: meine Aufmerksamkeit erregen. Und da sie fest überzeugt war, dies nicht mit guten Schulleistungen erreichen zu können, versuchte sie es eben durch Stören. Diese Haltung kann auch in der Familie häufig beobachtet werden. Wie oft macht ein Kind irgend eine Dummheit, ohne dass es eigentlich klar wird, was es damit bezweckt. Häufig geht es dann darum, wie Trudi durch Provokationen zu erreichen, dass man sich vermehrt mit ihm beschäftigt.[11]

Defensive Reaktionen

Die bis jetzt gebrachten Beispiele betrafen die Kinder, die auf irgendeine Weise aggressiv reagieren. So unangenehm das im einzelnen sein mag, so

---

Anm. 11:
Zum Problem der Aggressivreaktionen gibt es viele Arbeiten von seiten der Individualpsychologie. (s. z. B. Dreikurs: Grundbegriffe der Ind.ps., Stuttgart 1969, ders.: Psychologie im Klassenzimmer, Stuttgart 1967, o. als ältere Arbeit: Simon/Seelmann: Schulkinderpsychologie, Z.f. Ind.ps. III/4, Wien 1925)
In bezug auf die Defensivreaktionen allerdings ist die Literatur der Ind.ps. weniger ergiebig.

sind dies meist die weniger schwerwiegenden Fälle. Solange ein Kind noch kämpft, ist noch Leben in ihm, hat es sich noch nicht völlig aufgegeben. Wie viel schwieriger ist es da mit Kindern, die defensiv reagieren.

Die «Sprachschwäche»

Ich habe mit «dummen» Schülern schon die unglaublichsten Diskussionen erlebt: über Gott und Welt, über Gegenwartsprobleme, über Theaterfragen usw. Ich habe Diskussionsbeiträge gehört, die sogenannt gescheiteren Menschen alle Ehre gemacht hätten. Da hat zum Beispiel einer meiner Schüler nach einigen Theaterbesuchen, zuerst mündlich, später schriftlich folgendes formuliert:

«Wir haben bis jetzt drei Stücke von Brecht gesehen. Uns fiel auf, dass alle etwas gemeinsam haben. Es werden immer zwei Schichten von Menschen geschildert: eine untere und eine obere Schicht, Arme und Reiche, Unwissende und Wissende, Verachtete und Geachtete, Unterdrückte und Unterdrücker. Immer ergreift Brecht Partei für die untern:

«Denn die einen sind im Dunkeln,
und die andern sind im Licht.
Und man siehet die im Lichte,
die im Dunkeln sieht man nicht.» (Dreigroschenoper)

Und dieser Schüler galt als «sprachlich schwach». Er «machte nicht mit» im mündlichen Unterricht. Sprachnoten: mündlich vier, schriftlich drei. Was ist da eigentlich los?

Er hat es mir einmal folgendermassen erklärt: «Manchmal, wenn über etwas gesprochen wird, kommt mir auch etwas in den Sinn, was man dazu sagen könnte. Aber es interessiert ja doch niemanden. Es interessiert sich überhaupt niemand für mich. Ich weiss auch nicht genau, wie man das sagen müsste. Und wenn ich das weiss, sind die andern schon wieder bei etwas ganz anderem. So sage ich es eben nicht.»

Hier haben wir es mit einem zweifellos wichtigen Aspekt des Phänomens «sprachliche Schwäche» zu tun. Diese Zurückgezogenheit, diese Vorsicht auch ist das Ergebnis unzähliger schmerzlicher Erlebnisse. Viele meiner Schüler berichten Ähnliches, wenn sie einmal Vertrauen gefasst haben.[12]

70

Die Antriebsschwäche

Meist bleibt es nicht beim «nicht Mitmachen» im Unterricht. Über die Antriebsschwäche, die Schlappheit, die Interesselosigkeit solcher Kinder wird oft geklagt. «Immer sitzt er nur herum. Er würde nie etwas aus eigenem Antrieb unternehmen. Etwas basteln zum Beispiel. (Ein übrigens auch nicht sehr konkreter Vorschlag.) Ja, fernsehen natürlich. Den ganzen Abend vor dem Kasten hocken. Wenn ich den nur schon sehe, wie er angeschlurft kommt!» Wie oft sprechen Eltern so über ihre Kinder, Lehrer über ihre Schüler. Ohne es zu wollen, verraten sie damit ihre Unbrauchbarkeit als Bezugsperson für solche defensiv reagierende Kinder. Oft bin ich erstaunt und entsetzt zugleich, wie stark die Aggressionen sind, die ein solch antriebsschwaches Kind hervorruft und an sich zieht. Offenbar empfindet eine Welt, in der der «progressiv-dynamische» Managertyp Trumpf ist, ein solches Kind als Bedrohung. Durch den so entstehenden Druck aber wird das Kind nur weiter entmutigt. Seine Antriebsschwäche vergrössert sich.

Die «Kontaktstörung»

Ein noch drastischeres Beispiel. Hier hat ein ehemaliger Schüler seine fehlende Sicherheit, Geborgenheit, Liebe, die negative Rolle seiner Bezugspersonen, die fehlenden zwischenmenschlichen Beziehungen und die aus alledem sich ergebenden Konsequenzen sehr deutlich herausgearbeitet:

«Als diese Krise begann, war ich in der Hilfsschule. Auch hier war ich kaum zu gebrauchen. In schulischen Leistungen war ich wieder einmal bei den Hintersten. Ausserdem war ich für den allgemeinen Schulbetrieb und die Kameradschaft in unserer Klasse ein sehr störendes Objekt. Auch zu Hause fand man mehrheitlich, dass ich weder

---

Anm. 12:
Aus dieser Sicht erschliesst sich m.E. auch ein wichtiger Aspekt des Problemkreises «Legasthenie»: Legasthenie als eine spezifische («verhärtete») Form der «Sprachschwäche». Renate Valtin hat nachgewiesen, dass Phänomene wie Raumlage-Labilität, visuelle Wahrnehmungs- und Merkschwäche usw. absolut zweitrangig sind gegenüber sozio-kulturellen und Motivationsproblemen. Ihre beiden Hypothesen: «Ist Legasthenie bei Kindern aus ungünstigen Umweltverhältnissen eine Störung motivationaler Art, d. h. beruht sie auf fehlender Leistungsmotivation?» und «Ist Legasthenie ein sprachlicher Defekt?» lassen sich ohne weiteres dem hier gebrauchten Begriff der «Sprachschwäche» zuordnen. (s. Valtin: Legasthenie. Therapie ohne Grundlagen, in: Thema Grundschule, Weinheim/Basel 1974, dies.: Legasthenie-Theorien und Untersuchungen, Weinheim/Berlin 1970, dies.: Empirische Untersuchungen zur Legasthenie, Hannover 1972)

71

für Hausarbeiten, noch für Arbeiten in Vaters Bude oder sonst irgend etwas nützlich sei. Trotz dieser widerlichen Umstände hoffte ich, dass es irgendein menschliches Wesen um all diese «Alltagstiere» herum gab. Ich versuchte einmal während Wochen, fromm zu werden, um als demütiger Diener des Herrn aus diesem Alltag herauszukommen. Mit der Zeit jedoch gab ich es auf. Nun hatte ich nichts mehr als meine nächtlichen Vorstellungen, die ich mir jeweils vor dem Einschlafen ausmalte. Ich stellte mir vor, dass ich irgendwo am Meer, am Fusse eines mit Schnee bedeckten Berges wohne. Auch Wälder müsste es haben, wo man tagelang spielen und herumstreichen konnte. Auch waren in meiner Vorstellung eine Mutter, eine Schwester und ein Bruder da, mit denen ich spielen konnte, wann und wo wir immer wollten. Auch ein grossartiger Vater war vorhanden, der uns niemals schlug, mit dem wir aufs Meer, tauchen und bergsteigen gingen. Das malte ich mir täglich in meiner Gedankenwelt aus, und ich hatte immer ein so wohliges Gefühl dabei. Wenn ich jeweils die Gedankenwelt mit der wirklichen verglich, so wurde mir ganz klar, dass ich einfach nicht hier hineinpasste. Dass in der Scheinwelt alles so befriedigend erschien, liess mich vermuten, dass ich vielleicht gar nicht mehr die leiblichen Eltern besitze. Wenn ich dann später über das Problem der Eltern nachdachte, nahm die Überzeugung, andere Eltern zu haben, von Stunde zu Stunde zu. Jetzt wo ich schliesslich so daran war, dass ich weder an Gott, noch an die Eltern oder sonst an irgend etwas glaubte, also alles, was mir bisher gezeigt wurde, für vorgegaukelt hielt, fragte ich mich ernsthaft, wie ich mich zu diesem Betrug stellen sollte. Wie sollte ich in Zukunft mit den andern leben, wenn sie meine Worte für Lügen, dummes Geschwätz, blöde Ideen, oder mein Verhalten für grob, gemein und hinterlistig ansahen?

Ich sah nur noch eine uneinnehmbare grosse Mauer vor mir. Als Zwölfjähriger verstand ich mich natürlich überhaupt nicht zu wehren. Je mehr ich das alles sah, desto verzweifelter wurde ich. Das merkten auch meine Eltern und älteren Geschwister, und sie handelten wieder einmal in ihrer gewohnten Weise, nämlich indem sie mir mitteilten «was sich für einen erwachsenen Mann gehöre». Was hatte ich denn schon davon, wenn ich auf sie achtete. Ein Leben, das aus Arbeit, Schweiss, Niederlagen und Verdruss bestand. Auch der Streit zwischen meinen Eltern und mir ging keinem Ende zu. Der Schuldige, der den Streit in Gang gesetzt hatte, war natürlich jeweils ich. Ich fühlte mich schuldig, dass mein Vater es unerhört schwer hatte im Leben.

Diese dauernd anhaltenden Schuldgefühle hüllten mich in eine erstarrende Angst. Ich war mir ganz im klaren, dass jetzt irgend etwas geschehen musste. Fast jeden Abend weinte ich im Bett, so drückte die Last auf mir. Dann dachte ich einmal nach, wie es wäre, wenn ich überhaupt zu keinem Menschen mehr etwas sagen würde. Ich malte mir im Kopf einen Tag aus, an dem ich mit keinem Menschen Kontakt aufnehmen würde. Ich bekam eine recht traurige Stimmung. Meine Vorstellungen waren: Am Morgen würde mich meine Mutter wecken kommen. Zweifellos würde sie mich begrüssen. Natürlich würde ich diese Begrüssung nicht beachten, sondern aufstehen, etwas essen und ohne Worte meine Schulmappe packen und in die Schule fahren. Ich fragte mich, ob ich das wohl durchhalten würde. Ich wusste, dass ich schliesslich kapitulieren würde und es nicht aushalten könnte. Ich entschied mich trotzdem fürs Schweigen.

Pickelhart stand ich am nächsten Morgen auf. Ich ging wortlos zur Schule. Auch dort war meine Stimme nur als hässliches Murmeln zu verstehen. Ich weiss nur noch, dass ich das Schweigen kaum einen Tag durchgehalten hatte.

Das war natürlich schon wieder ein Zeichen, das mich stutzig machte. Und zwar über mich selbst. Ich konnte überhaupt keine Entschlüsse mehr fassen. Und jemand, der mir helfen konnte, war auch nicht aufzutreiben.»

Selbstaufgabe

Im selben Bericht heisst es weiter:

«Schon im Kindergarten hatte ich entdeckt, dass ich irgend etwas Zerstörendes, Böses in mir hatte. Ich hatte es bis jetzt so etwa tausend Mal bestätigt bekommen. Nun blitzte mir ein Gedanke im Kopf auf. Wenn ich schon schwarz veranlagt war, warum sollte ich denn auch nicht dazu stehen. Es wurde ja oft davon erzählt, dass es Leute gebe, die mit dem Teufel im Bunde stehen. Wenn ich also auch in diesen Bund eintreten könnte und diese magischen Kräfte bekäme, könnte ich mich an allen rächen. An diesem Abend schlich ich mich, als es noch ganz dunkel war, aus dem Hause. Ich lief zu einer Buschgruppe am Wald und betete dort mit einer listigen Freude und von Herzen den Satan an. Ich zitterte und bebte, während der Zeit da ich

73

betete. Es war eine Spannung in mir, die mich fast zerriss, und die Gefühle, die ich dabei hatte, waren dieselben, wie wenn ich etwas gestohlen oder sonst irgend etwas Unartiges getan hätte. Genauso bedrückend, so beklemmend, als wäre ich in einem Schraubstock eingeklemmt, der mich schmerzte. Dieser Zustand war natürlich für mich genauso unerträglich wie derjenige vorher. Nun fragte ich mich wieder einmal: «Wie soll das alles weitergehen?»

So entschloss ich mich, kriminell zu werden. Mein Glaube, ich werde einmal ein guter Krimineller, hielt mich eigentlich noch so ziemlich über Wasser. Langsam begeisterte mich sogar die ganze Sache. Ich hatte nun also, so versprach ich mir, die Möglichkeit, soviel Geld zu machen, wie ich wollte, und dies ohne grosse Mühe. Dabei habe ich früher oft geweint, weil ich dachte, ich müsste dann einmal die blödeste Scheissarbeit machen, die es auf der Welt gäbe.»[13]

Arbeits-
platz-
aupt

Selbstaufgabe kann sich auf zweierlei Arten äussern. Ein Mensch kann den Kontakt mit seiner Umwelt auf ein Minimum beschränken oder ganz aufgeben und sich völlig in sich selbst zurückziehen. Er kann aber auch auf andere Weise aus den zwischenmenschlichen Beziehungen aussteigen. Eben, indem er beispielsweise kriminell wird. Auf den Trümmern seines Ich baut er gewissermassen eine zweite, negative Identität auf. «So werde ich doch wenigstens ein guter Gauner.» In beiden Fällen ist der Ausgangspunkt derselbe. Er hat es völlig aufgegeben, aus sich selbst noch irgend etwas Positives zu machen.

Anm. 13:
Hier befinden wir uns bereits im Vorfeld schizophrener Störungen. (s. Schizophrenie und Familie, Frankfurt/M, 1971; Vinnai: Sozialpsychologie der Arbeiterklasse, Reinbek b. Hamburg, 1973)

Zusammenfassung

Ein Kind kann also auf die fortgesetzten Entmutigungen und Kränkungen, denen es in der Familie und in der Schule ausgesetzt ist, und denen es nichts entgegenzusetzen hat, auf verschiedene Arten reagieren.

Aggressivreaktionen	Defensivreaktionen
Aufmerksamkeit erregen	Zurückgezogenheit
leichte Provokation	«sprachliche Schwäche»
Machtkampf	Antriebsarmut
direkte Aggressionen,	«Kontaktschwäche»
Rache an der Umwelt	«Kontaktstörungen»
Selbstaufgabe	Selbstaufgabe

Natürlich handelt es sich hier um ein sehr grobes Schema. Es kommen viele «Zwischenstufen» und «Mischformen» auch zwischen aggressiver und defensiver Reaktion dazu. Je stärker ein Kind nun reagiert (ob aggressiv oder defensiv), desto grösser wird der Druck seiner Umwelt. Neue Kränkung und Entmutigung bewirken eine Verstärkung seiner seelischen Panzerung. Der Teufelskreis dreht sich weiter.

Zum Begriff
der Begabungsbeschränkung

Damit wäre nun also der Problemkreis «Dummheit» einigermassen abgeschritten. Ich habe bei meiner Darstellung stark vereinfacht. Natürlich ist die Wirklichkeit vielschichtiger. Wir treffen kaum je – gleichsam in der Retorte – auf das Problem «Entmutigung in der Schule als Folge schlechter Schulleistung». Das Problem erscheint vielmehr eingebettet in einen Wirkungszusammenhang sozio-kultureller und seelischer Faktoren, von denen wir nicht mit Sicherheit sagen können, dass wir ihn ganz durchschauen, selbst dann, wenn wir ein Kind seit Jahren kennen.

Auf jeden Fall aber lässt sich feststellen: Von keinem der dargestellten Faktoren kann man sagen, dass «es nun einmal einfach so sei» und notwendigerweise immer so bleiben müsse. Deshalb wäre – in präziser Analogie zum «dynamischen» Begabungsbegriff – zu formulieren:

Die Beschränkung dieser Kinder ist keineswegs Schicksal. Sie ist das Resultat eines Prozesses. Die Kinder sind nicht beschränkt, sie sind beschränkt, eingeschränkt, in ihrer Entfaltung behindert worden[14] – behindert durch sozio-kulturelle und seelische Faktoren. Oder (etwa im Stil progressiv-dynamischer Familienzeitschriften): Dummheit ist lernbar.

Nochmals: Damit ist überhaupt nichts über die genetische Problematik gesagt. Der Prozess der «Beschränkung» vollzieht sich zunächst unabhängig von den vorhandenen Anlagen. Allerdings können solche Anlagen durch diesen Prozess verkümmern. Das Kind erscheint als «schwachbegabt», wo es doch «nur» beschränkt, eingeschränkt wurde.

Gerade deshalb ist nun zu fragen: Mit welchem – auch wissenschaftlichem – Recht werden mit solchen Kindern Intelligenztests und dergleichen durchgeführt? Kann man diese Schüler wirklich mit gutem – auch wissenschaftli-

---

Anm. 14:
S. das Beispiel der «zeichnerischen Begabung», Seite 38 ff

chem – Gewissen als «schwachbegabt» bezeichnen? Mit welcher – auch wissenschaftlicher – Legitimation werden sie in Hilfsschulen und dergleichen überwiesen?

Natürlich ist man wissenschaftlich abgesichert, wenn man das tut. Natürlich gibt es da «objektive Kriterien». Diagnostizieren hat man schliesslich gelernt. Einschlägige Fachliteratur ist verarbeitet, und irgendwann ist man dabei wohl auch auf die «signifikante Korrelation sozio-kultureller und psychischer Faktoren» gestossen. Hin und wieder schlägt sich sogar etwas von solchen Erkenntnissen in den Testberichten unserer Beratungsstellen nieder. Aber am Schluss eines solchen Testberichts heisst es dann trotzdem etwa: «Antrag auf Einweisung in die Hilfsschule». Die Objektivität ist gesichert und die Welt wieder in Ordnung.

Das Ganze kommt mir vor, als wenn eine Gruppe europäischer Wissenschafter während einer Hungersnot in Ostafrika eine Studie über die Essgewohnheiten der Eingeborenen machte. Selbstverständlich kennt man spezifisch anwendbare «Stufen der Esskultur». Vermutlich stellt man leicht indigniert fest: «Ach, die fressen ja mit den Fingern!» – und drückt das dann in der diesbezüglichen wissenschaftlichen Publikation etwas gewählter und «objektiver» aus. Aber damit geht man am eigentlichen Problem vorbei: dass die Leute hungern, und dass man diesem Mangel abhelfen muss. Wäre eine solche Studie «wissenschaftlich»? «objektiv»?

Genauso in unserem Fall. Es erscheint mir in höchstem Grade unwissenschaftlich, ein Kind auf Grund einiger Tests und der Aussagen seines Lehrers als «schwachbegabt» zu bezeichnen.

Es erscheint mir im höchsten Grade unwissenschaftlich, über die Intelligenzlage eines solchen Kindes irgendwelche Aussagen zu machen, ehe es nicht Gelegenheit hatte, sich über längere Zeit in einem anregenden und es bejahenden Milieu weiter zu entwickeln. Man begnügt sich bei einer solchen Diagnose mit einem verschwindend kleinen Teil der in Frage kommenden Faktoren – und geht damit am eigentlichen Problem vorbei.

Man könnte nun sagen, die Diagnose verfolge gerade den Zweck, das Kind in eine «anregende und es bejahende» Umgebung zu bringen – die Hilfsschule nämlich. Das ist unter den herrschenden Umständen im günstigeren Falle die Unwissenheit dessen, der dieses Problem nicht am eigenen Leibe erlebt hat. Im schlimmeren Falle ist es schiere Heuchelei. Solche Einweisungen sind diskriminierend und entmutigend, trotz der verbalen Purzelbäume derer, die daran beteiligt sind.

Schul-
lust?
ja -
Stigma
aber ,
auch !

Eine Schülerin sagte einmal zu mir: «Jetzt gefällt es mir endlich in der Schule, zum ersten Mal in meinem Leben. Ich wollte aber lieber, es gefiele mir gar nicht, es wäre stinklangweilig, aber ich würde dafür nicht ausgelacht oder bemitleidet, wenn es irgendwo durchsickert, dass ich in die Hilfsschule gehe.» Wie wissenschaftlich ist demgegenüber eine Stelle aus einem Testbericht wie diese: «Mit der Einweisung des Kindes in die Sonderklasse dürfte auch seine frühere Schulfreudigkeit zurückkehren.»? Ist denn Wissenschaftlichkeit gleichbedeutend mit Ignoranz?

Das klingt hart und subjektiv, ich weiss. Aber: Was diese Kinder erleben, ist ungleich härter. Wird zudem wirkliche Objektivität hier nicht erst durch absolute Subjektivität ermöglicht? Ohne eine solche Subjektivität ist es doch überhaupt nicht möglich, die Probleme, das Leiden dieser Kinder wirklich objektiv zu erkennen und zu erfassen. Und ist es mit dem Erfassen getan? Welchen Wert hätte wohl eine «Wissenschaftlichkeit», die Parteinahme für Leidende ausschlösse?

«Schulversager»

Brutale Schule

[handschriftliche Notiz: Aussprache von Verletzungen → §1: Zeit lassen!]

Seit dreieinhalb Jahren sitzt nun Heini bei mir in der Klasse. Er ist ein ruhiger, höflicher und rücksichtsvoller Bub. Zwei Jahre lang habe ich kaum etwas von ihm gemerkt. Aber im Verlaufe der letzten anderthalb Jahre hat er sich profiliert. Er äussert eigene Ansichten, erzählt hin und wieder auch von zu Hause und von den Problemen, die er dort hat. Nur über etwas hat er noch nie gesprochen: darüber, was er vor seiner Einweisung in die Sonderklasse zu Hause und in der Schule erlebt hat. Eines Abends, im Klassenlager, ist es soweit. Er kann nicht einschlafen, und mir geht es genauso. So sitzen wir in der gemütlichen Stube, und er berichtet, stockend zuerst, dann allmählich fliessender und ausführlicher, von jener Zeit, die er am liebsten vergessen möchte und doch nicht vergessen kann. Was er da erzählt, beschäftigt mich noch tagelang. Seither weiss ich: Was Heini erlebt hat, was fast alle meine Schüler erlebt haben, ist von einer Brutalität, die kaum zu beschreiben, geschweige denn ganz zu erfassen ist.

Heini entspricht ziemlich genau dem Typus des landläufig «dummen» Schülers. Er kommt aus einer kinderreichen Hilfsarbeiterfamilie. Eigentlich ist er nie voll auf seine Rechnung gekommen, weder mit Anregungen und Hilfen kultureller Art noch in beziehungsmässig-seelischer Hinsicht. Seine Zurückgezogenheit, seine Höflichkeit war Ausdruck der Tatsache, dass er sich nichts zutraute, jeden Mut verloren hatte. Seine schlechten Schulleistungen, vor allem auf sprachlichem Gebiet, waren die Folge der kulturellen Anregungsarmut seines Milieus. Von seiner «Vorgeschichte» her war er also beim Schuleintritt belastet. Allerdings wäre es zu jenem Zeitpunkt noch relativ einfach gewesen, hier helfend einzugreifen, den milieubedingten Rückstand etwas auszugleichen, das schwache Selbstgefühl zu stützen. Heini wäre darauf angewiesen gewesen, dass diese Hilfe, die er ja von zu Hause nicht hatte erhalten können, von der Schule geleistet worden wäre.

Was aber geschah? «Eigentlich hat alles schon in der ersten Klasse begonnen», so erzählt er jetzt. «Wir mussten jeweils am Setzkasten Wörter setzen. Ich kam da nie ganz mit. Die andern waren einfach vor mir fertig und mussten auf mich warten. Die Lehrerin sagte dann: Bist du endlich fertig

Heini? Und ich schämte mich. Ein paarmal nahm ich den Setzkasten mit nach Hause. Um zu üben. Aber niemand hatte Zeit, mir zu helfen. Da dachte ich: Das lernst du sowieso nie. Und so war es auch. Die andern Schüler merkten das. Auf dich muss man immer warten, sagten sie. Und wenn wir Krach hatten miteinander, riefen sie mir Lese-Dubeli nach. Dann rannte ich jeweils nach Hause, versteckte mich im Kohlenkeller und weinte dort.» Etwas interessiert mich noch: «Wie war es denn in der Schule? Hat dich die Lehrerin nie zurückbehalten, um mit dir zu üben, um die ganze Sache nochmals zu erklären?» Heini: «Nein, nie.»

Die dritte Klasse musste Heini repetieren. Durch die grosse Entmutigung des Buben hatten auch seine Leistungen im Rechnen nachgelassen, so dass er zurückversetzt wurde. «Diese dritte und die vierte Klasse war das Schlimmste, was ich in meinem Leben bis jetzt erlebt habe. Schon am Anfang. Wir hatten unser Schulzimmer gerade neben der Klasse, in die ich vorher gegangen war. Immer wenn ich einen der Viertklässler sah, dachte ich: Der hat es geschafft, und du – du bist eben dumm. Ich hatte noch ein paar Kollegen in jener Klasse, aber ich ging immer weniger mit ihnen. Mit den neuen Klassenkameraden kam ich nicht richtig aus. Sie wussten, dass ich nicht gut war, und sie sagten es mir auch.»

«Wie ging es denn in der Schule?»

«Oh, nicht gut. Wenn ich mit Lesen drankam, wusste ich von Anfang an, dass ich es nicht können würde. Ich konnte kaum etwas sagen, vor lauter Angst. Das ist so, wie wenn einem der Hals ganz fest zugebunden ist. Manchmal glaubte ich, ich müsste ersticken. Dann stotterte ich ein, zwei Worte, und die andern Schüler lachten. Ich hätte mich am liebsten irgendwo verkrochen. Aber das konnte ich ja nicht. Die Lehrerin sagte: Du musst halt üben! Aber ich wusste, dass das keinen Sinn hatte. Das war wie beim Diktat. Da hatte ich auch geübt zuhause, sicher zwei Stunden lang. Eine Schwester hatte mir sogar geholfen. Und dann hatte ich doch zwanzig Fehler, und die Lehrerin sagte: Wenn du geübt hättest, hättest du jetzt nicht so viele Fehler. Da wusste ich, dass ich hoffnungslos dumm sei. Und wenn die andern nach dem Diktat zueinander sagten: Ich habe drei Fehler, ich habe keinen Fehler, dann fragten sie mich immer auch: Heini wie viele hast du wieder? Wenn ich es sagte, dann lachten sie. Und wenn ich es nicht sagte, dann lachten sie auch.»

«Wie ging es im Rechnen?»

82

«Da dachte ich zuerst: Das wird doch gehen! Aber dann mussten wir die Einmaleins-Reihen so schnell wie möglich aufsagen. Die Lehrerin mass die Zeit mit der Stoppuhr. Ich war immer der Langsamste. Da löschte es mir ab. Dann kamen noch die Sätzchenaufgaben, und die konnte ich sowieso nicht. Also war es im Rechnen genauso wie in der Sprache.»

«Aber der Schulunterricht besteht doch nicht nur aus Rechnen und Sprache. Ihr hattet Turnen, Zeichnen, Singen und in der vierten Klasse noch Heimatkunde. Wie war es denn da?»

«Weisst du, ich hatte überhaupt keine Freude mehr an der Schule. Weil ich doch nur ausgelacht wurde, und weil mich die andern nicht mochten. Jeden Morgen, wenn ich noch im Bett lag, dachte ich: Jetzt musst du dann in die Schule. Dort kannst du nichts, weil du dumm bist. Dann wirst du ausgelacht. Wenn es doch nur schon wieder Abend wäre! Und wenn ich in der Schule sass, dachte ich immer: Wenn doch die Schule nur schon wieder aus wäre! Ich machte gar nicht mehr richtig mit. Auch nicht bei den Sachen, die ich vielleicht noch gekonnt hätte. Das kam gar nicht mehr drauf an.»

«Du weisst aber, dass . . .»

«Ja, heute schon. Ich sehe, dass es mir langweiliger ist und mehr stinkt, wenn ich überhaupt nichts tue. Aber damals wusste ich mir gar nicht mehr zu helfen.»

«Wie ging es denn zu Hause?»

«Das war noch viel schlimmer als in der Schule. Immer, wenn ich eine schlechte Prüfung nach Hause brachte, um sie unterschreiben zu lassen, schimpfte der Vater. Und das kam immer häufiger vor. Die Geschwister lachten mich aus, vor allem die kleineren. Wenn es Streit gab, riefen sie mir Dubeli nach. Manchmal wurde ich so wütend, dass ich dreinschlug. Aber dann bekam ich Schläge vom Vater. Es sei gemein, die Kleinen zu schlagen, sagte er. Ich fand ihn noch viel gemeiner. Ich glaubte, er habe die andern viel lieber als mich, und das war das Schlimmste.»

«Du weisst aber, dass das mit dem Nichtliebhaben nicht stimmt?»

«Ja, du hast es mir ja erklärt. Er glaubte nicht mehr an mich. Er hatte den Mut verloren und wusste sich nicht mehr zu helfen. Genau wie ich. Ich bin ihm auch nicht böse deswegen. Aber damals . . .» Heini stockt. Dann leise: «Damals war es schon schlimm.»

Er fährt fort: «Ich kam mir zu Hause auch immer mehr wie ein Dubeli vor. Wenn ich helfen musste, stellte ich es verkehrt an. Dann wurde ich ausgelacht, ausgeschimpft oder gar geschlagen. Ich bin in der Nacht manchmal aufgewacht. Dann kam mir das alles in den Sinn. Ich konnte nicht mehr einschlafen und weinte. Stundenlang.

In der Schule wurde es immer schlimmer. Ich konnte machen, was ich wollte, es kam einfach alles schief heraus. Die andern lachten mich aus, und ich wusste nicht, was tun. Einmal schlug ich einen ab. Der rannte ins Schulzimmer zurück und erzählte es der Lehrerin. Ich versteckte mich im Kohlenkeller, aus Angst. Dabei blutete ich, ich merkte es erst jetzt. Aber ich blieb dort unten. Bis am Abend. Am andern Tag bekam ich in der Schule eine Strafaufgabe, und ich musste nach der Schule im Zimmer bleiben, bis die andern nach Hause gegangen waren. Ich zitterte vor Wut. Mir kam das alles so gemein vor. Aber ich getraute mich nicht, das zu sagen.

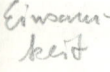

Einmal musste der Vater in die Schule. Als er zurück kam, schimpfte er und sagte: ‚Wenn du so weitermachst, musst du in die Dubelischule'. Von da an hatte ich noch viel mehr Angst.»

«Aber gab es nicht irgend jemanden, der dir geholfen hätte?»

«Nein, niemanden. Die Geschwister, die Schulkameraden lachten mich aus, die Nachbarn schauten mitleidig auf mich herunter, der Vater mochte mich nicht, glaubte ich, und die Mutter wagte nicht, dem Vater zu widersprechen. Die Lehrerin? Ja, die gab mir ja die schlechten Noten, die Strafaufgaben, die stellte mich ja vor der ganzen Klasse bloss. Und der Pfarrer interessierte sich nur dafür, ob ich in den Unterricht käme. Wenn ich nicht ging, sagte er es den Eltern. Dann bekam ich wieder Schläge. Ich hatte das Gefühl, alle Erwachsenen seien gegen mich. Du bist der erste erwachsene Mensch, der sich mit mir abgibt.»

«Aber, jetzt ist es doch besser.»

«Ja, jetzt mögen mich viele. Ich weiss gar nicht, weshalb. Aber damals war ich allein, ganz allein. Und das war das Allerschlimmste.»

84

Wir schweigen beide. Ich bin tief betroffen. Was muss der Bub alles erlebt haben! Wenn es mir schlecht geht, denke ich, wenn ich Schwierigkeiten habe, habe ich immer noch die Möglichkeit, mit Freunden darüber zu sprechen. Ich kann mich auch in meine Wohnung oder sonstwohin zurückziehen, ich kann mir eine «Gegenwelt» aufbauen, in der ich mich wohlfühle. Wenn ich mich ungerecht behandelt fühle, kann ich mich zur Wehr setzen, oder ich kann mir immer noch sagen: «Bitte, so blöd wie die tun, bin ich nun wirklich nicht.» Anders Heini. Er hatte alle diese Möglichkeiten nicht. Er musste sich sogar noch mit dem vernichtenden Urteil seiner Umwelt identifizieren. Wieviel schlimmer mag das für ihn sein! Auf meine diesbezügliche Bemerkung antwortet er: «Das ist so schlimm, das kann kein Mensch beschreiben.» Lange Pause. Dann sagt er, leise und stockend:

«Ich will dir jetzt etwas erzählen: Einmal, nach der Schule, wie ich mir überhaupt nicht mehr zu helfen wusste, lief ich in den Wald. Ich war völlig verzweifelt. Alles hatte keinen Sinn mehr. Was sollte ich tun? Fortlaufen? Aber ich wusste, man würde mich sofort wieder finden. Ich war so ungeschickt. Am liebsten hätte ich mir das Leben genommen. Aber ich wusste nicht, wie man das macht. Ich dachte lange darüber nach, aber ich fand keine Möglichkeit. Und weil mir nichts in den Sinn kam, ging ich schliesslich nach Hause, leer, hoffnungslos. Und zu Hause bekam ich Schläge, weil ich zu spät gekommen war.»

Lange liege ich noch wach. Das ist nicht die erste solche Geschichte, die ich zu hören bekomme. Bruchstückweise hat mir schon jeder meiner Schüler solche Begebenheiten erzählt. Kleine, auf den ersten Blick unwichtige Einzelheiten. Geschichten, in denen ein einzelner Lehrer irgendeinmal einen dummen Spruch gemacht hat, ein paar einzelne «böse» Kameraden einmal einen ausgelacht oder blossgestellt haben. Geschichten, bei denen ich mir jeweils sagen konnte: «Ja, so etwas habe ich in der Sekundarschule oder im Seminar auch schon erlebt.» Aber jedesmal, wenn ich solche Einzelgeschichten im Zusammenhang erzählt bekomme, bin ich erschüttert. Ich sehe, dass es sich eben hier keineswegs um Einzelheiten handelt, vergleichbar mit meinen Erlebnissen. Es handelt sich um etwas ganz anderes: Um eine immer wiederkehrende Zerstörung des ohnehin schwachen und stützungsbedürftigen Selbstwertgefühls dieser Kinder. Einer Zerstörung, die an Brutalität ihresgleichen sucht. Aber das Ausmass dieser Brutalität kann kaum in seiner vollen Tragweite erfasst werden. Gespräche, wie das vorhin mit Heini, kommen kaum je zustande. Bei Heini dauerte es dreieinhalb Jahre, ehe er soweit war, das zu formulieren, was ihn seit langem bedrückte. Dreieinhalb Jahre, während derer ich mich konsequent weigerte, irgendeinen Druck auf den Buben auszuüben, während derer ich mich selbst lieber als «schlechten Lehrer» titulieren liess, als die sich anbahnende ganz schwache Vertrauensbasis zu belasten. Dreieinhalb Jahre, in denen ich zugleich versuchte, die Ausdrucksfähigkeit, die Sprachfähigkeit des Buben zu entwickeln. So viel braucht es – mindestens –, bis ein derart geschädigtes, verschlossenes Kind sich öffnet. Wie oft so etwas möglich ist, mag der Leser selbst entscheiden.

Zudem: Als Lehrer können wir kaum auf eigene Erfahrungen zurückgreifen. Wir haben keinen erlebnismässigen Zugang dazu. Hätten wir den, wären wir nämlich jetzt nicht Lehrer. Dann ständen wir wohl an irgendeinem Fliessband . . .

Zu Hause, in der Öffentlichkeit (Nachbarn) und in der Schule ist Heinis Leben bis an die Grenze des Erträglichen belastet worden. Nun lautet der Titel des Kapitels aber «Brutale Schule». Soll hier nun die Schule dafür verantwortlich gemacht werden? Soll wieder einmal mehr ihr der Schwarze Peter zugeschoben werden? Jawohl, ganz genau. Und ich will auch gleich sagen, warum: Die Eltern dieser Kinder sind nachweisbar nicht in der Lage, in dieser speziellen Situation zu helfen. Sonst wäre es ja gar nie so weit gekommen. Anders die Schule: Da wären erstens einmal Vergleichsmöglichkeiten vorhanden, um solche Kinder zu erfassen, es wären auch pädagogisch und didaktisch einigermassen ausgebildete Leute da, um eine solche Hilfe zu leisten. Zudem wären die Kinder auf eine solche Hilfe angewiesen, wenn ihr Leben nicht verpfuscht werden soll. Was aber tut die Schule? Diese Hilfe wird nicht nur nicht geleistet. Es wird sogar wacker an der Zerstörung dieses Lebens mitgearbeitet.

Dazu zwei Punkte aus einer langen Reihe von Problemen:

Die Vereinsamung des Schülers.

Der Schulunterricht herkömmlichen Musters hat zur Folge, dass der Schüler vereinsamt. Er muss mit seiner Haut zu Markte, bei Prüfungen, bei Noten- und Zeugnisausteilung. Irgendwelche Formen wirklich gemeinschaftlichen Lernens helfen ihm da gar nicht. Einzelarbeit, Prüfung, Abgefragt-werden ist das Übliche. Partnerschaftliche Ansätze sind in einer solchen Atmosphäre nur als Spicken, Einblasen, Abschreiben möglich und werden auch dementsprechend gebrandmarkt. Das Ganze ist vergleichbar mit einem gi-

86

gantischen Rundstreckenlauf, wobei der hier nicht Erfolgreiche sich vor
sich selbst und in den Augen der andern hoffnungslos disqualifziert. Also
muss er erfolgreich sein, zumindest erfolgreicher als einige andere.

Vor diesem Hintergrund wird plötzlich klar, weshalb ein Heini von seinen
Schulkameraden ständig ausgelacht wird. Der Druck, der mehr oder weniger spür- und erkennbar auf allen lastet, wird so etwas gemindert. Aber er
lastet mit umso grösserer Stärke auf den Schwächsten. Man lese nur noch
einmal nach, was Heini von den Schülergesprächen über die Diktate berichtet. Solche Gespräche können überall geführt werden. Dieser Druck lastet
in fast jeder Klasse mit stärkerer oder minderer Wucht auf den paar
schwächsten Schülern.

Auch das Blossgestellt-Werden durch den Lehrer wird so erklärlich. Auch
wenn eine Bemerkung vielleicht humorvoll gemeint ist, wird sie doch, unter
diesen Umständen und vom angeschlagenen Selbstwertgefühl des Betroffenen her interpretiert, vom schwachen Schüler und meist auch von dessen
Klassenkameraden als eindeutig diskriminierend empfunden. Dies umso-
mehr, als der «Dumme» dem nichts entgegensetzen kann. Der Lehrer hat ja
recht mit seiner Bemerkung, die Kameraden haben ja recht, wenn sie lachen. Auch hier fällt der Druck mit voller Wucht auf den Schwächsten.

Und dieser Schwächste ist nun ausgerechnet das Kind, dessen Selbstbewusstsein ohnehin empfindlich gestört, dessen Beziehungsfähigkeit ohnehin sehr
schwach ist. Es wird also an seinem schwächsten Punkt in einer Weise angegriffen, die als brutal, als unmenschlich bezeichnet werden muss – und vereinsamt erst recht.

Die Auswirkungen des Schulmisserfolgs auf das Elternhaus

Eines von Heinis Hauptproblemen war, dass der Druck, unter dem er zu
Hause ohnehin stand, durch den Misserfolg in der Schule unglaublich verstärkt wurde. Fast alle meine Schüler wissen solche Dinge zu erzählen, und
stets merkt man ihnen an, dass sie dadurch tief getroffen wurden. Es gab
einmal eine Zeit, da war Heinis Vater stolz auf sein Kind. Da freute er sich
an ihm und an seinen Fortschritten. Aber der Misserfolg in der Schule
kommt für ihn einer Verurteilung durch die Öffentlichkeit gleich. Er wagt
es einfach nicht mehr, zu ihm zu stehen. Und da beginnen die Schwierigkeiten, unter denen dann sowohl die Eltern wie die Kinder leiden. Wie wahr
das ist, wird jeder bezeugen, der je versucht hat, den entmutigten Eltern eines

Schulversagers beizubringen, dass ihr Kind weder dumm noch faul noch böse oder sonst irgend etwas Negatives sei.

Heini hat also die Schule als etwas ihm Feindliches, Zerstörerisches erlebt. Und genauso ist es seinen jetzigen Klassenkameraden ergangen. Und genauso ergeht es vielen Kindern jeden Tag.

Man soll mir jetzt nicht kommen und – leicht beleidigt – sagen, ich sei offenbar auf einem Auge blind. Unsere Schule habe schliesslich auch ihre Sonnenseiten. Und ausserdem sei die Schule ja nur ein Teil der Gesellschaft, die alle diese Probleme bedinge. Auch ich sehe den grossen Einsatz unzähliger Lehrer. Auch ich sehe die vielen Fünftklässler, die mit grosser Begeisterung zur Schule gehen, dort vom Leben der Mönche und vom Wiesenschaumkraut hören, die wirklich profitieren – und dabei wohl manchmal auch glücklich sind. Aber was nützt der schönste Sonnenschein dem, der auf der andern Talseite im Schatten sitzt? Und dem niemand wirklich hilft, über den Bach zu kommen? Was wissen denn die Leute, die da so leicht beleidigt sind, von all den Kindern, die nachts stundenlang wachliegen, in einer unbeschreiblichen Angst und Hoffnungslosigkeit? Die jeden Mut zum Leben verloren haben wie Heini? Die in der Schule nicht nur keine Hilfe, sondern neue fortgesetzte Entmutigung erfahren, weil eben diese Schule viel zu sehr «Teil der Gesellschaft» und viel zu wenig Helfer, «Anwalt des Kindes» ist. Natürlich sind es wenige, im Vergleich zu ihren wenigstens teilweise erfolgreichen Altersgenossen. Aber das will nichts besagen. Weil «Leben» eine Frage der Qualität und nicht der Quantität ist.

Davon muss einfach auch gesprochen werden, und zwar mit unüberhörbarer Deutlichkeit. Wer mich deswegen einen Nestbeschmutzer nennen will, mag dies ruhig tun. Er beweist damit höchstens, dass er keine allzuhohe Meinung hat von dem Nest, das er dadurch für beschmutzt hält. Denn einer Schule, die nicht kritisiert werden darf, wird offenbar keine Entwicklungsfähigkeit zugetraut.

Vom Unsinn der Repetition

Was geschieht mit einem Schüler, der in einer Klasse nicht erfolgreich ist? Er muss sie repetieren. Dieser Vorgang hat sich so sehr eingespielt, dass kaum mehr nach seinem Sinn gefragt wird. Die Repetition gilt weit herum als das Wald- und Wiesen-Heilmittel für schlechte Schüler.

Und doch: Ist eine solche Massnahme überhaupt sinnvoll? Nun, prüfen wir das am Beispiel von Heini. Welches sind seine Probleme am Ende der 3. Klasse? Es sind immer noch dieselben wie von Anfang an. Da wäre die ganze sozio-kulturelle Problematik. Wir können sie für unser Problem hier zurückführen auf die Anregungsarmut (im weitesten Sinne) des Milieus, aus dem er kommt. Daneben die viel wichtigere seelische Problematik. Die seelische Lebendigkeit, die Spontaneität, der Mut zum Leben, all das ist dem Buben abhanden gekommen. Und nun muss er also die 3. Klasse repetieren.

Wir wollen jetzt einmal unterstellen, dass diese Repetition nicht einfach den Zweck verfolgt, den «Bremsklotz Heini», der die Schulleistungen der Klasse nicht erreicht und zudem hin und wieder in disziplinarischer Hinsicht negativ auffällt, aus der Klasse zu entfernen. Wir wollen jetzt einmal annehmen, dass sie dem Buben helfen soll. Ist sie dazu imstande?

Wir haben bei Heini «Anregungsarmut» festgestellt. Was er also dringend braucht, sind Anregungen. Anregungen im weitesten Sinne, Anregungen, die er aufnehmen, beantworten, an denen er sich weiter entwickeln kann. Wenn man sehr gutwillig ist, kann man den Unterrichtsstoff der Schule als eine Form dieser Anregungen verstehen. Einen Teil davon hat er nun offenbar ungenügend beantwortet, so dass ihm auf diesem Gebiet nichts weiteres mehr zugemutet werden kann. Es muss zuerst «geflickt» werden. Das will ja eigentlich die «schlechte Sprachnote» besagen, die «den Durchschnitt so heruntergedrückt», dass er «unter den Gefrierpunkt» fällt. Wird er diese Anregungen jetzt, im zweiten Anlauf, leichter verarbeiten, wenn die andern Anregungen ausbleiben, an denen er sich bisher erfolgreich hat weiter entwickeln können? Wird er also in der «Sprache» plötzlich «gut», weil er dort, wo er bisher «gut» war, ungefähr nochmals das Gleiche vorgesetzt bekommt?

Wie bitte? Das Problem sei falsch gestellt? Ach so! Aber man vergesse nicht: Wir wollen ja davon ausgehen, dass die Repetition Heini helfen soll. Dann stellt sich die Sache doch wohl ungefähr so dar.

Was Heini noch viel dringender braucht, ist Ermutigung, Stärkung seines Selbstgefühls. Vermag die Repetition ihm das zu geben? Solche Behauptungen werden hin und wieder aufgestellt. Man müsste in solchen Fällen zunächst einmal untersuchen, ob der, der da die positiven seelischen Auswirkungen der Repetition preist, selber auch schon repetiert hat. Ich meine jetzt nicht eine «Ehrenrunde» im Lehrerseminar. Da wird er bestimmt irgendwie mit der Tatsache fertig geworden sein, dass er zuviel Zeit auf die Studentenverbindung oder das Violinspiel verwendet hat und sich nun eben wieder einmal «dahinter klemmen» muss. Ich meine die Repetition des Primarschülers mit all ihren Demütigungen. Ich denke, Heinis Bericht zeigt deutlich genug, wie es damit bestellt ist. Die Repetition ist so ziemlich das untauglichste Mittel zur Stärkung des Selbstgefühls.

Im Falle von Heini ist eindeutig festzustellen: Die Repetition hat ihren Zweck nicht erreicht. Sie war völlig sinnlos. Ja, sie hat dem Buben geschadet. Man lese den Bericht Ruedis auf diese Problematik hin noch einmal durch. Man wird zum selben Resultat kommen. Das zeigt sich nur schon daran, dass bei beiden die Repetition nicht «erfolgreich» war. Beide wurden schliesslich der Sonderklasse zugeteilt.

Man wird nun einwenden: Ja, aber das sind doch Einzelfälle. Es gibt doch auch Kinder, denen die Repetition geholfen hat, den Anschluss an die Klasse wieder zu finden. Gut, untersuchen wir einmal genauer, welches hier die Einzelfälle sind.

Es gibt eine sehr sorgfältige wissenschaftliche Publikation über dieses Problem, die Arbeit von Karlheinz Ingenkamp: Zur Problematik der Jahrgangsklasse[1]. Ihr Ergebnisse sprechen für sich selbst. Ich möchte deshalb die hier veröffentlichten Befunde, soweit sie für unser Thema von Interesse sind, kurz darstellen.

Anm. 1:
Ingenkamp: Zur Problematik der Jahrgangsklasse, Weinheim / Berlin / Basel 1969

Untersucht wurden im Jahre 1962 alle Sechstklässler des Berliner Bezirks Tempelhof (1273 Kinder). Davon hatten nur 69,5% nie eine Klasse repetieren müssen. 30,5 % (also fast ein Drittel!) sind Repetenten oder Mehrfach-Repetenten.

Hat nun die Repetition diesen Kindern «geholfen»? Um diese Frage zu beantworten, ging man von der folgenden Annahme aus: Damit hier von einer wirklichen Hilfe gesprochen werden kann, muss das Kind den Anschluss an den durchschnittlichen Leistungsstand der Klasse wieder finden können. Kann die Repetition dies leisten? Ingenkamp fasst seine Ergebnisse wie folgt zusammen:

«In allen Tests haben die glatt versetzten Schüler die signifikant höheren arithmetischen Mittelwerte, und die Mittelwerte fallen mit häufigem Sitzenbleiben bedeutsam ab. Abweichungen von dieser Regel bei den drei- und mehrmals sitzen gebliebenen Schülern haben wegen der geringen Zahl dieser Teilpopulation keine Aussagekraft. Wir konnten also feststellen, dass die Repetenten durchschnittlich nicht den Anschluss an den Leistungsstand der Versetzten finden, sondern bei mehrmaligem Sitzenbleiben noch stärker abfallen. Die Bedeutung der durchschnittlichen Leistungsunterschiede konnte nur durch Vergleiche veranschaulicht werden. Dabei zeigte sich, dass die mittlere Leistungsdifferenz zwischen Versetzten und einmaligen Repetenten schon den mittleren Differenzen entsprach, die zwischen für verschiedene Oberschulzweige empfohlenen Schülern gefunden worden waren. (. . .) Die bei einzelnen Tests ermittelten durchschnittlichen Leistungsdifferenzen zwischen glatt Versetzten und Repetenten können nicht als isolierte Leistungsrückstände interpretiert werden. Die Kombination mehrerer Tests bewies, dass es sich um allgemeinere Leistungsrückstände handelt. Die Leistungen in drei oder vier Tests sind zwischen Versetzten und einmaligen Repetenten um etwa 25 % der Variationsbreite gegeneinander verschoben, ein Unterschied, wie er sonst bei verschiedenen Oberschulzweigen gefunden wurde. (. . .) Die Analyse der Zensuren bestätigte weitgehend die durch Tests ermittelten Ergebnisse. Die glatt versetzten Schüler haben immer die besseren Durchschnittszensuren als die einmaligen Sitzenbleiber und diese wieder bessere als die zweimaligen Sitzenbleiber. Der Häufigkeitsanteil der Schüler mit guten Zensuren ist bereits bei den einmaligen Repetenten immer signifikant geringer als bei den glatt versetzten Schülern. (. . .) Die Zusammenfassung der Zensuren bestätigt wieder, dass es sich nicht um isolierte Rückstände handelt. Die Durchschnittszensuren der zweimaligen Repetenten sind in den drei

Hauptfächern schlechter als 4 und die der einmaligen Repetenten fast 5.»[2].

Er folgert daraus:

«Das Sitzenbleiben und besonders das mehrmalige Sitzenbleiben ist keine Massnahme, die die betroffenen Schüler durchschnittlich den Anschluss an die Mittelwerte der versetzten Schüler finden lässt»[3].

Wie steht es nun mit der seelischen Problematik? Diese kann schwerlich durch Tests ermittelt werden. Mit soziometrischen Untersuchungen ermittelt werden kann aber das Mass der Anerkennung, das dem Einzelnen zuteil wird:

«In der sozialen Anerkennung, definiert durch erhaltene soziometrische Wahlen, treten die Mittelwertsunterschiede bei den Mädchen deutlicher hervor. Bei ihnen werden die Mittelwerte der erhaltenen Wahlen von den glatt Versetzten zu den zweimaligen Repetenten immer geringer. Bei den Jungen war diese Erscheinung nur bei der Einteilung nach Schuljahren zu beobachten. Die überalterten Kinder wiesen auch in ihrer sozialen Anerkennung in den Klassendurchschnitten niedrigere Werte auf, und zwar besonders die Mädchen.»[4]

Daraus lässt sich schliessen: Im allgemeinen vermag die Repetition den Schülern nicht zu helfen. Einzelfälle sind demnach nicht die Schüler, denen die Repetition nicht geholfen hat, sondern diejenigen, denen sie geholfen hat.

Noch ein weiterer Punkt lässt sich aus der angeführten Untersuchung herauslesen: Von den 30,5 % ermittelten Repetenten sind 7,9 % Doppel- oder Mehrfachrepetenten. Das entspricht einem Anteil von 25,9 %.

Man stelle sich nun einmal die Repetition ganz konkret als das vor, was sie praktisch ist: als Heilmittel. Man denke an ein medizinisches Heilmittel, von dem gesagt würde: «In Einzelfällen werden die Leute gesund, die es

---

Anm. 2:
Ingenkamp a.a.O. S. 157 ff.
Anm. 3:
Ingenkamp a.a.O. S. 157
Anm. 4:
Ingenkamp a.a.O. S. 159

eingenommen haben, der grösste Teil wird wenigstens nicht viel kränker und etwas mehr als ein Viertel stirbt daran.» Wäre ein solches Mittel wohl sehr lange im Handel erhältlich? Was geschähe wohl mit den Herstellern, wenn sie es trotz dieser Befunde weiter vertrieben?

Dass diese Problematik schon seit längerer Zeit erkannt ist, zeigt ein Artikel einer Wiener Lehrerin in der «Zeitschrift für Individualpsychologie» aus dem Jahre 1927:

«Ich liess zum Schluss des soeben beendeten Schuljahres 1926/27 sämtliche Schülerinnen meiner 2. Klasse aufsteigen. Es sind darunter vier sehr schwache Schülerinnen, die «eigentlich» repetieren sollten. Ich begründete diese Massnahme in folgender Weise:

1. Die Kinder kommen durch das Repetieren in eine Gemeinschaft von Kindern, die einer niederen Altersstufe angehören und daher von ihnen strukturell verschieden sind. Dieses Hineinwachsen wäre nicht schlecht, wenn die Älteren eine Führerrolle übernehmen könnten. Das ist aber in den sozial nützlichen Betätigungsgebieten nicht zu erwarten.

2. Es ist heute durchwegs Erfahrungstatsache, dass die geistige Entwicklung sehr oft plötzlich Enfaltungsschübe zeigt. «Ein Knopf geht auf.» Darauf hoffe ich.

3. Ausschlaggebend für die Beurteilung meiner Schülerinnen ist mir der Gedanke der ungeheuren seelischen Tragweite von Entmutigungen. Nun bedeutet es freilich ebenso sehr eine Entmutigung, wenn ein Kind repetiert, als wenn es aufsteigt und in der gehobenen Klasse Schwierigkeiten gegenüber steht, deren Überwindung es für unmöglich hält. Es ist aber durchaus zu hoffen, dass diese Kinder im nächsten Jahre durch fortgesetzte Ermutigung und fortgesetztes Training im Nachholunterrichte die Lücke überwinden werden, so dass das Repetierenlassen nicht verantwortet werden kann.»[5]

Anm. 5:
Birnbaum: Die Repetenten, Z.f. Ind. psych. V/H, Wien 1927, S. 283

Eingliederung mit pädagogischen Nebengeräuschen

Die häßliche Sprache der Wissenschaft

Die nach der «Hilfe» durch die Repetition immer noch nicht erfolgreichen Schüler werden schliesslich der Hilfsschule zugewiesen. Sie sind jetzt «Kinder mit Geistesschwäche leichteren Grades», wie es im diesbezüglichen Reglement des Kantons Zürich heisst, und was mit ihnen zu geschehen hat, wird dort auch gleich gesagt: «(Der Unterricht) strebt vor allem die Eingliederung in das Alltagsleben an.»[6] Man tut gut daran, sich das genau vor Augen zu halten: Die Alternative, die Hilfe, die unsere Schule für solche Kinder bereit hält, heisst «Eingliederung in das Alltagsleben».

Und worum geht es bei dieser «Eingliederung»? Es geht darum, dass sich ein gefährdetes Leben menschlich erfreulich und volkswirtschaftlich wertvoll entwickeln und einordnen kann. Halt! wird jetzt vielleicht einer sagen, dieses «volkswirtschaftlich wertvoll einordnen» ist eindeutig eine bösartige Unterstellung. – Die Sache hat indes einen Haken. Der Satz ist nämlich nicht von mir. Er stammt aus «Einführung und Lehrgang» einer sehr angesehenen Werkschule irgendwo im deutschen Sprachraum. Eine Schule, die sich vorwiegend mit den hier beschriebenen Kindern abgibt.

Es lohnt sich, die erwähnte Schrift etwas genauer zu betrachten. Ihre Sprache, die Art ihrer Argumentation ist höchst aufschlussreich. In ähnlicher Art wird in unzähligen Schriften über Werkschulen, Hilfsschulen usw. geschrieben, ganz zu schweigen von all den hilfreichen Ratschlägen «aus Praxis und Lebenserfahrung». Zunächst: Wie wird hier der Schüler gesehen? Der Autor spricht von Schülern, «. . . deren Tun und Handeln dem Gegenständlichen und dem konkreten Geschehen verhaftet ist, deren Denken sich nur mühsam vom Momentanen, Konkreten, Einmaligen und gemüthaft Erlebten oder gegenständlich Gebundenen ablösen kann. Einem Tun und Handeln, einem Erlebnis, folgt hier nicht das denkend geläuterte

---

Anm. 6:
«Reglement über die Sonderklassen und die Sonderschulung», vom 2. November 1965, Kanton Zürich, § 15.

94

Ergebnis, das allgemein Gültige, die klare Vorstellung, der das Wesentliche umfassende Begriff, die Abstraktion, das vom wägenden Netz der Bezogenheit getragene Urteil.» – «Wenig denkgewandte, dem Gegenständlichen und Konkreten verhaftete Schüler . . .»

Und wieder: – «die praktisch Begabten, dem Konkreten und Gegenständlichen Verhafteten . . .» Die Sprache ist sehr schwungvoll, aber sie vermag nicht darüber hinwegzutäuschen, dass ihr Urheber seinerseits den Symptomen «verhaftet» ist. Nirgends wird auch nur ansatzweise die Situation hinterfragt, weder Ursachen noch Gründe werden angeführt. Und so erscheint das «Verhaftetsein» dieser Schüler als etwas Schicksalshaftes, Gegebenes.

Noch etwas zur Sprache: Es sind eigentliche Hymnen, die da angestimmt werden. Allerdings entsteht bei näherem Hinsehen der bestimmte Verdacht, dass es sich dabei eher um Hymnen auf die eigene herrliche geistige Potenz handelt. Lobgesänge sowohl auf die in der angestammten «Kulturschicht» latent vorhandene Geistigkeit als auch auf die, die in der eigenen Person manifest geworden ist. Die «armen Dummen» werden so zum bemitleidenswerten Hintergrund: «Immer kommen sie zu spät, nie vermögen sie jenem leichtbeschwingten assoziativen Denken intellektuell Begabter zu folgen.»

«Der geistig Bewegliche, der Einsichtige, mag das richtige Verhalten und Handeln aus der Fülle der Gehalte wandeln und gestalten. Eine souveräne Einsichtsfähigkeit lässt ihn im stets sich wandelnden Begegnen das Richtige und Angemessene tun. Hier das ‚Phönixgleiche’, von Voraussicht, Umsicht und Einsicht gesteuerte Verhalten, das aus der Fülle des zur Verfügung stehenden Wissens und Könnens sich stets neu Form gebend, immer wieder neu ersteht.

Dort der geistig wenig Bewegliche, Denkungewandte, dem Gegenständlichen, Konkreten, Momentanen, der Gewohnheit und Erfahrung Verhaftete. Er wird sich nur innerhalb des Gewohnten richtig verhalten und sicher fühlen.» Oder es wird gesprochen von den Schülern, «. . . die ihr Verhalten nicht den momentanen Situationen anzupassen verstehen und nicht die brillante Gabe geistiger Anpassungsfähigkeit besitzen.»

Wenn sich der Schwerpunkt der Aussage verlagert, wenn die liebevolle Beschreibung der armen Dummerchen nicht notwendig ist, schlägt zwischen den Zeilen sogar so etwas wie Verachtung durch: «. . . bescheidene und schwache Talente sind die Regel.»–«. . . denkungewandt, geistig unbeweglich, geistig kurzsichtig, geistig mühsam».

Was geschieht nun mit diesen («drum sag ichs noch einmal») «dem Konkreten und Gegenständlichen Verhafteten»?

«Der wenig denkgewandte, dem Gegenständlichen und Konkreten verhaftete Schüler muss ohne viele Nebenabsichten durch eine ihm angepasste Aufgabenstellung auf das für ihn Mögliche hingeleitet werden. Er ist in jenem ihm eigenen praktisch-technischen Denken zu fördern, das recht oft ein unsprachliches und irgendwie unbegreifliches (handliches) Denken ist, das sich an den Dingen, im Tätigsein und am Machen orientiert und entwickelt.» – «Was not tut, ist die Entwicklung und Nutzbarmachung der vorhandenen Fähigkeiten . . .» Und wie soll das vor sich gehen? «Bescheidenheit und Klarheit der Forderung, Beschränkung auf das, was den gegebenen Veranlagungen gemäss ist, und auf das Notwendige, Verzicht auf Unwesentliches, dieser Begrabungsgruppe Unangepasstes und auf bloss Wünschenswertes gelten als allgemeingültige Richtlinien» der Schule, von der zugleich gesagt wird, dass sie «ins Erwerbs- und Erwachsenenleben überleite.»

Die Schule soll also überleiten. «Das Werkprinzip gibt uns die besten Möglichkeiten, diesen Schülertyp zu schulen und zu fördern. Seine Absicht geht in verschiedene Richtungen. Es ersetzt weitgehend den für diese Schülergruppe nur begrenzt möglichen, begrifflich fundierten Denkschluss . . . Es sucht den Schüler durch die handwerkliche Exaktheit, durch Ordnung, Pünktlichkeit und Ausdauer charakterlich zu fördern und zu erziehen . . . Es bezweckt durch die Arbeit an verschiedenen Werkstoffen die Abklärung von beruflicher Eignung und Neigung und durch Angleichung der Arbeitsweise an handwerkliche und gewerbliche Vorbilder die Vorbereitung des Übertrittes ins zukünftige Erwerbsleben.» Das heisst im Klartext: Wir unterrichten die Kinder im Schulzimmer und in der Werkstatt. Daneben «erziehen» wir sie auch.

Der Unterricht erstrebt «Sicherheit und Genauigkeit im Elementaren, Sauberkeit der Darstellung. Nicht vielerlei, das Notwendige aber vielmal.»

Die Werkstattarbeit bezweckt «Gewandtheit und Sicherheit in der Werkzeugführung, Angewöhnung von Genauigkeit und Ausdauer und das Erlebnis der Freude am Gelingen». Sie hat daneben aber auch noch einen tieferen Sinn. Beispiel: «Das Rundfeilen fördert das Zusammenspiel der Arm-, Körper- und Beinbewegungen. Diese Arbeiten sind wertvoll zur Entwicklung einer gelockerten, aber trotzdem präzisen Bewegungsrhythmik.» Und noch tiefsinniger: «Wir leben im Zeitalter der Maschinen . . . Es ist daher angebracht, dass sie (die Schüler) lernen, sie mit Sorgfalt zu pflegen, mit Respekt (!) zu behandeln und mit Geschicklichkeit zu bedienen.»

Interessant ist nun, was unter Erziehung verstanden wird. «Es ist notwendig, dass wir jene Fähigkeiten entwickeln und ihnen (den Schülern) jene Fertigkeiten und Tugenden ins Leben mitgeben, die ihnen Halt in den Anfechtungen und Sicherheit gegenüber den sachlichen Anforderungen geben.» Und wie erreicht man das?

«Eine einfache und klare Schulordnung fördert die nachhaltige Gewöhnung der Schüler an geordnetes Verhalten. Eine eindeutige Schulordnung ist ein Gewöhnungs- und Erziehungsmittel von wesentlicher Bedeutung. Sie hat nicht nur die äussere Ordnung zum Ziel, sondern soll das heute so wenig gepflegte Gefühl der Einordnung in die Gemeinschaft und den Sinn für einen unabdingbaren Tages- und Arbeitsrhythmus wecken und fördern.»

Konkret: «Der freundliche Gruss, das Den-Erwachsenen-den-Vortritt-Lassen, das Jemandem-die-Tür-Öffnen und das behutsame Schliessen derselben, das sich Vorstellen, die richtige Haltung im Gespräch und die korrekte Antwort auf Fragen, das anständige Essen, das verträglich und hilfsbereit Sein, das Gehorchen ohne «Gemaul» und Widerrede, die sauberen Hände und geputzten Fingernägel, die anständige und saubere Kleidung, und wie all die wertvollen Attitüden noch heissen, sie alle werden ohne Hast, aber mit Entschiedenheit geübt und gepflegt. (. . .) Zur Anerziehung dieser mehr allgemein menschlichen Tugenden (!) kommt noch die spezielle Übung und Angewöhnung jener Arbeitstugenden, die den guten Handwerker und Arbeiter auszeichnen. Es sind das die Pünktlichkeit und Aufmerksamkeit, die Ausdauer und Zuverlässigkeit, die Genauigkeit und Sorgfalt . . .»

Zwischenhinein wird die Sprache volksliedhaft schlicht: «Jene Zeit ist nie verloren, die zur frohmütigen Pflege und Übung guter Tugenden verwendet wird.» Wie geht das wohl vor sich: Frohmütige Übung des Gehorchens ohne Widerrede? Auch dazu kommen Beispiele:

97

«Schüler und Eltern müssen von Anfang an um die straffe Hausordnung und den unbedingt verlangten Einsatz wissen. Schüler und Eltern müssen wissen, dass nur für einsatzbereite und willige Schüler Platz ist.» Und, etwas weiter unten: «Auch sonst wird der Kontakt mit dem Elternhaus rege gepflegt. Jede Absenz wird gemeldet, wenn nicht gleichzeitig auch eine Entschuldigung vorliegt, und disziplinarische Verstösse werden den Eltern sofort zur Kenntnis gebracht.»

Denn das Böse lauert überall. «Die Haltung der Eltern, ausgesprochen oder unausgesprochen, aber sozusagen unbewusst immer wieder demonstriert, hat einen eminent positiven oder negativen Einfluss auf den Einsatz und den Erfolg ... Sie macht im schlimmen Fall aus den Mädchen jene vor der Hecke stehenden Dornröschen, die, angetan mit allen Mitteln der Auffälligkeit und Lockung, auf den Prinzen warten, der alle Mühsal und Beschwer des eigenen Einsatzes überflüssig macht und die Wartende zum hollywoodschen Märchenschloss der Sorglosigkeit führt. Im guten Fall aber hilft sie den jungen Menschen wesentlich, ihre bescheidenen Anlagen und Fähigkeiten einzusetzen und durch frohgemuten und ausdauernden Einsatz zu jenen Fertigkeiten und guten Qualitäten zu entwickeln, die ihnen gestatten, ihr Leben selbst zu gestalten ...»

Lassen wir das Zitieren. Der Band enthält zwar noch eine Fülle von Anregungen und Bemerkungen (etwa über den Unterschied zwischen Knaben und Mädchen), aber es liegt nun genügend Material vor, um die dahinterliegenden «Grundschnörkel» zu erkennen:

1. *«Dummheit» ist Schicksal (oder, je nach weltanschaulicher Position, «Gabe Gottes»), von dem man selbst glücklicherweise nicht betroffen ist. Kein Wort, kein Gedanke über mögliche Ursachen. Die Zurkenntnisnahme des «Ist-Zustandes» genügt.*

2. *Damit offenbart sich eine erschreckende Unvertrautheit mit den wirklichen Problemen dieser Kinder. Denn zum Verstehen gehört ja auch die Frage nach den Gründen und Ursachen.*

3. *Diese Unvertrautheit erklärt (und entschuldigt im Einzelfall einigermassen) die vorschnelle Forderung nach «Eingliederung».*

4. *Die geforderte «Eingliederung» zielt zunächst auf Abrundung der Schulbildung (Beschränkung auf das rein «Technische», Verzicht auf das Erken-*

nen von Zusammenhängen) und auf Vermittlung handwerklicher Fertigkeiten.

5. Wesentlich ist die «Erziehung». Es stehen hier im Vordergrund gute Arbeitshaltung, Pünktlichkeit, Genauigkeit usw., also eigentlich alles Sekundärtugenden, die in jeder Gangsterbande hochgehalten werden. «Es sind Tugenden vermutlich auch der Engel, aber ebenso gewiss der Teufel in einer gut organisierten Hölle.» (Walter Dirks)

6. Damit sind die Voraussetzungen geschaffen für das Fortkommen zumindest in einem gut organisierten Betrieb – und natürlich auch für das Fortkommen dieses Betriebes.

7. Letztes Zitat aus der erwähnten Schrift: «Auch ein beschränktes geistiges Betriebskapital kann, geschickt angelegt und fleissig umgesetzt, erfreuliche Zinsen tragen.« Wie wahr! Nur bleibt die Frage: Zinsen für wen?

Es wäre unnötig, um diese Art von Argumentation viel Aufhebens zu machen. Aber sie geistert in unzähligen Varianten herum. Vom erfahrenen «Mann aus der Praxis», der es doch weiss, weil er das harte Leben kennt, über das Schulreglement, das schlicht von «Eingliederung» spricht, bis hin zum Autor der vorliegenden Schrift sind solche «Einsichten» und daraus abgeleitete Forderungen weit verbreitet. Meist kommt das alles sehr pädagogisch daher. Aber der wunde Punkt in dieser Argumentation ist leicht zu entdecken: Der Zustand, in dem sich diese Kinder befinden, wird als etwas Unabänderliches gesehen. Daraus kann man natürlich so etwas wie eine «Pädagogik» entwickeln. Dieser Zustand aber bleibt so nicht nur unverändert, er wird im eigentlichen Sinne «betoniert».

Was hier unter «Erziehung» verstanden wird, tendiert tatsächlich auf die «volkswirtschaftlich wertvolle» Anpassung. Die wirklichen Probleme dieser Kinder bleiben ungelöst. Und damit erweist sich, dass diese Art von «Pädagogik» keine Erziehung, «Lebenshilfe» (Brezinka)[7] ist. Es handelt sich lediglich um einen primitiven Eingliederungsmechanismus mit pseudopädagogischen Verfremdungseffekten.

Anm. 7:
Brezinka: Erziehung als Lebenshilfe, Stuttgart 1969[7]

Zur «Schulgeschichte»

Kinder wie Heini, die in der Schule nicht erfolgreich waren, werden oft als «Schulversager» bezeichnet. Der Ausdruck trifft: Die Schule hat hier tatsächlich versagt. Versagt dadurch, dass sie ihnen nicht nur keine Hilfe, sondern neue Entmutigungen zuteil werden liess. Dazu kommen noch die schliesslich in Gang gesetzten «Einpassungen» in den Produktionsprozess. Diese sind oft «kurz-schlüssig» und lassen die wirklichen sozio-kulturellen und psychischen Probleme der Kinder ungelöst. «Die Schule» scheint hier tatsächlich auf der ganzen Linie zu versagen. Aber warum? Woher kommt diese klägliche Hilflosigkeit einem dringenden Problem gegenüber? Der Lösung dieser Frage soll uns ein kurzer Abstecher in die Geschichte der Pädagogik näherbringen.[8]

Mittelalter

«Die christlich-europäische Gesellschaft hat sich in der Vergangenheit um das Begabungsproblem nicht gesorgt. Der nach dem Ständemodell gegliederte Staat liess nur so viele Begabungen offenkundig werden, wie er zur Erhaltung seines Ordnungsgefüges für notwendig erachtete.» (Hans Jochen Gamm)[9] Jeder Stand sorgte für die Sicherstellung und Ausbildung des eigenen Nachwuchses. Der Sohn des Kaufmanns wurde wieder Kaufmann und entweder im väterlichen Geschäft oder bei einem Freund oder Verwandten des Vaters ausgebildet. Das Mädchen heiratete standesgemäss oder – besser ausgedrückt – wurde standesgemäss verheiratet. Über das Schulwesen sind wir nur mangelhaft orientiert. Schulen gab es – in Ansätzen – als Dom- oder Klosterschulen sowie Universitäten. Das waren meist reine Standesschulen.

Anm. 8:
Natürlich kann in diesem «Abstecher» nur sehr grob und schlagwortartig informiert werden. Ein wissenschaftlich fundierterer Exkurs hätte zwar den unbestreitbaren Vorteil wissenschaftlicherer Fundiertheit, daneben aber den ebenso unbestreitbaren Nachteil, dass er dann kaum noch gelesen würde – oder höchstens von Leuten, die das alles ohnehin wissen.
Anm. 9:
Gamm: Der Wandel des Begabungsbegriffs und die sozialen Konsequenzen, Thesen zu einem Vortrag, als Manuskript vervielfältigt.

Das achtzehnte Jahrhundert: Schule als Institution

Es erscheint nötig, den Begriff der «Schule» noch etwas zu differenzieren. Wir folgen hierin Hans Mieskes.

«Wir verstehen unter 'Schule' eine pädagogische Einrichtung, die ihren Systemcharakter dadurch erhält, dass sie auf bestimmten Entwicklungsstrecken des menschlichen Lebens 'Schüler' erziehen und bilden soll, und dass sie ihre Aufgaben unter bestimmten sie kennzeichnenden Bedingungen erfüllt. 'Schule' ist formal betrachtet eine Institution, substantiell ein pädagogisches Kraftfeld.»[10]

Diese «Schule» greift nun beispielsweise im 18. Jahrhundert schon wesentlich stärker ins Leben des Einzelnen ein. Es werden ihr vermehrt Aufgaben übertragen, die früher die unmittelbare Umgebung des jungen Menschen erfüllt hatte. Aber durch diese einflussreicher gewordene »Institution Schule» wird das Ständemodell noch sehr deutlich reproduziert. Die – damalige – Oberschicht lässt ihre Kinder meist privat unterrichten.

«Die zweite Hälfte des 17. und mehr noch das ganze 18. Jahrhundert sind die Blütezeit der Privaterziehung durch Hofmeister – der Ausdruck ist schon im 16. Jahrhundert gebräuchlich – in Deutschland. Den Hauptanlass dazu gab wohl der Umstand, dass die alte humanistische Bildung auf den Lateinschulen einem Manne von Welt nicht mehr genügte. Lateinische Eloquenz und Poesie wurden in den vornehmen Kreisen nicht mehr geachtet, wohl gar belächelt. Ihr Ideal sahen diese in dem französischen Kavalier, wie er am Hofe Ludwigs XIV. zu finden war. Um französisch parlieren zu können und alle die tausend Feinheiten höfischer Galanterie zu erlernen, bedurften sie natürlich eines französischen Hofmeisters. Doch war dieser in der Regel nicht der einzige, ja auch nicht einmal immer der Haupterzieher eines jungen Prinzen oder Adeligen. Letzteres Amt war an mächtigeren Fürstenhöfen meist einem militärischen Gouverneur anvertraut. Viele vornehme Leute, Adelige oder wohlhabende Bürgerliche, übertrugen die häusliche Erziehung ihrer Söhne einem akademisch gebildeten Deutschen, der noch immer sehr häufig ein Kandidat der Theologie war.»[11]

Anm. 10:
Mieskes: Jenaplan und Schulreform, Oberursel 1966, S. 45.
Anm. 11:
Reicke; Magister und Scholaren, Leipzig 1901, Neudruck Düsseldorf/Köln 1971, S. 120

101

Daneben bestehen auch eigentliche «Fürstenschulen».

«Den Bedürfnissen der jungen Adeligen diente jetzt übrigens eine neue Art Schule, die sogenannten Ritterakademien, in denen wohl Latein, aber nicht Griechisch, dagegen Französisch, Mathematik und andere praktische Disciplinen gelehrt und standesmässige Fertigkeiten (wie Fechten, Reiten usw.) eifrig betrieben wurden.»[12]

Meist gibt man doch der Privaterziehung den Vorzug.

«Dass trotz dieser und mancher anderen verbesserten Lehrinstitute die private Erziehung von gebildeten vermögenden Leuten im 18. Jahrhundert im allgemeinen vorgezogen wurde, geht auf den Einfluss der grossen pädagogischen Philosphen, Locke's und Rousseau's, auch der Philantropisten zurück.»[13]

Allerdings dürfte die hier beschriebene Tatsache noch eher auf den Einfluss des Standes, seiner Tradition und seiner wirtschaftlichen Möglichkeiten zurückzuführen sein.

Das in den Städten zusehends stärker und einflussreicher werdende Bürgertum schickt seine Kinder in die Lateinschule oder in die «deutsche Schreib- und Rechenschule» (in denen allerdings auch noch anderes gelehrt wird). Die Lateinschule gilt als die «allgemeine Bürgerschule und elementare Gelehrtenschule» (Paulsen).[14]

Daneben gibt es noch die Armenschulen und Schulen für die Bauern- und Taglöhnerkinder. Hier ist der Unterricht billig – im Gegensatz zu den Bürgerschulen. Wie es in einer solchen Schule zu- und hergegangen ist, beschreibt sehr drastisch der Brief eines Landschulmeisters aus dem Jahre 1783:

«Vorgestern war unser Pastor in meiner Schule. Wir hatten gerade, weil es kalt war, brav eingeheizt, und meine Frau hatte die jungen Gänse und auch

---

Anm. 12:
a.a.O.
Anm. 13:
a.a.O.
Anm. 14:
s. Paulsen: Geschichte des gelehrten Unterrichts, 1885, 1960[4]

das kleine Ferkel in der Stube. Du lieber Gott, die armen Dinger mussten ja sonst im Stall erfrieren. Und ich hatte (auch) 70 Kinder in der Stube. Ich kann sie nicht frieren lassen, denn deswegen gehen viele nur in die Schule, weil sie bei sich selten eine (so) warme Stube wie bei mir antreffen.

Als er (der Pastor) nun in die Stube trat, fiel er gleich in Ohnmacht. 'Herrje! Herrje!' schrie meine Frau, die gerade mein klein Manuelchen kämmte und darüber vom Schoss fallen liess. 'Herrje! Mann, greif doch zu, es wird dem Herrn Gevatter schlimm!' Zum Glück fiel er noch neben das Klavier hin, er hätte es entzweischlagen können. Meine Frau machte sich aber gleich über ihn her und band ihm das Beffchen ab, holte frisch Wasser und begoss ihn über und über. Da bekam er wieder Luft und blinzelte auch mit den Augen. Wir setzten ihn auf die Klavierbank, es ist die beste im ganzen Hause. Aber er holte schwer Atem. 'Ein Schluck Branntwein' war sein erstes Wort, und nun kam er nach und nach wieder zu sich und erzählte, dass er vom Gestank in der Schule bald erstickt worden wäre. Er war gewaltig böse darüber und nannte sie einen infamen Schweinestall, und es wäre nicht darin auszuhalten.

Wahr ist es freilich, die Stube ist zu eng. Wenn ich nur noch einen kleinen Verschlag daran hätte, worin unser Bett stehen könnte! Da kommen mir die Schulkinder des Morgens mit dem Frühesten über den Hals, dass ich nicht einmal wegen der grossen Bauernmädchen mit gutem Gewissen meine Hosen anziehen kann.»[15]

Wieviel mag in einer solchen Schule wohl gelernt worden sein? Aufschluss darüber gibt der Bericht eines Schweizer Schulmeisters von 1798, der das Jahrespensum seiner Schüler wie folgt zusammenfasst: «Schreiben, Lesen, buchstabiert, auswendig gelernt, alte Schreibarten gelernt. Wer Lust hat gerechnet im Winter.»[16] Es ist allerdings gar nicht wünschenswert, dass die Bauern- und Taglöhnerkinder zuviel lernen. Friedrich der Grosse begründet das 1779 in einer Kabinettsorder folgendermassen: «Wissen sie aber zu viel, so laufen sie in die Städte und wollen Sekretärs und so was werden.»[17]

Anm. 15:
Heinicke. Schulmeisterbriefe, 1783, zit. nach: Christmann: Schule im Wandel der Zeiten, in Hauke (Hg.): Aspekte der künftigen Schule, Heidenheim 1970, S. 37
Anm. 16:
Im angeführten Buch findet sich eine Fülle von Einzelheiten zur Schulgeschichte.
Anm. 17:
Zit. nach Gamm: Kritische Schule, München 1970, S. 161

Ins gleiche Horn stiess La Chalotais 1763.[18] Er tadelt die Ignorantins:[19] «Sie lehren Leute lesen und schreiben, die weiter nichts als Zeichnen, den Hobel und die Feile führen hätten lernen sollen, die aber dieses nicht mehr tun wollen.» Die Begründung: «Jeder Mensch, der über sein trauriges Metier hinaus sieht, wird niemals mit Mut und Geduld dasselbe treiben. Im gemeinen Volk braucht niemand schreiben und lesen zu können, als wer von diesen Künsten lebt und damit etwas verdienen kann.»[20] Das ist nun keineswegs etwa Rückständigkeit oder Bosheit, es entspricht der damals herrschenden – vom ständischen Denken geprägten – Anschauung.

Das achtzehnte Jahrhundert: Schule als pädagogisches Kraftfeld

Wenden wir uns der Schule des 18. Jahrhunderts als «pädagogisches Kraftfeld» zu. Genau so wie die Schule als Institution noch die Ständeordnung rezipiert, so spiegeln sich die Herrschaftsverhältnisse in der Pädagogik jener Zeit.

Stallmann:

«Der ‚absolutistische’ Staat interessierte sich für die Schulen, weil er in ihnen Pflegestätten der Tugenden sah, die in Armee, Verwaltung und Wirtschaft gebraucht wurden. Er erwartete von ihnen, dass sie zu fleissiger, gewissenhafter Arbeit erzögen, an unbedingten Gehorsam und treue Pflichterfüllung gewöhnten und zu dienstbereitem Einsatz anleiteten. Der einzelne sollte als Glied der sich in diesem Staatswesen organisierenden staatsbürgerlichen Gesellschaft mündig werden und es zu seiner Bestimmung machen, an der Ordnung des Staates als der höchsten Verwirklichung menschlichen Geistes wenigstens in bescheidenen Grenzen teilzunehmen.»[21]

Anm. 18:
La Chalotais (1701 – 1785): französischer Politiker unter Ludwig XV.
Anm. 19:
Ignorantins: Christlicher «Lehrerorden» im 18. und 19. Jahrhundert, hauptsächlich in Frankreich verbreitet.
Anm. 20:
Zit. nach Nohl-Pallat; Handbuch der Pädagogik I, Weinheim 1966², S. 248.
Anm. 21:
Stallmann: Art. «Schule» in: Groothoff/Stallmann, Pädagogisches Lexikon, Stuttgart/Berlin 1965³, Sp. 821

So verlangt beispielsweise Friedrich der Grosse von den Lehrern: «...nebst den Pflichten, welche sie Gott, dem Nächsten und sich selbst schuldig sind, auch die Pflichten der Treue, des Gehorsams und der unverbrüchlichen Ergebenheit, die sie Uns, als ihrem Souverän ... schuldig sind ...»[22]

Es geht also darum, dass der einzelne ein «hierarchistisches Bewusstsein» entwickelt, dass er sich seines Standes und seiner Stellung innerhalb dieses Standes bewusst wird und fähig ist, die seiner Stellung gemäss in ihn gesetzten Erwartungen zu erfüllen. Die autoritären Strukturen sollen verinnerlicht werden. Dazu bedarf es freilich der Erziehung des «Zöglings». Es gibt aus jener Epoche feinsinnige Untersuchungen über das Problem der Autorität.

Aber in der Praxis läuft es meist auf eine – recht unreflektierte – «strenge» Erziehung heraus. An den Bürger- und Armenschulen sind Prügel gang und gäbe. Dies zeigt auch die «Rechnung» eines schwäbischen Rektors von 1760:

«Während der 51 Jahre und Monate seiner Amtsführung hat derselbe nach mässiger Berechnung ausgeteilt: 911 527 Stockschläge, 124 010 Rutenhiebe, 20 989 Klapse und Pfötchen mit dem Lineal, 136 715 Handschmisse, 10 235 Maulschellen, 7905 Ohrfeigen, 1 115 800 Kopfnüsse und 22 763 Notabenes mit Bibel, Katechismus, Gesangbuch und Grammatik. 777 mal hat er Knaben auf Erbsen knien lassen und 613 auf ein dreieckig Holz, 5001 mussten Esel tragen und 1707 die Rute hoch tragen, von einigen nicht so gewöhnlichen Strafen, die er zuweilen im Falle der Not aus dem Stegreif erfand, zu schweigen. Unter den Rutenhieben sind 76 000 für biblische Sprüche und Verse aus dem Gesangbuch. Schimpfwörter hatte er über 3000, davon ihm sein Vaterland ungefähr zwei Drittel geliefert hatte, ein Drittel aber von eigener Erfindung war.»[23]

Anm. 22:
Zit. nach Salzmann: Bürger für die Gesetze, Bern 1949, S. 127
Anm. 23:
Basedow: Pädagogische Unterhaltungen, zit. nach: Christmann, a.a.O. S. 43
Wer den hier angeführten Bericht etwas nüchtern betrachtet und die «pädagogischen Aktivitäten» etwa in Relation zur Dauer eines Lehrerlebens setzt, kommt darauf, dass sich der Mann offenbar in erzieherischer Dauerrotation befunden haben muss – oder aber seine diesbezügliche Kondition doch etwas übertreibt. Aber abgesehen davon verrät allein die Tatsache der Existenz solcher Berichte einiges über die Erziehungspraxis jener Zeit.

Dass auch die Kinder der Oberschicht mit grosser Strenge behandelt werden, zeigt der Bericht von C.F. Bahrdt. Er beschreibt die Erholung (!) in einer deutschen Fürstenschule:

«Alle Erholungen der Schüler bestanden . . . in dem Ambulieren im Kreuzgang. Zur Sommerszeit wurden sie sämtlich in einem Zuge von dem Lehrer . . . (etwa einmal wöchentlich) auf den freien Platz geführt, wo sie ein paar Stunden Ball schlagen oder Kegel schieben durften. Fünfzehnmal im ganzen Sommer war Hauptpromenade, welche der unwissendste . . . Mensch erfunden haben muss. Nämlich, die ganze Schule zog mittags um ein Uhr in der grössten Hitze aus, mit Musik und dem Gesang: Salve cordis gaudium, salve Jesu etc. und musste so in Procession den hohen steilen Berg hinanklimmen, an welchem das Kloster lag. Das war ein Gang bergauf, der wenigstens drei Viertelstunden dauerte, und wo die Sonne gerade auf dem felsigen steilen Fussteig lag, auf welchem die Kinder schwitzend und keuchend hinaufsteigen und noch die Ballons und Kugeln schleppen mussten, von denen jeder Tertianer einen in seiner Zelle in Verwahrung hatte und auf dem Spielplatz abliefern musste. Wenn die Kinder hinauf waren, mussten sie auf die schattenlosen Plätze sich verfügen, welche jeder Klasse ein für allemal angewiesen waren. Zum Glück gab's oben nichts zu trinken. Nach Verfluss von zwei Stunden wurde von den Inspektoren gepfiffen, worauf die Schüler von allen Seiten her zusammenlaufen und der Visitation beiwohnen mussten, um auf die Vorlesung ihres Namens «Hier!» zu antworten. Zwei Stunden nachher wurden sie abermals visitiert und den Berg wieder hinabgeführt.»[24]

Also: Die Kinder aller Stände werden mit drakonischer Strenge behandelt. Aber die gleiche Behandlung zeigt recht unterschiedliche Wirkungen. Den einen verhilft es zur nötigen Durchsetzungskraft gegen «unten», den andern verhilft es dazu, sich mühelos einzuordnen als «gutgesinnte, gehorsame und fleissige Bürger». Im Zuge dieser «Einordnung» kommt auch der Armenschule vermehrt pädagogische Bedeutung zu. So erkennt John Locke zu Beginn des 18. Jahrhunderts:

« . . . die Kinder der armen Leute sind meist eine Last für die Gemeinden und werden gewöhnlich im Müssiggang gehalten, so dass ihre Arbeitsleistung der Öffentlichkeit verlorengeht, bis sie zwölf oder vierzehn Jahre alt

Anm. 24:
Bahrdt: Selbstbiographie, Zit. nach Christmann, a.a.O. S. 40

sind. – Das wirksamste Mittel dagegen ist . . . , dass künftig dafür gesorgt wird, dass in jeder Gemeinde Arbeitsschulen errichtet werden, zu denen alle Kinder über drei und unter vierzehn Jahren gehen müssen . . . Die Kinder werden in besserer Ordnung gehalten, besser versorgt und von Kindheit an zur Arbeit gewöhnt, was nicht unbedeutend ist, um sie besonnen und betriebsam (indoustrious) für ihr weiteres Leben zu machen . . .»[25]

Dies schreibt der gleiche John Locke, der sich über die Erziehung des Edelmannes folgendermassen verbreitet:

«Was jeder Edelmann, der für die Erziehung seines Sohnes irgendwie Sorge trägt, für ihn wünscht, ausser dem Erbe, das er ihm hinterlässt, ist meines Erachtens in diesen vier Dingen zusammengefasst: Tugend, Weisheit, Lebensart, Kenntnisse . . .»[26]

Neben seiner Bedeutung als Beispiel für die «ständische» Erziehung ist Lockes Text über die Armenschule noch in anderer Hinsicht interessant. Christmann schreibt dazu:

«Die Bedeutung des seine lateinische Wurzel nicht verleugnenden englischen «indoustrious» zeigt die doppelte Auffassung der Industrie auch im pädagogischen Bereich. Neben der Erziehung zur industriellen Befähigung ist die Erziehung zum Fleiss, d.h. zur Arbeit, ebenso wichtig.»[27]

So ist die Wirkung des «pädagogischen Kraftfeldes Schule» im 18. Jahrhundert recht differenziert: «Tugend, Weisheit, Lebensart, Kenntnisse» für die einen, «Erziehung zur Arbeit» für die andern.

Die Verbürgerlichung der Gesellschaft

Im 19. Jahrhundert gelangt nun ein Prozess zur vollen Entfaltung, der die «Verbürgerlichung der Gesellschaft» genannt wird. Van Ussel definiert sie

---

Anm. 25:
Locke: On working school, zit. nach Christmann, a.a.O. S. 44
Anm. 26:
Locke: Gedanken über Erziehung, Zit. nach Flitner (Hg.): Die Erziehung, Bremen 1967[5] · S. 170
Anm. 27:
Christmann: a.a.O. S. 44

als «Verschiebung von der pluralistischen Ständegesellschaft zu einer Gesellschaft, in der der Bürger und die bürgerlichen Werte im Vordergrund stehen».

«In den Städten, die vom 12. Jahrhundert an entstehen, lebte ein Bürgertum, das infolge der wachsenden Rationalität einem immer stärker werdenden Konkurrenzdruck ausgesetzt war. Dies führte zu einer grösseren Differenzierung des Handels und des Handwerks, die nur möglich ist, wenn die Gruppe gross genug ist. Diese Bedingung wurde durch das stetige Wachstum der Städte erfüllt. Hat die Differenzierung einmal eingesetzt, so ist sie nicht mehr aufzuhalten. Je komplexer eine Kultur ist, um so mehr Erneuerungen werden in kürzerer Zeit möglich. Grössere Differenzierung bedeutet Aufspaltung der Arbeit in eine grössere Anzahl von Funktionen. Der Bauer machte auf seinem Hof fast alles allein. In den Städten entstand der Beruf (E. Durkheim). Übte jeder nur einen Beruf aus, so war er abhängig vom andern. Statt zu einer mechanischen Solidarität, wie man sie in Gesellschaften ohne Arbeitsteilung findet, kam es (nach Durkheim) nun zu einer organischen Solidarität. Jeder hing vom andern ab und musste Rücksicht nehmen auf ihn. Der «spezifisch geartete Rationalismus der okzidentalen Kultur» (M. Weber) zeigte sich auch im Funktionieren des Staates. Er konnte ohne den juristisch geschulten Fachbeamten, der für die Stabilität der Zentralorgane zu sorgen hat, nicht rational funktionieren. Der Personenverbandsstaat entwickelte sich zu einem institutionellen Flächenstaat (Th. Mayer), der immer grössere Gebiete pazifizierte, wodurch der Handel gefördert wurde. Die Macht des Königs dehnte sich über immer grössere Gruppen aus, einschliesslich des Adels und des Klerus. Das Wesen der Stände erfuhr dadurch eine völlige Veränderung. «Aus den alten 'Herrschaftsständen' wurden 'sozial' Stände oder Klassen» (Brunner 1956). Diese Entwicklung setzte sich durch, bis mit der Französischen Revolution (die das Werk des Königs fortsetzte) der 'tiers état' zur Nation wurde. Wir stehen hier vor einem langsam ablaufenden, aber tief umwälzenden Prozess der Modernisierung und Verbürgerlichung, in welchem die Entstehung des Berufs eine bedeutende Rolle spielt.»[28]

Diese Entwicklung hat auch eine Änderung der sozialen Beziehungen zur Folge:

Anm. 28:
van Ussel: Sexualunterdrückung, Reinbek 1970, S. 35 ff.

«Man nimmt lebhaftere Kontakte zu einem grösseren Personenkreis auf, aber diese Kontakte sind oberflächlich, weil es nur Teilaspekte von Menschen sind, die miteinander in Verbindung treten. Spielen Menschen Rollen, so bedeutete dies, dass sie den Kontakt von Mensch zu Mensch, wie es in der kleinen Dorfgemeinschaft der Fall war, durch instrumentelle, funktionelle, vertragliche und andere Teilbeziehungen ersetzen. Wenn Menschen voneinander abhängiger sind, kommt es nicht so sehr darauf an, dass man seinen Nachbarn oder Teilhaber sympathisch oder unsympathisch findet, als vielmehr darauf, dass man mit ihm zusammenarbeiten kann.

Man wird zum Beispiel verträglicher entweder aus sozialer Notwendigkeit oder aus fehlendem positivem oder negativem Interesse am andern (man ist gleichgültiger); oder weil man nur noch Teilkontakte pflegt. Kontakt im Rollenverband ist Teilkontakt, die echte und existentielle Kommunikation und Interaktion fehlen. Die Aussichten auf Soziabilität werden dadurch kleiner. Die Selbstentfremdung ist verknüpft mit der Entfremdung vom andern.» [29]

Und damit ändert sich auch der Mensch selbst:

«Die Menschen, die diese Beziehungen herbeiführten, waren auch andere geworden. Sie mussten ihr Affektleben bewirtschaften mit Selbstzwängen und Selbstkontrolle. Die Gemeinschaft setzte sich aus einer grösseren Anzahl Personen zusammen, die individuell eine genau bestimmte Rolle spielen, und die diese Rolle spielen müssen, damit der Erfolg des Ganzen nicht in Frage gestellt wird. Ein aktuelles Beispiel soll das verdeutlichen: Das Postwesen kann als System nur richtig funktionieren, wenn jedes Rädchen im Getriebe gewissenhaft seine Funktion erfüllt. Das Postwesen ist seinerseits vom Transportsystem abhängig, und die ganze Gesellschaft wiederum hängt vom Postwesen ab. Das setzt eine bestimmte Art sozialer Beziehungen und Interaktionen voraus, die nur dann funktionieren, wenn jeder einzelne sich an die Vereinbarung hält, was aber nur möglich ist, wenn die einzelnen bereit sind, sich selber zu beherrschen, das heisst, wenn sie einsehen, wie verantwortlich der Platz ist, den sie in der langen Interdependenzkette einnehmen, und wenn sie ihre Funktion erfüllen. In Gebieten, in denen die Persönlichkeitsstruktur noch nicht völlig im Sinne der Industriegesellschaften umgeformt ist (z.B. in den unterentwickelten Ländern), kann

---

Anm. 29:
van Ussel: a.a.O. S. 36

jemand unvorhergesehen und aus (für uns) unwichtigen Gründen seine Aufgabe vernachlässigen: Ein Arbeiter zieht es vor, nicht zu arbeiten, weil er am Tag vorher genug Geld verdient hat, oder weil es gerade schönes Wetter ist, oder weil er mit einem Mädchen ausgehen will, oder aus irgendeinem andern Grund.»[30]

Wenn wir also im folgenden von «Verbürgerlichung der Gesellschaft» sprechen, so ist dies immer in zweifachem Sinne gemeint. Im engeren Sinne meinen wir den zunehmenden wirtschaftlichen und – schliesslich – politischen Einfluss des Bürgertums, der schliesslich zu einer eigentlichen «Machtübernahme» führt. Zugleich aber ist die Tatsache angesprochen, dass sich durch diese Entwicklung die gesellschaftlichen Verhältnisse im weitesten Sinne ändern und ein allgemeiner Durchbruch bürgerlicher Verhaltensnormen und -weisen geschieht.[31]

Die «allgemeine Volksschule» als Institution

Mit dem bestimmenden Einfluss des Bürgertums dringt auch die Idee der allgemeinen und für alle verbindlichen Volksschule endgültig durch. Gefordert und zum Teil dekretiert hatte man sie schon früher, aber ihre breite Verwirklichung liess auf sich warten. Diese wird nun vom Bürgertum tatkräftig an die Hand genommen. Verfassungsartikel, Schulgesetze, Regulative entstehen, die staatliche Schulaufsicht wird organisiert, Lehrerbildungsanstalten werden eingerichtet, Lehrpläne aufgestellt. Der Schulzwang wird eingeführt und die mehr und mehr sich konsolidierende Volksschule für obligatorisch erklärt. (Allerdings wird für die Angehörigen der bisherigen «Oberschicht» die Möglichkeit der Privatschulung belassen.) Hübsch ist, wie Reicke in seiner 1901 erschienenen «Geschichte des Unterrichtswesens» die eben erst erlebte Entwicklung beschreibt:

«Im ganzen war es eine Wohltat, dass der Staat sich der Schulen nachdrücklich annahm. Strenge Prüfungen, wiederholte Visitationen liessen eine allzu grosse Willkür im Unterricht nicht mehr aufkommen. Allerdings

---

Anm. 30:
van Ussel: a.a.O. S. 37 ff.
Anm. 31:
Hat es einen Sinn, zu betonen, dass der Ausdruck «Verbürgerlichung» in diesem Zusammenhang in keiner Weise polemisch gemeint ist? Es hat keinen. Wer das nicht selbst merkt, wird ihn auch trotz dieser Anmerkung für polemisch halten.

endet damit die Zeit der grossen Schulrektoren. Die Freiheit fällt dem alles uniformierenden Zuge der Zeit zum Opfer. Die Disziplin wird eine straffere und doch humanere; der Hygiene und Körperpflege – denn der Staat will sich seine künftigen Soldaten nicht leiblich verkümmern lassen – wird jetzt mehr Sorgfalt gewidmet. Noch um die Mitte des 18. Jahrhunderts beschränkten sich die Ferien nur auf die Messe- oder Jahrmarktszeiten und die Hundstage, während welcher für einheimische Schüler wenigstens an den Nachmittagen der Unterricht ausfiel, fremde wohl gar nach Hause reisen durften. Jetzt genossen Lehrer und Schüler eine der grössten Glückseligkeiten, die es unter der Sonne gibt, die goldene Ferienstimmung, von deren Reizen frühere Jahrhunderte kaum eine Ahnung gehabt haben. Allerdings bedurfte man jetzt auch mehr der Erholung. Den Lehrern ward jetzt viel mehr auf die Finger gesehen. An Präparationen, Korrekturen, Verantwortlichkeit für die Leistungen der einzelnen Schüler, an alles wurden weit strengere Anforderungen gestellt. Dafür sollte jetzt auch die Klage über Überbürdung nicht mehr verstummen.»[32]

Die inneren Strukturen der «Institution Volksschule» werden nun ausgestaltet und vereinheitlicht.

«Besonders die altersansässig festgelegte Schulpflicht ergab mit den jährlichen Schüben gleichaltriger Schulanfänger von selbst eine Einteilung nach Altersjahrgängen. Ihr kam das ältere, vom Latein-Lernen zunächst in der Elementarschule auf die Lesefertigkeit übertragene Schema der (Jahres-) Pensen entgegen. Die Kombination von geschlossenen Altersjahrgängen und fixierten Jahrespensen ergab das heute so selbstverständlich erscheinende Prinzip der Jahrgangsklassen mit dem Klassenziel und jährlichen Versetzungen.»[33]

Dieses Prinzip, schon früher gefordert (z.B. Comenius 1632), aber nur an einzelnen Orten innerhalb der Bürgerschule verwirklicht, setzt sich nun allgemein durch. So heisst es in einer Schulordnung aus Braunschweig 1828: «Die Versetzungen der Schüler aus einer Klasse in die andere geschehen nicht nach den Fortschritten in den einzelnen Fächern, sondern in allen Lehrzweigen.»

Anm. 32:
Reicke: a.a.O.
Anm. 33:
W. Schulenberg: Klasse und Gruppe, in: Groothoff/Stallmann a.a.O. Sp. 495

111

Auch die Prüfungen zum Aufstieg in die nächsthöhere Schulstufe werden jetzt eingeführt:

«Das 19. Jahrhundert hat das Prüfungswesen ausgebildet. Das ist eine bürgerliche Institution, die zur Aufgabe hat, sagen wir, eine geistige Aristokratie zu erziehen für öffentliche Stellungen. Das 18. Jahrhundert hatte noch keine Prüfungen. Im 18. Jahrhundert sind es wesentlich die Beziehungen zur vornehmen Welt, die dem einzelnen Stellung und Amt geben, die Protektion. Im 19. Jahrhundert tritt als Ausleseverfahren an ihre Stelle die öffentliche Prüfung.»[34]

Ebenfalls festgelegt wird jetzt, was die Schüler zu lernen haben. Neben die «alten» Lehrgegenstände der Lateinschule treten neue Fächer, welche in den sog. «Realschulen» erprobt worden sind. Die Realschule war innerhalb der pietisitischen Pädagogik als Ergänzung der Lateinschule und Weiterentwicklung der «Schreib- und Rechenschule» entstanden. (Hecker, 1747:)

«Durch kluge Einrichtung solcher Schulen könnten gleichwohl manche junge Gemüter, die nicht eigentlich studiren sollen und die doch eine natürliche Fähigkeit besitzen, sonst etwas leicht zu begreifen, nach und nach angeführt werden, mit der Zeit in der Republic auf andere Weise brauchbar zu sein und künftig durch die Feder, durch die Handlung, durch die Wirtschaften auf dem Lande, durch schöne Künste, durch gute Manufacturen und Professionen sich wohl fortzubringen und als geschickte und geübte Mitglieder des gemeinen Wesens zu leben.»[35]

Christmann beurteilt diese Schule folgendermassen:

«Es ist auch wirklich erstaunlich, was dort alles gelehrt wurde von der praktischen Botanik in Garten und Herbarium, über praktische Anatomie, Besuch in den Dörfern mit Einführung in die Ökonomie, physikalischen Versuchen (sogar mit der ganz ‚neuen' Elektrizität), geometrische Zeichnungen, praktischer Astronomie bis zu Manufaktur- und Fabrikbesuchen, bei denen die Schüler genauestens in die technischen Vorgänge eingeführt

---

Anm. 34:
Krause-Vilmar: Materialien zu Sozialgeschichte der Erziehung, in Z.f. Pädagogik, 3/72
Anm. 35:
Wiedemann: Johann Julius Heckers pädagogisches Verdienst, Plauen i.V. 1900, Zit. nach Christmann: a.a.O. S. 45

wurden, über die sie dann in Wort, Schrift und Zeichnung berichten mussten. Hier waren zweifellos ganz neue Ansätze zu einem «Funktionswan-
del» der Schule vorhanden. Erst im 20. Jahrhundert beginnt man allgemein
zu erkennen, dass die Schule durch die gewaltigen Veränderungen des industriellen Zeitalters gezwungen ist, auf die damit verbundenen Fragestel-
lungen eine Antwort zu geben.»[36]

Die hier gesammelten Erfahrungen werden gleich in doppelter Weise
fruchtbar gemacht: auf der Gymnasialstufe (Realgymnasien, Oberreal-
schulen) und auf der Primarstufe. (Noch bis vor wenigen Jahren nannte
man im Kanton Zürich das 4.–6. Schuljahr «Realstufe».)

Die «allgemeine Volksschule» als pädagogisches Kraftfeld

Und nun zum pädagogischen Aspekt der jetzt entstehenden Schulen. Nach
welchen Gesichtspunkten hatten sie zu erziehen? Und wie? Leitbild ist der
sich immer mehr durchsetzende Typus des «Bürgers». Van Ussel beschreibt seinen »psychischen Habitus» folgendermassen:

«Der Bürger, vor allem aus dem Kleinbürgertum oder Mittelstand, durfte
nicht zeigen, was er wollte, dachte oder fühlte. Bei der Mahlzeit durfte er
nicht hastig zulangen, auf der Strasse durfte er nicht laufen, essen oder pfei-
fen. Die Begierde durfte nicht direkt gezeigt oder ausgesprochen werden,
er durfte nicht jauchzen oder weinen. Besonders der Mann hatte sich in dieses Verhaltensmuster zu fügen. Im 18. Jahrhundert durfte er noch viel weinen, aber zwei Jahrhunderte später ist Weinen das Zeichen einer schwachen oder femininen Psyche geworden. Das alles brachte Veränderungen
auf der Wertebene mit sich. Der Bürger strebte nach Anstand und distan-
zierte sich von der Frivolität des Adels. Er war an nützlichem Wissen interessiert und lehnte höfische Umgangsformen ab, er war mässig und
sparsam. Er hatte seine eigenen Auffassungen über Ehrlichkeit und Zuverlässigkeit, er war ordnungsliebend, korrekt und pünktlich. Er nahm Rücksicht auf andere und war verschwiegen und log zur Not aus Höflichkeit. Er
war vor allem arbeitsam und lehnte das unnütze Leben des Adels ab. In sei-

---

Anm. 36:
Christmann: a.a.O. S. 45 ff

nem Milieu entstand eine Arbeitsideologie, die von der biblischen Auffassung abweicht. Nach der Bibel war die Arbeit eine Strafe: «Im Schweisse deines Angesichtes sollst du dein Brot essen.» Jetzt wurde Arbeit eine Tugend, eine Pflicht, ein Beruf, die beste Form der Lebensgestaltung. Die adlige Tiersymbolik (Löwe, Wolf, Bär, Adler usw.) wurde von einer bürgerlichen (Ameise, Käfer, Biene, Eichhörnchen usw.) abgelöst. Man lernte arbeiten, nicht um der Freude willen, die mit der Tätigkeit verbunden ist, sondern um des Lohnes willen. Ruhe und Erholung dürfen nur nach vollbrachter Arbeit oder zur Vorbereitung auf neue Arbeit «als eine Medizin» genossen werden. Müssiggang ist aller Laster Anfang. Der Genuss um des Genusses willen wurde sündig. Der Körper wurde von einem Lustorgan zu einem Leistungsorgan umgeformt. Eines der Symbole dieser Leistungsmoral ist der Stuhl, der asketische Stuhl, auf dem man von dem anderen getrennt in der besten Arbeitshaltung sitzt. (In der heutigen Wohnung gibt es neben den Sitz- wieder mehr Liegegelegenheiten.) Innerhalb der Gesellschaft findet eine Auslese statt. Wer seinen psychischen Habitus besser umformen kann, der hat in einer Gesellschaft mit vertikaler Mobilität grössere Aufstiegschancen. Er wagt es, Änderungen durchzusetzen und besitzt ein grösseres Mass an Selbstvertrauen, Initiative, Selbstbeherrschung und Arbeitslust; er ist geschickt im Anknüpfen beweglicher oberflächlicher Beziehungen. Indem der beherrschte Mensch zum Modell wird, werden andere Persönlichkeitsstrukturen als abweichend zurückgewiesen. (Nur dem zur Stereotypie gewordenen Modell des Künstlers wird ein wenig Verständnis entgegengebracht.)»[37]

Die Erziehung zum «Bürger», der als Mensch weiter nicht interessant, nur in seiner Teilfunktionabilität wichtig ist, schlägt sich nieder in der Betonung der «Leistung», des «Unterrichts». Sehr schön sieht man das bei Herbart, dem denn auch grosser Einfluss in der Schulpädagogik zukommt. Das Ganze der Erziehung sieht Herbart gleichsam in drei konzentrischen Kreisen, [38] wobei der «Unterricht» den innersten Kreis bildet. Den nächsten Kreis nennt er «Zucht». «Die Zucht zielt . . . auf das Innere. Sie will die Haltung beeinflussen, und zwar unmittelbar, indem sie das Gewissen des Kindes anruft und sein Gemüt auf die sittlichen Grundsätze ausrichtet . . . » Der äussere Kreis, die «Regierung», «. . . hat es nur mit der äusseren Ordnung zu tun, ohne die eine erspriessliche Erziehung und ein richtiger Unter-

---

Anm. 37:
van Ussel: a.a.O. S. 38 ff
Anm. 38:
Reble: Geschichte der Pädagogik, Stuttgart 1964[7], S. 224 ff.

richt nicht möglich sind. Sie hat infolgedessen nur 'vorbereitenden' Charakter, aber solange das Kind erzogen wird, muss es auch 'regiert', d.h. einem gewissen äusseren Zwang unterworfen und 'unter einem stets fühlbaren Druck' gehalten werden. Äussere Ruhe, Aufsicht, äussere Autorität des Lehrers gehören hierher.» Die 'Verbindungslinien' zum «psychischen Habitus des Bürgers» sind leicht zu ziehen: Die von aussen an das Kind herangetragene Forderung nach Ordnung und Selbstzucht, nach Affektunterdrückung wird schliesslich verinnerlicht und ermöglicht so erst eine Leistung in vorgezeichnetem Sinne. In der Praxis allerdings verflacht das ziemlich rasch zur Forderung nach «Disziplin», die ein kontinuierliches «Schule-Halten» ermöglichen soll. Allzuweit sind wir da nicht mehr von der erzieherischen Praxis des 18. Jahrhunderts entfernt!

Die «allgemeine Volksschule» als «Bürgerschule»

Das Bürgertum richtet also die «allgemeine Volksschule» ein. Die Leute, die nun Lehrer werden, schulbehördliche Funktionen übernehmen, Lehrpläne und Gesetze erlassen usw., stammen fast alle aus dem Bürgertum. Die Strukturen, die nun die Schule als Institution ausmachen, sind vorgezeichnet in der «Bürgerschule» des 17. Jahrhunderts. Das Erziehungs- und Bildungsideal dieser Schule ist dasjenige des Bürgertums. Die Normen, die in dieser Schule leistungsmässig und pädagogisch gesetzt werden, sind diejenigen des Bürgertums. Die beschriebene «Verbürgerlichung der Gesellschaft» hat ihr Gegenstück in der «Verbürgerlichung der Schule». Mit andern Worten: Die nun entstehende «allgemeine Volksschule» ist gar keine «Allgemeine Schule des ganzen Volkes», sondern die alte «Bürgerschule», die einfach für alle Kinder obligatorisch geworden ist – mit Ausnahme derjenigen Kreise, die sich auf Grund ihrer kulturellen und wirtschaftlichen Situation den Luxus der Privaterziehung leisten können.

Durch dieses Obligatorium geraten nun aber Kinder in den Einflussbereich der bürgerlichen Schule, auf die diese gar nicht zugeschnitten ist. Dies betrifft vor allem die Kinder aus den unteren Schichten, die noch im 18. Jahrhundert die Armen-, die Land- oder gar keine Schule besuchten. Damit wird die «Bürgerschule» mit Problemen konfrontiert, auf die sie in keiner Weise vorbereitet ist. Viele dieser Kinder versagen deshalb – besser: Die Schule versagt an ihnen.

115

«Heute»?

Die Volksschule, wie sie im 19. Jahrhundert entstanden ist, hat sich in ihren Grundsätzen bis heute erhalten. Geblieben sind – an vielen Orten – die verfassungsmässigen und gesetzlichen Grundlagen, geblieben ist der Fächerkanon, geblieben ist die Einteilung nach Jahrgangsklassen, die Pensen usw. Geblieben sind auch die Unterrichtsstrukturen. Noch heute wird weitgehend frontal unterrichtet – auf Grund der von den Schülern Herbarts (vor allem Ziller und Rein) aufgestellten Grundsätze (Formalstufentheorie!). So urteilt Gamm:

«Wenn wir die modischen Indizien (Kleidung, Raumausstattung) eliminieren könnten, mit deren Hilfe man sonst rasch ungefähre bis präzise zeitliche Zuordnungen von Vorgängen ermöglicht, wenn wir uns folglich auf Inhalt, Stil und Organisation des Unterrichts beschränkten, dann würde vermutlich der Beobachter ausserordentlich versiert sein müssen, um eine Unterrichtsstunde von 1900 von der des Jahres 1970 unterscheiden zu können.»[39]

Wie wenig sich auf dem Gebiete der Schulpädagogik verändert hat, mögen die folgenden Zitate zeigen: Sie stammen aus einer Arbeit mit dem schönen Titel: «Die Strafe im Alltag der Volksschule» (1967). Sehr schön lässt sich hier die Herbartsche Dreiteilung in ihren praktischen Konsequenzen aufzeigen.

Zunächst zur Sicherung dessen, was Herbart als «Regierung» bezeichnet hat:

«Die Volksschule stellt eine staatliche Einrichtung dar, und auch die Privatschule muss sich der allgemeinen Rechtsordnung einfügen. Die Schule ist getragen von der Gewalt und Hoheit des Staates, der hier Einrichtungen schafft und sichert, die aus der Gesellschaft erwachen sind und bindenden Rechtscharakter angenommen haben. Schulordnungen mit Vorschriften, die bis ins einzelne gehen, bezeichnen genau die Anforderungen, die gestellt sind. Diese Anforderungen treffen nicht nur den Lehrer, sondern mittelbar und unmittelbar auch die Schüler. Auch der junge Schüler spürt sehr deutlich, dass es nicht eigentlich der Lehrer ist, der Anforderungen stellt,

---

Anm. 39:
Gamm: Kritische Schule, S. 99

sondern dass dahinter eine allgemeine Mächtigkeit steht, zuletzt jene anonyme Macht, als welche der Staat auch schon vom Kind erfahren wird.

Für die Durchführung dieser institutionellen und organisatorischen Ordnung stehen die positiven Massnahmen im Vordergrund, insbesondere die Belehrung, die nicht zuletzt sich auch an die Eltern zu richten haben, und vor allem die schlichte Gewöhnung. Die Missachtung der Ordnung kann aber nicht übersehen werden. Dies erfordert, dass zum Beispiel ein Schulversäumnis oder eine störende Unordnung mit Massnahmen beantwortet werden, die zwar als «angebracht», als gerecht empfunden werden sollen, aber doch auch merklich unangenehme Wirkung haben.»

Interessant ist nun, dass diese «anonyme Macht» in keiner Weise hinterfragt wird. Ja, dieses «Nicht-Hinterfragen» wird geradezu zum pädagogischen Prinzip erhoben:

«Alle Massnahmen sollten dabei als Auswirkung jener übergeordneten Macht erscheinen, als welche die staatliche Schulhoheit dem Kinde entgegentritt. Nicht der Lehrer, sondern eine höhere, dem Kinde noch nicht begreifbare Instanz setzt, fordert und erzwingt ihre Durchführung. Hier geht es im Grunde genommen um Frühformen der Rechtserziehung. Nicht der Lehrer will den pünktlichen Schulbesuch, sondern diese Forderung entspricht offenbar einer gesetzten Ordnung, der sich auch der Lehrer selbst unterwerfen muss.»

Hier wird wieder die Teilfunktionabilität des einzelnen in der bürgerlichen Gesellschaft sichtbar:

«In erster Linie ist es eine geforderte Einfügung mit dem Ziel der Anpassung, und das Erlebnis der Abschreckung dürfte hier wirksamer sein als das der Sühne. In der modernen Gesellschaft wird vom einzelnen vieles erwartet und gefordert, das nicht auf einer letzten persönlichen Entscheidung aufruht und das trotzdem nicht gering geschätzt werden darf, da es für das Zusammenleben der Menschen unentbehrlich ist.»

Wenden wir uns nun der «Zucht» zu. Die Begründung klingt sehr vertraut:

«Erfolgreicher Unterricht ist ohne eine gewisse Arbeitsordnung nicht möglich. Die Vergehen gegen die Arbeitsordnung können so geringfügig sein, dass es sich kaum zu lohnen scheint, von ihnen zu reden, aber sie stören

117

oder verhindern eine erfolgreiche Schularbeit auf empfindliche Art. Geändert hat sich offenbar herzlich wenig. Die Bitterkeit, mit der ältere Leute von der Schule erzählen, ist oft durch jene masslosen Züchtigungen erzeugt worden, die für simple Ordnungsverstösse verhängt worden sind. Wenn auch die alten Massnahmen heute zum Teil völlig unverständlich erscheinen, so erweisen sie aber doch, wie sehr die Sicherung der Arbeitsordnung zu einem erstrangigen Anliegen im Klassenunterricht zu zählen hat. Sind auch unsere heutigen Vorstellungen von Unterrichtszucht und Arbeitszucht andere geworden, so sind der Störungsmöglichkeiten doch immer noch übergenug.»

Nun gibt es aber auch schwerwiegendere Störungen:

«Die Schulklasse als Gemeinschaft macht gewisse Ordnung notwendig, die wohl auf das Sittliche hinweist, aber insofern daruntersteht, als sie das Sittliche mehr vorbereitet als selbst ist . . . Ordnungsstrafen sind von verschiedenen Zwecken begleitet, zum Beispiel vom Zweck der Abschrekkung, der Isolierung des Störenfrieds, seiner Witzigung.»

Eine besonders einleuchtende Massnahme wird empfohlen:

«In einer Klasse, die mit ihrem Lehrer herzlich gut verbunden ist, wirkt als bitterste Sozialstrafe die konsequente Ignorierung durch den Lehrer. Er spricht nicht mehr mit dem Bestraften, ruft ihn im Unterricht nicht auf, und er lässt dabei spüren, wie es ihm weh tut, dass er das Kind übersehen muss. Diese Massnahme kann freilich nicht mechanisch angewendet werden. Sie setzt pädagogischen Takt voraus, ist nur möglich, wenn wirklich eine gegenseitige Zuneigung vorhanden ist und in jedem Fall nur auf begrenzte Zeit anzuwenden.»

Aber es gibt auch schwerwiegendere Probleme:

«Die ernsteste Schwierigkeit einer schulischen Strafpädagogik beginnt dort, wo Verfehlungen über ein soziales Versagen hinaus offenkundig gegen sittliche Normen verstossen. Was tun, wenn der Lehrer gröblich angelogen worden ist, wenn ein Mitschüler auf dem Schulweg blutig geschlagen wurde, wenn eine Geldbörse mit Inhalt in der Schule aus abgelegten Kleidern gestohlen wurde? Der Lehrer kann sich hier nicht passiv verhalten. Die Erziehungsverantwortung gegenüber Kind und Klasse, die sittliche

Ordnung und die Sicherung der eigenen Autorität fordern ein Einschreiten. Wie kann dieses Einschreiten aussehen?

In unserem Zusammenhang müssen wir davon absehen, das darzustellen, was zunächst zur Klärung und zur Heilung eines Konfliktfalles gehört: die genaue Erkundung des Sachverhalts, die gerechte Würdigung entschuldigender Umstände, die Möglichkeiten, das Unrecht einsichtig zu machen, das Erziehungsgespräch usw. Es mag im einzelnen Fall genügen, auf jede Strafe zu verzichten. Aber nicht selten verbleibt die Notwendigkeit einer Strafe. Vielleicht bedarf gerade ein Jugendlicher eines Anstosses elementarer Art, damit ihm sein Unrecht zu Bewusstsein kommt, vielleicht ist sogar das Gefühl wach, das geschehene Unrecht müsse durch eine reinigende Handlung, durch eine Sühne getilgt werden. Unter Umständen muss auch der Klasse gegenüber eindeutig dokumentiert werden, dass das Geschehene einfach untragbar ist.»

Und nun bricht endgültig die neue Zeit durch:

«Noch vor wenigen Jahrzehnten hatte die Volksschule für solche Vergehen vor allem zwei Strafen zur Hand: den Karzer als Dunkelarrest und die körperliche Züchtigung. Ganz abgesehen von grundsätzlichen Einwänden gegen diese Strafarten, muss ganz klar gesagt werden: Was im Strafvollzug des Staates nicht mehr möglich ist, kann die Schule nicht aufrechterhalten. Die Schule muss nach neuen Wegen suchen, auch wenn diese nicht mehr die starre Einfachheit aufweisen wie die alte Strafpraxis.»

Es folgen anregende Beispiele:

«Zunächst dürfte es notwendig sein, in jedem einzelnen Straffall das aufzusuchen, was im inneren Zusammenhang mit dem Vergehen als einsichtig erscheint, also z. B.: Wer gestohlen hat, muss durch eigene Dienste soviel erwerben, dass er den Schaden wieder gutmachen kann. Wer ein Tier gequält hat, muss 14 Tage lang eine pflegerische Arbeit übernehmen. Wer Blumenschmuck im Zimmer demoliert hat, übernimmt die Blumenpflege. Wer einen Kameraden geschlagen hat, soll ihm sechs Schultage hindurch täglich eine tätige Gefälligkeit erweisen. Es ist klar, dass hier kein Katalog an Möglichkeiten festgelegt werden kann, sondern jede Situation eine andere Antwort verlangt.

Aber täuschen wir uns nicht. Nicht immer ist ein solcher Zusammenhang,

119

ist eine sinnvolle Strafmöglichkeit gegeben. Unter unseren heutigen Verhältnissen ist der Lebensraum der Schule für grössere Belastungen und wirklich treffende Strafmassnahmen zu schmal und eng. So bleibt nichts anderes übrig, als die Ersterzieher miteinzubeziehen, die Eltern. Zunächst mag die Drohung einer Mitteilung an die Eltern an sich schon schockierend wirken, vielfach bedeutet eine solche Mitteilung selbst schon Strafe.»

Nun das eigentliche Gebiet des «Unterrichts». Auch hier werden die Massstäbe gleich zu Beginn gesetzt.

«Jede Arbeit zielt auf einen gewissen Ertrag. Unsere industrielle, arbeitsteilige Wirtschaft macht es unmöglich, dass Fehlleistungen als selbstverständliches und jederzeit entschuldbares Übel hingenommen werden. Wo zweckmässig und sicher gearbeitet werden soll, verlangt ungenügende Arbeit nachdrückliche Verbesserung. Die Nachdrücklichkeit der Verbesserung, die eventuelle Unbequemheit der Ausführung, kann so geartet sein, dass sie als Warnung für die Zukunft wirkt und von dem ausführenden Menschen als strafähnlicher Vorgang verstanden wird. Der Schulunterricht steht unter ganz ähnlichen Bedingungen, auch er kann sich nicht in spielerischem Tun verlieren.»

In der Schulpraxis:

«Die Erfahrung zeigt, dass es nicht nur berechtigt, sondern sogar notwendig ist, schulischem Versagen auch durch Massnahmen zu begegnen, die zwar objektiv betrachtet nur der Sicherung der Leistung dienen, aber vom Kind subjektiv unter Umständen als bedrückend und darum als Strafe empfunden werden. In diesem Sinn wirken etwa die Wiederholung nachlässig gefertigter Haus- und Klassenarbeiten oder häusliche Übungsarbeiten, die zwar vom Lehrer auf ihren wirklichen Übungswert geplant, aber doch von dem Kinde als Sondermassnahme bedrückender Art in Rückbezug auf schlechte Leistungen empfunden werden.»

Und die Wirkung solcher «Bedrückung»?

«Fragen wir hier nach der personalen Wirkung dieser strafenden oder strafähnlichen Massnahmen, so ist wiederum zu sagen, dass sich dabei das Kind wohl selten in seinem Persönlichkeitskern getroffen fühlt. Nur ungerechte Belastung würde es treffen, aber die gehört ja in keiner Weise zum Wesen einer pädagogisch gerechtfertigten Strafhandlung. Die getroffenen

120

Massnahmen werden vielmehr auch hier wie eine natürliche Strafe empfunden . . .»

Die Art solcher Argumentation klingt seltsam vertraut. Auf diese Weise
wird von unzähligen Lehrern, Schulbehördemitgliedern und Eltern über
Erziehung gesprochen. Der Aufsatz stellt keinen Einzelfall dar.

Nein, geändert hat sich weiss Gott wenig seit dem 18. Jahrhundert. Wenn
man mit Lehrern und Eltern über den pädagogischen Wert der Strafe diskutiert, erhält man oft den Eindruck, dass viele einer «Nostalgie» ganz eigener
Art erliegen: «Früher, da konnte, da durfte man noch strafen, aber heute . . .» Das schlägt sich auch in der hier angeführten Arbeit nieder.

«Noch vor wenigen Jahrzehnten hatte die Volksschule für solche Vergehen
vor allem zwei Strafen zur Hand . . .» «Noch vor wenigen Jahrzehnten
wurde gerade auf dieser Ebene der Anforderung mit eiserner Strenge verfahren.»

Oder, im Hinblick auf die Kollektivstrafe:

«Aber ist dies (die Ablehnung dieser Strafart nämlich) wirklich der Weisheit
letzter Schluss? Wir können uns hierbei nicht auf theologische Fakten wie
etwa die Erbsündenlehre beziehen, welche eine kollektive Urschuld des
Menschengeschlechts postuliert, es handelt sich hierbei um eine andere
Dimension und um ein Geheimnis.»

Ebenso zur religiösen Erziehung:

«Dass religiöse Schulerziehung mit Strafe zu tun hat, ist für unser heutiges
Denken zunächst ganz unverständlich. Vergessen wir aber nicht, unser
Volk hat Zeiten erlebt, wo auch die kirchliche Ordnung durch die staatliche
Ordnung sanktioniert war, und wo Versäumnisse im religiös-kirchlichen Le-
ben nicht anders behandelt wurden als öffentliche Vergehen. Noch die äl-
tere Generation weiss, dass etwa das Versäumnis der Schulmesse am
Werktag unter die straffälligen Vergehen zählte. Auch die «ordentliche»
Teilnahme am Schulgebet wurde genau so durch Strafen abgesichert wie
etwa das korrekte Verhalten der Kinder in den Schulgängen oder auf dem
Schulweg. Da heute nicht nur die Diskrepanz zwischen öffentlichem und
kirchlichem Leben nicht mehr zu leugnen ist, sondern auch das Religiöse
wesentlich dem ganz persönlichen Bereich des Menschen zugerechnet

121

wird, ist religiöse Erziehung in der Volksschule mit einer Strafpädagogik in keinen Zusammenhang mehr zu bringen.»

So erscheint die «alte Bürgerschule» in ihren Prinzipien noch heute gesichert, sowohl was ihre Institutionen als auch was ihre Pädagogik betrifft.

«Unterschichtkinder»

An dieser Stelle ist nun noch etwas Wichtiges nachzutragen. Es muss nachgewiesen werden, dass es tatsächlich vorwiegend die Kinder aus den unteren Gesellschaftsschichten sind, die in der bürgerlichen Schule versagen. Nehmen wir das beschriebene «Erscheinungsbild des dummen Schülers» zu Hilfe. Drei Fragen sind es, die beantwortet werden müssen.

1. Stimmt es, dass sozio-kulturelle Hemmnisse die geistige Entwicklung eines Kindes belasten?

2. Sind die beschriebenen seelischen Probleme wirklich vor allem in der Unterschicht anzutreffen?

3. Sitzen in den Hilfsschulen tatsächlich vorwiegend Kinder aus der Unterschicht?

Sozio-kulturelle Probleme

Zur Antwort auf die erste Frage möchte ich auf die britische Kinder-Entwicklungs-Studie verweisen.[40] Diese wurde ganz bewusst breit angelegt: «In der ersten Märzwoche des Jahres 1958 (. . .) wurden auf der britischen Insel alle 17 000 Neugeborenen registriert, ihre Familien- und Gesundheitsdaten wurden auf Lochkarten genommen. Diese Erhebung diente damals dazu, Erkenntnisse über die Säuglingssterblichkeit zu gewinnen . . . (. . .) Die damals gesammelten Daten wurden später die Grundlage für die grösste Verlaufsuntersuchung in der Geschichte der Sozialwissenschaft: der National Child Development Study – einer Studie über die Entwicklung der britischen Kinder.» In der Folge wurden die damals registrierten Kinder noch einige Male neu begutachtet und die betreffenden Daten ebenfalls gespeichert: «Mit 7 Jahren, nach der Infant school, der Vorschule;

Anm. 40:
Folgende Zitate nach: NZ-Panorama, 16. Juni 1973

mit 11 Jahren nach Abschluss der Primary school, der Grundschule, und schliesslich mit 15 Jahren, am Ende der Schulpflichtzeit . . .»

So lassen sich (unter anderem) Rückschlüsse auf die körperliche und geistige Entwicklung der Kinder ziehen. Hier zeigt sich nun, dass Kinder aus den «untern» Schichten (Kinder von Hilfsarbeitern, angelernten Arbeitern) eindeutige Rückstände aufweisen. Dies beginnt schon bei der körperlichen Entwicklung: «Vergleicht man die Entwicklung von Kindern aus Hilfsarbeiterfamilien mit der von Kindern aus Akademikerfamilien (. . .), so finden sich schon bei der blossen körperlichen Entwicklung Unterschiede. Hilfsarbeiterkinder sind im Durchschnitt über 3 cm kleiner. Sie haben psychische Anpassungsschwierigkeiten in der Schule. Bei ihnen ist die Wahrscheinlichkeit grösser, dass sie schielen, dass sie einen Sprachfehler haben, dass die Koordination der Körperbewegungen nachhinkt oder dass sie Bettnässer sind. Dagegen ist die Wahrscheinlichkeit geringer, dass sie geimpft worden sind oder jemals in einer Klinik oder einem staatlichen Gesundheitszentrum untersucht worden sind. Nun leben aber Hilfsarbeiterkinder häufiger in überfüllten Wohnungen oder müssen häufiger auf den normalen sanitären Standard verzichten.»

Ebenso schlimm sieht es bei der geistigen Entwicklung aus: «Ein Hilfsarbeiterkind ist im Alter von 7 Jahren hinter einem Akademikerkind in der Regel schon um 2 Jahre zurückgeblieben, und zwar in der Fähigkeit zu lesen, die für ein Kind einen wichtigen Zugang zur Bildung, zum Schulerfolg darstellt. Das ist aber noch keineswegs das Äusserste an Ungleichheit. Der Rückstand wächst auf über 4 Jahre, wenn in der Hilfsarbeiterfamilie die sozialen Lebensumstände besonders ungünstig sind: Wenn etwa die Wohnung sehr eng ist, die Familie kinderreich, das betreffende Kind selbst gar als fünftes oder noch späteres geboren wurde, wenn es kein Bad gibt usw. – und wenn andererseits das Akademikerkind unter besonders förderlichen Umständen aufwächst: In einem eigenen Zimmer, mit viel Spielzeug, wenn es die Aufmerksamkeit der Eltern nur mit einem weitern Kind teilen muss, wenn es viele Anregungen bekommt.»

Es gibt noch andere Faktoren, die sich hemmend auswirken. «Die Studie hat grosse Sorgfalt darauf verwandt, jeweils den Einfluss bestimmter ungünstiger oder günstiger Faktoren auf die verschiedenen Entwicklungsmomente zu isolieren. So weist sie etwa nach, dass, unabhängig von der sozialen Herkunft, eine überfüllte Wohnung im allgemeinen einen Leserückstand von 9 Monaten bedeutet. Gleiches gilt für den sanitären Standard. Ein weiterer

124

ungünstiger Faktor kann aber auch sein, dass etwa die Mutter während der Schwangerschaft viel geraucht hat. (Das heisst hier: mehr als 10 Zigaretten am Tag.) Dies verursacht dann nicht nur eine erheblich höhere Sterblichkeitsquote, sondern auch einen Rückstand im Körperwachstum und in der Lesefähigkeit.»

So weisen die Verfasser der Studie nach . . ., «dass der Rückstand, der bei Hilfsarbeiterkindern zu beobachten ist, statistisch nur zur Hälfte auf die Klassenzugehörigkeit des Vaters zurückzuführen sei und dass die zweite Hälfte des Rückstands auf einzelne zusätzliche ungünstige Faktoren zurückgehe.» Aber: Diese zusätzlichen ungünstigen Umstände summieren sich wiederum in der «Unterschicht». Der Berichterstatter weist darauf hin, «. . . dass schlechte Wohnbedingungen, zu grosse Kinderzahl, Krankheiten wiederum nur Ausdruck der eigentlichen Klassensituation sind.» «Fazit: Die Statistik zeigt die Tendenz, dass, wer arm und unterprivilegiert geboren ist, in aller Regel unterprivilegiert bleibt, eine schlechtere Schulbildung und damit geringere Berufschancen hat, öfter krank sei und wahrscheinlich eher sterben wird. Ausnahmen können auch hier die Regel nur bestätigen.»

Psychische Problematik

Hier ist die Sache etwas komplizierter. Seelische Probleme sind zunächst nicht auf eine bestimmte Bevölkerungsschicht beschränkt. So finden wir denn auch die beschriebenen Erscheinungsformen zumindest ansatzweise bei Kindern, die nicht der Unterschicht angehören. Es sei hier nur das Beispiel des «wohlstandsverblödeten» Kindes angeführt, dass nur schon deshalb keine Geborgenheits- und Sicherheitsgefühle entwickeln konnte, weil die Mutter stets irgendwelchen «gesellschaftlichen» Pflichten nachkommen musste.

Nun gibt es gleichwohl Gründe für die Annahme, dass die beschriebene negative Entwicklung in der Unterschicht häufiger anzutreffen ist. So fasst Mollenhauer in seinem Gutachten für den Symposionband «Begabung und Lernen» («Sozialisation und Schulerfolg»)[41] die Ergebnisse verschiedener

---

Anm. 41:
Mollenhauer: Sozialisation und Schulerfolg in: Roth (Hg): Begabung und Lernen, Stuttgart 1969², S. 280

Untersuchungen über schichtspezifische Unterschiede in der Erziehung wie folgt zusammen:

«Es ergibt sich . . . für die familiäre Erziehungspraxis der Unterschicht ein Syndrom von Einstellungen und Verhaltensweisen, das durch ein hohes Mass an Konformitätstendenzen, Kontrollierungen und Disziplinierungen gekennzeichnet werden kann, wohingegen Selbständigkeit und Selbstkontrolle, Unabhängigkeit vom Urteil anderer, Wissbegierde und Kreativität nur eine verschwindend geringe Rolle spielen.»

Diesen Erziehungsstil kann man auch indirekt aus den Berichten meiner Schüler herauslesen.[42]

Anm. 42:
Wer in einem Quartier mit vorwiegender Unterschicht-Bevölkerung lebt, kann täglich entsprechende Beobachtungen machen. Hier als Beispiel ein Bericht von H. Wyler:
Heisser Sommertag. Die junge, zu ihrem Bübchen sprechende Mutter ist nicht zu sehen. Ihre Stimme wirkt bestimmt, ab und zu aber weinerlich und hilflos, wobei sie dann verschiedene Wörter jammernd in die Länge zieht. Von ihrem Kind ist kaum etwas zu vernehmen – es achtet sich der Geräuschkulisse seiner Mutter nicht, es scheint die Phrasen allzugut zu kennen, es antwortet nicht. So wird das von mir während einer Stunde aufgezeichnete «Gespräch» der Mutter zum Monolog:
– Lass es sein!
– Schlag ihn nicht! Hast du gehört?, schlag ihn nicht! Ich sage dir zum letztenmal: Schlag ihn nicht, sonst schlage ich dich auch!
– B., du bist ein Dreckkerl!
– Komm her, ich will dir die Hosen anziehen!
– B., komm heraus! Oh, es wird alles nass!
– Geh in den Sand und spiele!
– Schau mal, das will ich jetzt nicht mehr, du bist ganz nass!
– Nein, du gehst nicht mehr ins Wasser. Spiele mit dem Sand!
– So, seid lieb miteinander!
– Nein, nicht auf den Boden!
– Lass ihr doch den Eimer, der gehört D.! Trag ihn doch nicht fort! Bring ihn wieder daher! Man trägt die Sachen nicht immer fort, weisst du!
– B., schlage nicht! (Kindergeschrei)
– B.! B.!! Lass die Sachen dort! Was fällt dir denn ein! Komm, zeig mal die Schaufel!
– Komm jetzt daher! Nein, das gehört nicht dir!
– B., lass das sein!
– B., spritz die andern nicht!
– Du B., nein du!
– Du B., dort ist ein Badetuch, mach es nicht nass!
– B., höre zu schreien auf, sonst gehen wir in die Wohnung!
– Du B., jetzt musst du aber aufhören!
– Du, aber nicht alles Wasser in den Sand!
– Ja, schau mal deine Hosen!
– B.!
– B., wo sind deine schönen Kuchenförmchen?
– Nein B., nachher bist du ganz nass!
– Lass sie sein! B.! B.! B.!! Hmm! Lass es ihr doch sein!

Weitere wichtige Hinweise gibt beispielsweise die sozialistische pädagogische und psychologische Literatur der ersten Jahrhunderthälfte. Darin reden die Fachleute ihren Genossen ins Gewissen und versuchen, ihnen den Zusammenhang klar zu machen zwischen der gesellschaftlichen Stellung und dem Erziehungsstil, der eine freie Entfaltung der kindlichen Persönlichkeit wesentlich behindern kann: *Herrschaft*

«Der Meister beherrscht den Arbeiter; schon der Vorarbeiter fühlt sich über den gewöhnlichen Arbeitssklaven erhaben. Der Beamte beherrscht den zivilen Menschen, der Unteroffizier den Soldaten, der Mann die Frau, der Erwachsene das Kind. Der Arbeiterführer sonnt sich im Glanze der Herrschaft über die Parteimitglieder. Der Redner erlebt Hochgefühle in der geistigen Beherrschung der Versammlung, der Literat übt Herrschaft aus durch die Macht seiner Gedanken und Ideen. Der Gescheite beherrscht den Dummen, der Kundige den Unkundigen. Überall wuchern Autorität, feiern autoritäre Gelüste ihre Triumphe. Selbst der Letzte und Erfolgloseste im Lebenskampf findet schliesslich noch seinen Platz, um sein Geltungsgefühl zu befriedigen: Als strenger Vater in der Familie, als gewiegter Spieler am Skattisch, als prämiierter Züchter im Kanarienverein, als antiautoritärer Ausnahmemensch im Club der Edelanarchisten.

Die neuere Seelenkunde hat uns wertvolle Einblicke in das innere Leben des Menschen vermittelt. Sie zeigt, wie das gereizte Streben nach Geltung und Überlegenheit die Menschen seelisch distanziert und isoliert. Die Beziehungsfähigkeit geht verloren.

Einer ist des andern Konkurrent, Rivale, Widersacher, Teufel. Wahre Freundschaft und Kameradschaft werden immer mehr zur Phrase. Es gibt keine Solidarität mehr. Je heftiger der gegenseitige Kampf, je erbitterter das Ringen um Überlegenheit, desto häufiger die Enttäuschung, desto verheerender die Wirkung des Misserfolgs auf die menschliche Seele.

Das Bild der Zwietracht und Feindseligkeit, der Zerfleischung und Uneinigkeit, das heute die Arbeiterbewegung darbietet, ist das Ergebnis dieses immer verzweifelter geführten Ringkampfes um die persönliche Geltung.

In einer Unmenge privater Konflikte und Kämpfe wird ein Riesenmass seelischer Energie vergeudet (. . .), Mann und Frau, Eltern und Kinder, Nachbarn und Arbeitskollegen, Organisationsgenossen und Freunde stehen sich alle Augenblicke als erbitterte Feinde gegenüber. (. . .) Die autoritäre

Einstellung des Menschen ist keine Sache der Bildung oder des Wissens, sondern des Charakters. An den Charakter aber kommen wir nur heran durch ein methodisches Verfahren, das wir Erziehung nennen, und die Erziehung braucht als wichtigste Hilfswissenschaft die Psychologie.

Ist der Abbau der Autorität dringendste revolutionäre Aufgabe, so ist die anti- (oder besser: un-)autoritäre Erziehung heute das bedeutsamste Mittel zur Lösung dieser Aufgabe.»[43]

Die Schüler der Sonderschule

Die Frage, aus welcher Schicht die Kinder vorwiegend kommen, die in der Sonderschule sitzen, kann sicher jedermann leicht beantworten. Er braucht dazu nur mit dem nächstbesten Sonderklassenlehrer darüber zu sprechen. Aber auch dieses Problem ist in grösserem Rahmen untersucht worden. Ich stütze mich hier auf eine Publikation von G. Klein: «Die soziale Benachteiligung der Lernbehinderten im Vergleich zu den Hauptschülern.»[44] Für diese Untersuchung wurden in verschiedenen Städten der BRD insgesamt 3177 Sonderklässler des 5. bis 9. Schuljahres mit 2722 Hauptschülern derselben Stufe verglichen. (Die Realschüler und die Gymnasiasten wurden absichtlich nicht mit einbezogen.)

Klein fasst die Ergebnisse seiner Untersuchung folgendermassen zusammen:

«Die rangniedrigeren Berufsgruppen sind unter den Vätern der Sonderschüler wesentlich häufiger vertreten als unter den Vätern der Hauptschüler. Fasst man unter dem globalen Begriff Unterschicht alle Arbeiter (gelernte und ungelernte) sowie Rentner, unvollständige Familien und sonstige zusammen, so besagen die Ergebnisse, dass 88,3% der Lernbehinderten aus der Unterschicht kommen, während bei den Hauptschülern diese Gruppe nur 66,7% umfasst. Deutlicher werden die Unterschiede,

---

Anm. 43:
Rühle: Der autoritäre Mensch und die Revolution, 1925, in: Rühle: Zur Psychologie des proletarischen Kindes, Frankfurt 1970[2], S. 140 ff.
Anm. 44:
G. Klein, in: Heese/Reinartz (Hg): Aktuelle Probleme der Lernbehindertenpädagogik, Berlin 1973

wenn man die Facharbeiter nicht zur Unterschicht zählt (was mir in diesem Fall als sinnvoller erscheint). Auf die dann als untere Unterschicht zu bezeichnende Gruppe entfallen bei den Lernbehinderten 64,3% gegenüber 35,4% bei den Hauptschülern.»

Mit der Beantwortung dieser drei Fragen ist der Nachweis erbracht: Die Kinder, die heute in den Hilfsschulen sitzen, sind dieselben, die vor Einführung der «allgemeinen Volksschule» die Schulen für die untern Schichten (Armen-, Landschulen usw.) besuchten. In der Volksschule nun fallen diese Kinder durch die Maschen eines Systems, das gar nicht für sie eingerichtet ist.

Zum Problem der «Normalität»

Im vorliegenden Kapitel (und auch in denjenigen über das Erscheinungsbild des «dummen» Schülers) wird viel von Ausfällen, Rückständen, Nachteilen usw. gesprochen. Nun stellt sich aber die Frage: Rückstände gegenüber was? Was ist das für ein Begriff von «Normalität», an welchem man sich orientiert?

Die Antwort ist eigentlich bereits gegeben: Es handelt sich um die Normen der bürgerlichen Schule, im weiteren der verbürgerlichten Gesellschaft überhaupt. Nur fragt sich, ob diese denn Allgemeingültigkeit besitzen. Wo steht denn eigentlich geschrieben, wie ein Kind sich entwickeln soll, wann es wie «reif» sein soll (– ein Begriff, der zwar für Pflaumen prächtig passt, aber doch wohl weniger für Menschen –)? Und wer bestimmt das?

Es ist deshalb äusserst problematisch, hier von Ausfällen, Rückständen usw. zu sprechen. Die «Exklusivität des Normalen» (Gamm) wird absolut gesetzt. Ganz abgesehen davon, dass die Inhalte dieser «Normalität» grössten Schwankungen unterliegen.

Und doch rechtfertigt es sich, bei aller Problematik, von «Ausfällen» zu sprechen. Denn diese Normen werden von der bürgerlichen Schule recht absolut gesetzt. Gemessen an diesen Absoluta handelt es sich tatsächlich um Ausfälle. Das ist wichtig für die Beantwortung der Frage: Warum versagen diese Kinder im System der Schule?

Die Maschen des Systems

Es sind immer wieder ungefähr dieselben Systemmaschen, durch die solche Unterschicht-Kinder fallen und schliesslich kaum mehr aufgefangen werden können. Einige der häufigsten sollen hier beschrieben werden.

Nicht gefördert?

Viele dieser Kinder erscheinen weniger und dazu meist anders gefördert. Da ist beispielsweise ein Bauernbub, der ausserordentlich geschickt ist im Umgang mit Tieren. Er hat sie genau beobachtet und weiss über ihre Lebensgewohnheiten bestens Bescheid. Daneben aber weist er einen grossen Rückstand in seiner sprachlichen Entwicklung auf. Ist er nicht «gefördert» worden durch seine Umgebung? Doch, ausserordentlich gut sogar, nur eben in ganz anderer Hinsicht. Was nützt ihm jetzt sein aussergewöhnliches Wissen in der Schule? Im besten Falle bereichert er damit einmal eine Schulstunde. Sonst aber ist er «sprachlich schwach».

Viele haben zusätzliche psychische Schwierigkeiten. Darüber ist bereits gesprochen worden. Ich habe auch zu zeigen versucht, wie diese Schwierigkeiten in der Schule noch vergrössert werden.

Dann gibt es Kinder, die die bürgerlichen Verhaltensnormen nicht genügend und nur teilweise internalisiert haben. So ist beispielsweise einigen Kindern beim besten Willen nicht klar, weshalb Fluchen unfein ist. Der Vater, die Mutter tun es doch auch, und niemand in ihrer Umgebung stört sich daran. Nur in der Schule werden sie deswegen ständig gerügt. Die Beispiele liessen sich vermehren.

Nicht schulreif?

Unter «Schulreife» versteht man «den Grad körperlicher, geistiger und sozialer Reife des Kindes, der Voraussetzung für eine erfolgreiche Teilnahme am Anfangsunterricht ist».[45] Am Anfangsunterricht notabene der bürgerlichen Schule. Wie dies im Einzelfall aussehen kann, zeigt folgender Ausschnitt aus einem diesbezüglichen Testbericht: «Sicher wurde der Bub nicht besonders gefördert und kennt zum Beispiel deshalb keine Blumennamen.» Etwas später heisst es, «er kennt nur den ersten Buchstaben seines Vornamens». Später erweist sich, dass der Bub Blumen sehr wohl kennt: Müllerblümchen, Margerite usw. Aber dass das nun eben Blumennamen sind, das weiss er nicht. «Oberbegriff finden» ist eine Leistung, die einem Unterschichtkind ausserordentlich schwer fällt. (Man kann sich die Situation gut vorstellen. Der Tester fragt: «Welche Blumennamen kennst du?» Der Bub überlegt: «Ich kenne doch keine Blume, die Vreneli Meier heisst» – und schweigt.)

Genau so steht es mit dem einzelnen Buchstaben, den der Bub kennt. Naiv wie man ist, würde man glauben, dazu komme er ja gerade zur Schule: um die Buchstaben und deren Gebrauch zu erlernen. Nun kennen aber einigermassen geförderte – im Hinblick auf die Schule nach den Normen des Bürgertums geförderte – Kinder bereits einige Buchstaben. Der Bub, von dem hier die Rede ist, hat eine solche Förderung nicht erhalten. Das schlägt sich im Testbericht nieder.

Rückstell...

Was geschieht nun mit einem solchen Kind? Man «nimmt es nicht in die Schule auf», «stellt es zurück». Das heisst, es wird nochmals in dieselbe Umgebung zurückgeschickt, von der gerade festgestellt worden ist, dass sie nicht imstande gewesen sei, es in der vorausgesetzten Weise zu fördern. «Komm in einem Jahr wieder, dann wollen wir weitersehen!» Das klingt etwa ähnlich verheissungsvoll wie: «Jetzt darfst du nicht mehr baden gehen, bis du schwimmen kannst.»

Die Sinnlosigkeit dieses «Trockenschwimmkurses» ist auch wissenschaftlich nachgewiesen worden. So hat Ingenkamp festgestellt, dass in fast allen seinen Eignungsuntersuchungen die um ein Jahr vom Schulbesuch zurückgestellten Kinder auch nach Ablauf dieses Jahres deutlich schlechter abschnitten als die jüngeren Kinder.[46] Auch für die spätere Schullaufbahn be-

---

Anm. 45:
Winter, in: Groothoff/Stallmann, a. a. O. Sp. 870
Anm. 46:
Ingenkamp: Untersuchungen zum Einschulungstermin in: Praxis der Kinderpsychologie und Kinderpsychiatrie, Heft 7/1962

deutet die Zurückstellung keinen Vorteil. So stellte derselbe Autor in seiner bereits erwähnten Untersuchung in den 6. Klassen von Berlin-Tempelhof fest: «Das Jahr der Zurückstellung hat nicht dazu geführt, dass die zurückgestellten Kinder in ihren Durchschnittsleistungen den normal eingeschulten Kindern gleichen.»[47]

«Jeder Unterricht ist Sprachunterricht»

Eng mit dem Problem der Förderung verknüpft ist ein weiteres Phänomen: Die Kinder werden, sind sie glücklich in der Schule, sehr früh dazu angehalten, hochdeutsch zu sprechen. («Kinder, jetzt sprechen wir aber in der Sonntagssprache!») Dies fällt den «sprachlich geförderten» Kindern natürlich bedeutend leichter als den Unterschicht-Kindern. Diese werden dadurch gleich in zweifacher Hinsicht benachteiligt:

Zum einen kommt hier das hinlänglich bekannte Phänomen der Sprachbarriere ins Spiel. Und zwar auf eine Weise, die dieses noch verschärft.

Wichtiger scheint mir der zweite Aspekt: Diesen Kindern wird dadurch das – ohnehin nur sehr spärlich vorhandene – Vertrauen in ihre Sprache vollends zerstört. Sie bekommen das Gefühl:

«Das, was ich zu bieten habe, ist nicht fein genug.» Auf diese Weise werden sie stumm gemacht, was sich denn auch bald in schlechten Sprache-mündlich-Noten ausdrückt.

«Jeder Unterricht ist Sprachunterricht.» So hat man uns in der Lehrerausbildung belehrt. Vom beschriebenen Problemkreis her bekommt dieser Satz eine erschreckende Dimension. Denn damit ist auch das Fortschreiten dieser Schüler in andern Schulfächern als dem der Sprache belastet.

Repetition

Arbeitet nun ein Schüler «schlecht», so drängt sich am Ende des Schuljahres eine Repetition auf. Diese nächste Systemmasche ist in einem speziellen Kapitel ausführlicher beleuchtet worden.

Intelligenztest

Häufig wird im Verlauf der schulischen «Entwicklung» dieser Kinder ein Intelligenztest eingesetzt. Spätestens ist dies bei der Einweisung in die Sonderklasse der Fall. Die Anwendung von Intelligenztests bei Unterschichtkindern aber ist ausserordentlich problematisch. Und zwar aus folgenden Gründen:

1. Ein solches Testergebnis ist wesentlich abhängig von der augenblicklichen Testsituation.

2. Ein solches Testergebnis ist ebenso wesentlich abhängig von der allgemeinen psychischen Situation des Schülers.

Zu diesen beiden Punkten habe ich bereits ein Beispiel gebracht. Ebenso wurde der nächste Punkt angetönt:

3. Ein solches Testverfahren bestätigt die bereits festgestellten sozio-kulturellen «Ausfälle», da es von Mittelschichtnormen her gedacht und entworfen ist. «Der IQ sagt in neutraler, wissenschaftlicher Routinesprache das, was als Bündel sozialer Fakten (sonst) nicht genannt wird . . .»[48] Dies ist ohne weiteres einsichtig für verbale Tests, es gilt aber (mit Einschränkungen) auch für nicht-verbale Prüfmethoden.

4. Daraus ergibt sich, dass der Intelligenztest meist das feststellt, was der Lehrer des Kindes auch festgestellt hat: Dass es den Ansprüchen der bürgerlichen Schule nicht genügt.

Probst beschreibt, in Anlehnung an Myschker, wie der Verband der Hilfsschulen Deutschlands zur Zeit seiner Gründung um Anerkennung zu kämpfen hatte. «Offensichtlich bestand . . . ein starkes Motiv nach Legitimation des jungen heilpädagogischen Tuns, wohl auch nach Abgrenzung der erkämpften Tätigkeitsdomäne und nach standespolitischer Konsolidierung. In dieser Situation des Suchens erscheint auf dem Markt die Intelligenzprobe von Binet/Simon in der deutschen Übersetzung von Obertag

---

Anm. 47:
Ingenkamp: Zur Problematik der Jahrgangsklasse, a.a.O. S. 124
Anm. 48:
Probst: Die scheinbare und wirkliche Funktion des Intelligenztests im Sonderschulüberweisungsverfahren, in: Kritik der Sonderpädagogik, Giessen 1973, S. 151

(Binet und Simon, 1905). Und die ersten Hilfsschulpädagogen, die die neue Methode an ihren Schülern ausprobieren, stellen zu ihrer grossen Erleichterung fest, dass sich die Intelligenzangaben gut mit dem Urteil der Hilfsschullehrer decken. Kein Wunder, denn auch Binet und Simon waren ja vom Lehrerurteil als Intelligenzkriterium ausgegangen und hatten den Test so konstruiert, dass er mit diesem möglichst gut übereinstimmt. In Wirklichkeit also freuten sich die Lehrer, dass ihr Urteil gut mit ihrem Urteil übereinstimmte.»[49]

Übrigens: Auf dem Binet/Simon-Test basiert eine stolze Reihe heute gebräuchlicher Testverfahren. Es handelt sich also bei der zitierten Reminiszenz keineswegs um ein amüsantes Geschichtlein aus den Gründerjahren . . .

Ein ebenso hinreissendes Beispiel wissenschaftlicher Objektivität bietet die Standardisierung des heute wohl gebräuchlichsten Tests, des HAWIK. Dieser Test wurde an insgesamt 1500 Kindern standardisiert. Dabei wurde sorgfältig darauf geachtet, dass Kinder jeden Alters und beiderlei Geschlechts zahlenmässig gleich stark vertreten waren. Weiter: «Die Versuchspersonen der Stichprobe wurden hauptsächlich aus folgenden Orten der Bundesrepublik ausgewählt: Berlin (West) - München - Nürnberg - Freiburg (Br.) - Frankfurt - Bonn - Bremerhaven - Hamburg - Herne - Celle - Lüneburg - Bamberg - Starnberg. Der Hauptanteil der kleinstädtischen und dörflichen Bevölkerung rekrutierte sich aus den Landgebieten Schleswig-Holsteins und Niedersachsens.»

Und nun kommt's: «Tabelle 2 zeigt den Vergleich der prozentualen Verteilung nach Schularten bei der Bevölkerung und bei der Stichprobe. Innerhalb der einzelnen Altersgruppen stimmen beide Verteilungen fast ganz überein.»

Anm. 49:
Probst: a.a.O. S. 130

TABELLE 2

*Prozentuale Verteilung der Bevölkerung in der Bundesrepublik
und der Stichprobe nach Schulart*

Alter 6–15 Jahre

Schulart	Bevölkerung	Stichprobe
Volksschule	83,00	83,00
Mittelschule............................	3,12	3,13
Oberschule	6,76	6,87
Hilfsschule.............................	1,39	1,40
Keine Schule	5,73	5,60
Gesamt	100,00	100,00

Unter «keine Schule» sind 6 jährige, noch nicht eingeschulte Kinder aufgeführt. Die Versuchspersonen dieser Gruppe wurden in Kindergärten, Ta-
gesheimen und Kinderhorten untersucht.

Diese Spezifizierung der Stichprobe nach 4 Variablen diente als Unterlage
für die Anweisungen an jeden Prüfungsleiter. So wurde der Prüfungsleiter
in Süddeutschland z.B. gebeten, ein 12 jähriges Mädchen aus der Volksschule im Landgebiet von Oberbayern zu prüfen. Innerhalb der Untertei-
lung der Stichprobe (Stratifizierung) erfolgte eine reine Zufallsauswahl. Die
Prüfungsleiter, die an der Standardisierung des Tests teilnahmen, waren alle
sorgfältig ausgebildet und wurden in ihrer Arbeit laufend beraten.[50]

Preisfrage: Was entstehen nun wohl für Resultate, wenn mit einem so stan-
dardisierten Test beispielsweise Hilfsschüler (oder Hilfsschulanwärter) ge-
testet werden?

Anm. 50:
Hawik-Handbuch, a.a.O. S 9 ff

135

Warum?

Damit wären einige der wichtigsten Maschen aufgezählt, durch die das Unterschichtkind in der bürgerlichen Schule fällt, bevor es schliesslich in die Hilfsschule eingewiesen wird. Es stellt sich nun die Frage: Warum ist das so? Warum versagt die bürgerliche Schule am Schulversager aus der Unterschicht? Es gibt dafür zwei Antworten: eine unfreundliche und eine freundliche.

Dumm für die Reichen?

Aus dem bisher Gesagten geht deutlich hervor, dass die bürgerliche Schule durch absolute Setzung ihrer Normen eine schichtspezifische Auslese betreibt. «Helmut Schelsky meinte, die staatliche Normalschule sei heute zur fast ausschliesslichen Verteilerin von Sozialchancen geworden. Diese Aussage ist aber nach den empirischen Erhebungen sehr problematisch. Die Schule erweist sich eher als Statusbestätigung, weil sie als Mittelklassenagentur funktioniert. Es sind gar keine realen Sozialchancen zu verteilen. Wer gesellschaftlich zur Unterschicht gehört, dessen Kinder bleiben auch hinsichtlich der Bildungsgänge in der für Unterschichten geschaffenen Volks- (bzw. Haupt-)schule.»[51]

Diese Funktion der Schule wird auch von kritischen «bürgerlichen» Pädagogen deutlich herausgestellt. «Bei einer Reform der Grundschule ist darauf zu achten, dass nicht nur kindgemässe Heimatkunde durch wissenschaftsorientierten Sachunterricht ersetzt wird, sondern auch Wege gefunden werden, wie man verhindert, dass die Grundschule weiterhin eine schichtspezifische Auslese bewirkt.»[52]

Anm. 51:
Gamm: Kritische Schule, S. 16
Anm. 52:
Klein, a.a.O. S. 20

136

Marxistische Pädagogen weisen nun darauf hin, dass diese Auslesefunktion durchaus im Interesse des Kapitals und somit keineswegs zufällig ist.

«Man soll in ihr fürs Leben im Kapitalismus lernen – also nichts für seine Abschaffung, sondern vor allem für seine Erhaltung.

Die Schule als Instrument in den Händen der herrschenden Klasse hat dementsprechend einen Dauerauftrag auszuführen:

– Sie soll einen Beitrag zur Reproduktion und Stabilisierung der kapitalistischen Produktionsverhältnisse leisten. Vor allem soll sie zur Aufrechterhaltung der Trennung von Theorie und Praxis,
von Kopf- und Handarbeit,
von Lernen und Arbeiten
beitragen und auch zur Aufrechterhaltung der daraus folgenden Hierarchie des Lohnsystems und der irrationalen Arbeitsorganisation.

– Sie soll zur Erhaltung der Klassenstruktur beitragen, durch die Vorbereitung der oben genannten Trennung von Kopf- und Handarbeitern und durch die Trennung der bürgerlichen von der proletarischen Jugend.

– Die Schule soll zur Qualifizierung der gesellschaftlich notwendigen Arbeitskraft beitragen. Das ist die Voraussetzung der
materiellen Reproduktion der ganzen Gesellschaft,
der Sicherung der Profite und damit
der Erhaltung der Konkurrenzfähigkeit der Wirtschaft auf dem Weltmarkt.

– Sie soll zur Vermittlung der herrschenden Ideologie beitragen, um die bewusstseinsmässige Bindung der Massen an die Interessen der Bourgeoisie zu gewährleisten. Das ist die Voraussetzung zu ihrer weitern Ausbedeutung und Unterdrückung, aber auch zur Herausbildung einer ,mittleren Führungsschicht.'»[53]

Anm. 53:
s. dazu: Beck: Lernen in der Klassenschule, Reinbek 1974

Hilflosigkeit?

Es gibt aber noch eine freundlichere Erklärung:

Die Schule versteht es prachtvoll, zu fordern; sie weiss aber nicht zu fördern. Zur Entschuldigung werden stets etwa angeführt: zu grosse Klassen, Stoffdruck, mangelhafte Ausbildung der Lehrer usw. Das heisst aber nichts anderes als: Unsere bürgerliche Schule ist nicht in der Lage, auf die besonderen sozio-kulturellen und psychischen Probleme der Unterschichtkinder institutionell und pädagogisch zu antworten – gerade weil sie eben die «alte Bürgerschule» ist. Sie hatte vorwiegend mit Kindern zu tun, die in einer bestimmten, relativ homogenen Weise gefördert und auch zur Beachtung bestimmter verhaltensmässiger und ethischer Normen erzogen worden waren. Die «neuen» Unterschichtkinder, die nun plötzlich die «allgemeine Volksschule» zu besuchen hatten, waren anders. Ihr Scheitern in der Schule ist Ausdruck einer Hilflosigkeit dieser Schule, die zurückgeht auf die Konfrontation mit einem Problem, zu dessen Lösung man keine Erfahrung und dementsprechend keine Lösungsmöglichkeiten bereit hat.

Welche der beiden Antworten trifft nun zu? «Beweise» gibt es für beide. Wir wollen die Beantwortung dieser Frage noch etwas hinausschieben.

Die «Hilfsmöglichkeiten» der bürgerlichen Schule

Was fängt man nun mit diesen Kindern an, die glücklich durch alle Maschen des Systems heruntergefallen sind? Hier greift die bürgerliche Schule meist auf zwei Modelle zurück, die sie ihrem eigenen Erfahrungskreis entnimmt. Wir wollen sie «Werkschule» und «Hilfsschule» nennen.

«Werkschule»

Im Grunde genommen handelt es sich bei der «Werkschule» um eine Neuauflage der alten «Armenschule». Man lese noch einmal die betreffende Stelle bei John Locke[54] nach. Die Argumentation entspricht der des in diesem Kapitel vorgestellten «Werkschulbüchleins». Der Hauptunterschied dürfte der sein, dass auf uns Heutige Lockes Sprache eher moderner wirkt als die des Büchleins von 1961, weil sie weniger schwülstig ist.

Für eine wirkliche Lösung des dargestellten Problems erweist sich das Modell als denkbar ungeeignet. Es tendiert auf blosse Eingliederung des Kindes in die Arbeitsgesellschaft, ohne einen Versuch zur Lösung seiner Schwierigkeiten zu unternehmen.

«Hilfsschule»

Auch die Anfänge der «Hilfsschule» sind bereits im 18. Jahrhundert und früher nachzuweisen. So beispielsweise in der pietistischen und der philanthropischen Pädagogik. Gegen Ende des 19. Jahrhunderts etablierte sich die Heilpädagogik, in deren Einflussbereich nun die Hilfsschule gestellt wird.

Anm. 54:
s. S. 106 f

«Historisch hat die Heilpädagogik vor allem zwei Voraussetzungen: die Kenntnis der Eigenart der abnormen Kinder und ihrer Bildungsfähigkeit und das Verantwortungsbewusstsein der Gesellschaft oder doch einzelner Kreise für diese Kinder. Vor allem seit der Zeit der Aufklärung wurden solche Kenntnisse gesammelt, und erwachte an ihnen das Verantwortungsgefühl; die Entwicklung ging dabei von der Erfassung der groben Ausfallsformen (und unter diesen von den einigermassen aussichtsreichen) in immer stärkerer Verfeinerung zu den am wenigsten auffälligen und dabei oft recht schwierigen hin. So wurde zuerst die aussichtsvolle Beschulung der Sinnesdefekte (Blinde, Taubstumme) und dann die der ausgesprochenen, auffälligen Idioten begonnen und wurden besondere Anstalten und Schulen für diese Arbeit gegründet. Bis über die Mitte des vorigen Jahrhunderts hinaus arbeiteten einzelne Ärzte, Pädagogen und Führer der kirchlichen Wohlfahrtspflege ohne rechte Verbindung nebeneinander; diese Zeit ist voll von interessanten Einzelbildern, wie dem Versuch des Pariser Arztes Itard, den idiotischen «Wilden von Aveyron» zu erziehen, dem «Abendberg» des Schweizers Guggenbühl oder dem Wiener Institut «Levana» von Deinhardt und Georgens, aus dem der Name Heilpädagogik stammt. Aber erst allmählich entwickelt sich in der zweiten Hälfte des Jahrhunderts aus diesen Versuchen eine über das ganze Land sich ausdehnende Schwachsinnigen-Versorgung und -Erziehung, aus der sich allmählich für die leichteren, der Anstalt nicht bedürftigen Fälle die Hilfsschulbewegung löst.»[55]

So wird im 1930 erschienenen «Handbuch der Pädagogik» die Entwicklung von seiten der Heilpädagogik selbst beschrieben. Der Verfasser beschreibt etwas weiter oben in schöner Offenheit, wie die Psychiatrie im 19. Jahrhundert . . .

«. . . von den groben Krankheits- und Defektformen zu den lange übersehenen Grenzfällen zwischen Krankheit und Gesundheit kam und dort ein grosses Zwischengebiet vorfand: die nicht Kranken, aber doch in ihrer seelischen Eigenart von der Norm abweichenden, die «abnormen» Personen. Vor allem gehören hieher die zwei Gruppen, die die Psychiatrie in der Regel als Schwachsinnige und Psychopathen auseinanderhält. Die Umrisse dieses Gebietes der abnormen Persönlichkeiten sind nach beiden Seiten hin unscharf. Sie verschieben sich mit den veränderlichen Einstellungen und den Fortschritten der Psychopathologie auf der einen, mit den sich wan-

Anm. 55:
in: Nohl-Pallat III, a.a.O. S. 500

delnden objektiven Lebensanforderungen und den sozial geltenden Anschauungen über die Normalität auf der andern Seite. Für die Heilerziehung
gilt als «untere» Grenze eine noch vorhandene «Grenzbildsamkeit»; was
andererseits pädagogisch als noch normal angesehen wird, hängt vom
Stand der Familie, der Schule und der andern Erziehungsmächte ab. So
trifft z. B. die Arbeitsschule eine andere Auslese unter ihren Schülern als
die Lernschule; eine gesunde Mittelstandsfamilie hat in der Regel eine stär-
kere erzieherische Kraft als vielleicht eine grossstädtische Proletarierfami-
lie.»[56]

Damit ist auch bereits das Dilemma angedeutet, in dem sich die «Hilfsschule» den hier beschriebenen Kindern gegenüber befindet. Man sehe sich beispielsweise die letzte Bemerkung an. Was «normal» und was «hilfsschulbe-
dürftig» ist, bestimmt die bürgerliche Schule mit ihren bürgerlichen Lei-
stungs- und Verhaltensnormen. Die auf diese Weise festgestellten psychischen und sozio-kulturellen Abweichungen werden einer Pädagogik überlassen, die ihrerseits ihre Normen, Bewertungskriterien und Arbeitsweisen
in der Arbeit mit – in bürgerlichem Sinne – «Abnormen» gewonnen hat.
Statt Förderung also Einstufung als «Halbkranker» zwecks «Heilung».

Die Wirksamkeit des Modells für die «groben Ausfallformen» ist unbestrit-
ten. Hingegen muss sie für die landläufig «Dummen» sehr in Frage gestellt
werden. Ein im weitesten Sinne gesellschaftliches und kulturelles Problem
wird so auf seinen – ihm zweifellos auch immanenten – heilpädagogischen
Aspekt reduziert und damit entschärft.[57]

Anm. 56:
a. a. O. S. 498
Anm. 57:
Ein Beispiel für diesen Entschärfungsvorgang: In einem in den Problemkreis «Heilpädagogik,
Sonderschulpädagogik» einführenden lexikalischen Artikel findet sich zunächst Hanselmanns
Definition, welche die soziale Problematik noch einschliesst: «Heilpädagogik ist die Lehre von
der Erziehung und Fürsorge aller jener Kinder, deren körperliche und seelische Entwicklung
dauernd durch individuale und soziale Faktoren gehemmt ist.» Dann fährt der Autor erklärend weiter: «Solche Faktoren sind: a) Mindersinnigkeit und Sinnesschwäche (blinde, seh-
schwache, taube, schwerhörige, taubblinde Kinder), b) Entwicklungshemmung des Zentralnervensystems (leicht-, mittel- und schwergeistesschwache Kinder), c) neuropathische und
psychopathische Konstitution, körperliche Krankheit, Verkrüppelung, Umweltsfehler.» Wo
sind nun aber plötzlich die sozialen Faktoren hingeraten? Stellen die wohl auch eine Entwicklungshemmung des Zentralnervensystems dar?

Mischform «Sonderschule»

Die heute landläufig übliche «Sonderschule für Schwachbegabte» stellt meist eine Mischform dar. In ihr sind Elemente des Modells «Werkschule» wie dem der «Hilfsschule» enthalten. Diese haben sich im Laufe der Zeit oft stark ineinander verfilzt. Ist das Problem aber erkannt, bietet die «Entfilzung» keine weiteren Schwierigkeiten.

Schon in der theoretischen Grundlegung entstehen oft wahre Argumentations-Ungetüme:

«Die Lösung der gegenwärtigen Aufgaben des Sonderschulwesens ist nicht nur im Hinblick auf die Ausschöpfung aller Arbeitsreserven notwendig, sondern vor allem auch deshalb, weil wir uns dieser menschlichen Pflicht nicht entziehen dürfen.» «Auch der Lehrerschaft und nicht zuletzt den Schulbehörden muss es einleuchten, dass die unzureichende schulische Versorgung Zehntausender sonderschulbedürftiger Kinder nicht nur diese Kinder selbst schädigt, sondern darüber hinaus die Gesamtheit des Volkes. Der Behinderte kann erst dann zu seiner vollen Lebensleistung kommen, wenn er gelernt hat, alle seine Kräfte zu gebrauchen und sie in den Dienst einer ihn befriedigenden und volkswirtschaftlich notwendigen Arbeit zu stellen.»

Aber auch bei der praktischen Durchführung wird in bunter Mischung auf beide Modelle zurückgegriffen. Einige Beispiele:

– So wird vielerorts bei der Einweisung der Schüler lediglich durch den Schularzt ein medizinisches (nicht etwa ein psychologisches) Gutachten erstellt. Ein Relikt der «Hilfsschule»: Grobe Ausfallformen sind auch für den Mediziner erkennbar.

– Die Sonderschüler haben erhöhte Stundenzahlen für Handarbeits-, Werkunterricht und dergleichen. Hier wird das Modell «Werkschule» wirksam.

– Im Sonderschulreglement des Kantons Zürich findet sich inmitten aller organisatorischen Bestimmungen urplötzlich ein therapeutischer Hinweis. «In der Sonderklasse B soll wenn möglich eine Turnstunde als Rhythmikstunde durchgeführt ... werden.»

142

Natürlich entsteht durch die Kombination zweier fragwürdiger Modelle nicht plötzlich ein überzeugendes drittes. Erzielte Erfolge – wirkliche Erfolge, nicht erfolgreiche Eingliederungen oder «Halbheilungen» – dürften deshalb eher auf den persönlichen Einsatz einzelner Lehrkräfte zurückzuführen sein.[58]

Anm. 58:
Es ist mir bewusst, dass dieser «Verriss» reichlich global ausfällt. Ein liebevolleres Eingehen auf das Detail würde indes den gesteckten Rahmen sprengen.
S. dazu: Kritik der Sonderpädagogik, Edition 2000, Giessen 1973

Was tun?

Es stellt sich die Frage, was angesichts der beschriebenen Situation zu tun sei. Ich möchte im folgenden eine Antwort darauf zu geben versuchen. Dabei meine ich nicht, dass diese die einzig mögliche oder realisierbare sei. Ebensowenig ist sie originell. Aber das dürfte kein Nachteil sein. «Wenn Sie zu einem Chirurgen kommen, und er will Ihnen in möglichst origineller Weise den Blinddarm herausnehmen, würde ich Ihnen dringend raten, zu einem andern Arzt zu gehen.» (Max von Baden)[59]

Die Lösung des Problems, so scheint mir, muss auf zwei Ebenen angestrebt werden: langfristig und kurzfristig. Diese beiden Ebenen dürfen nicht voneinander getrennt werden. Wird eine Lösung nur auf lange Frist hinaus angestrebt, läuft man Gefahr, sich in utopischen Proklamationen zu verlieren. Den Kindern ist damit nicht geholfen. Sie fallen unterdessen fröhlich weiter durch die Systemmaschen, um schliesslich zuverlässig und präzis «eingepasst» zu werden. Umgekehrt endet eine nur kurzfristige Lösung leichter in blasser, therapeutischer Werkelei und wird so unversehens zum «Systempflaster».

Langfristige Lösung: Schulpolitik

«Bei einer Reform der Grundschule ist darauf zu achten, dass . . . Wege gefunden werden, wie man verhindert, dass die Grundschule weiterhin eine schichtspezifische Auslese bewirkt.» (G. Klein)

Solche Wege sind bereits gewiesen. Gewiesen durch die schul- und bildungspolitischen Forderungen der Arbeiterklasse. Diese Forderungen sehen je nach der Zeit und der Situation, in der sie gestellt werden, etwas an-

---

Anm. 59:
Zit. nach Hahn: Erziehung zur Verantwortung, z. B. in: Klinger/Rutz: Die Tagesheimschule, Frankfurt/M 1964

ders aus. Eines haben sie gemeinsam: Sie sind meist nicht oder nur halb verwirklicht worden.

Wer Hunger hat, den fragt man auch, was er essen möchte. Genauso ist nicht einzusehen, weshalb Forderungen, wie sie die Arbeiterschaft aus präziser Kenntnis ihrer Situation und nach eingehender Prüfung verschiedener Lösungsmöglichkeiten vorschlägt, meist ignoriert werden. Das klingt reichlich naiv, ich weiss. Aber ist es umgekehrt nicht auch naiv, Schulpolitik der Arbeiterklasse einfach stillschweigend mit eingeschlagenen Turnhallenfenstern, vergewaltigten Kindergärtnerinnen, kurz: mit Umsturz gleichzusetzen?

Kurzfristige Lösung: «Aufbauschule»

Hier lautet die Frage: Was tun wir hier und jetzt für die bereits «Beschränkten»? Diese müssen eine echte schulische Alternative erhalten, zur Schule, wie sie sie kennengelernt und in der sie versagt haben. Eine solche Aufbau- oder Alternativschule müsste ganz auf Begabungsentfaltung ausgerichtet sein. Diese Zentrierung hat – wenn wir das im Kapitel über das Erscheinungsbild des «dummen» Schülers in Betracht ziehen – zwei Aspekte: einen pädagogisch-therapeutischen und einen kompensatorischen. Für beide gilt: Da die Kinder gerade an den Normen der bürgerlichen Schule gestrauchelt sind (in verhaltensmässiger, leistungsmässiger usw. Hinsicht), müssen diese Normen zunächst ausser acht gelassen werden. Mit anderen Worten: Je weniger das, was die Kinder jetzt kennen lernen, mit «Schule» zu tun hat, wie sie sie kennen gelernt haben, desto besser. Da es sich bei der «Aufbauschule» um ein «pädagogisches Prinzip» und nicht um einen neuen Schultypus handelt, kann sie leicht innerhalb des bestehenden Schulorganismus (zum Beispiel als Sonderschule für «Schwachbegabte») verwirklicht werden.

Es kommt hin und wieder vor, dass ein Schulmeister zur Feder greift und – etwa unter dem Titel: «Das offene Schulzimmerfenster» – seiner staunenden Mitwelt verkündet: «Seht mal her, wie gut ich bin.» Wenn nun im folgenden die Praxis einer solchen «Aufbauschule» näher beschrieben werden soll, so geschieht das aus einem ganz andern Grund: Es geht vor allem darum, weiteres Material zum Phänomen der sogenannten «Dummheit» vorzulegen. Dieses zeigt sich nämlich in der Praxis, vor allem in der pädagogisch-therapeutischen, oft von einer völlig neuen Seite. Vor allem aber erweist es sich als veränderbar. Dummheit ist nicht nur lernbar, sie kann auch wieder verlernt werden.

Es folgt also hier kein «Rezeptteil». Es sind Berichte und Überlegungen aus der Praxis. Dabei ist zu beachten, dass es sich um die Praxis mit zwölf- bis sechzehnjährigen Kindern mit «Geistesschwäche leichteren Grades» handelt. Mit jüngeren sähe natürlich vor allem der pädagogisch-therapeutische Teil der Schule sinngemäss anders aus.

Anm. 60:
Siehe Literaturverzeichnis, Seite 281 ff

Die bürgerliche Schule und ihre «Dummen»

1. Die bürgerliche Schule pflegte bisher die Kinder, die durch die Maschen ihres Systems gefallen waren, als «dumm», «schwachbegabt» usw. zu bezeichnen. Dementsprechend beschränkten sich ihre «Hilfsmöglichkeiten» auf Anpassung oder «Heilung». Die psychischen und sozio-kulturellen Probleme der Kinder blieben ungelöst. Damit sind die vorgekommenen Fälle von Brutalität zwar nicht entschuldigt, aber doch immerhin erklärt.

2. Zwar wurde dieses Vorgehen schon lange kritisiert. Diese Kritik aber war meist abhängig von bestimmten weltanschaulichen, politischen usw. Positionen. Vieles davon war eher spekulativ.

3. Die Abhängigkeit der sogenannten «Dummheit» von psychischen und sozio-kulturellen Faktoren wurde erst in jüngster Zeit in nicht-spekulativem, streng «wissenschaftlichem» Sinne nachgewiesen, genauer: im Laufe des letzten Jahrzehnts.[60] Man darf deshalb der Schule nicht zum Vorwurf machen, dass sie etwas nicht berücksichtigt hat, dessen man selbst erst seit kurzem ganz sicher ist.

4. Beweist der Vorgang der «Beschränkung» die Hilflosigkeit oder den Klassencharakter der bürgerlichen Schule? Die Beantwortung dieser Frage wird wesentlich davon abhängen, wie sich das Bürgertum in den nächsten Jahren langfristigen und kurzfristigen Lösungsvorschlägen und -versuchen gegenüber verhält. Die Frage ist noch offen.

147

Einige pädagogisch-
therapeutische Probleme

Zum Begriff:
pädagogisch-therapeutisch

Zur Terminologie: Die Aufgabe, Kinder Sicherheit, Geborgenheit erleben zu lassen, ihnen Autonomiestrebungen zu ermöglichen und diese zu schützen, ihnen das Erlebnis ihrer eigenen Identität zu verschaffen – all das ist eigentlich ein pädagogisches Problem. Aber nun haben wir es mit Kindern zu tun, die das alles nur sehr bruchstückweise oder überhaupt nicht erlebt haben. Der erzieherische Auftrag – ganz egal, von welcher Seite er wahrzunehmen gewesen wäre – ist an diesen Kindern versäumt worden. So wird der versäumte pädagogische Auftrag zum therapeutischen Problem: Das Kind muss Gelegenheit (und auch die nötige Zeit!) erhalten, diese Entwicklung nachzuholen.

Auch die «pädagogische» Entwicklung ist nur möglich auf Grund befriedigender zwischenmenschlicher Beziehungen. Martin Buber hat das auf eine ganz einfache Formel gebracht: «Beziehung erzieht.»[1] Dies gilt noch viel mehr für die pädagogische «Therapie». Obschon es eigentlich eine Binsenwahrheit ist, muss doch deutlich gesagt werden: Helfen können nur echte zwischenmenschliche – in diesem Falle: therapeutische – Beziehungen. Alles andere ist sekundär. Im Vordergrund der Arbeit steht die Beziehung selber, der Aufbau dieser Beziehung, die Entwicklung der Beziehungsfähigkeit des Kindes, das Wegräumen der Hindernisse, die dem Aufbau dieser Beziehung im Wege stehen. Dieser Vorgang soll in diesem Kapitel dargestellt werden.

Eine sehr wichtige Abgrenzung muss allerdings noch vorgenommen werden. Die pädagogische Beziehung ist in letzter Zeit zu Recht etwas in Verruf geraten. Kritische Pädagogen haben schwere Bedenken angemeldet. Sie weisen darauf hin, dass der von vielen Pädagogen in fast hymnischer Weise besungene «pädagogische Bezug» eine sehr diesseitige Komponente besitzt: «Der pädagogische Bezug lässt sich bei genauer Überprüfung als ein

---

Anm. 1:
Buber: «Erziehen», in: Nachlese, Heidelberg 1966, S. 89

herrschaftsorientiertes Sozialverhältnis entlarven, insofern er Ordnungsimpulse enthält, die über das Modell hinaus wirksam bleiben, da sie internalisiert werden. Im pädagogischen Bezug gibt es stets ein klares Älter und Jünger, Oben und Unten, eine deutliche Macht und Ohnmacht.»[2] Soweit H. J. Gamm. Er fügt bei, «. . . dass der pädagogische Bezug ein fragwürdiges Nachfolgeverhältnis einrichtet und gutheisst. Dies geschieht auf dem Hintergrund einer Mittelklassenideologie, die sich angemessen beraten weiss, wenn sie ihre Rangordnungsvorstellungen auch in die Erziehung projiziert, um dem Zögling von früh auf zu sagen, dass er sich benehmen soll. Sie verheisst ihm einen glücklichen Bildungsgang, wenn er schulfromm reagiert, sein Verhalten nach den Wünschen der Erzieher einrichtet und auszusprechen lernt, was sie gern hören; sie verheisst ihm ferner für den «Ernst des Lebens» Ansehen und Erfolg, wenn er seinen Schulprinzipien treu bleibt und die Intentionen des pädagogischen Bezugs seinerseits in die gesellschaftliche Wirklichkeit verlängert. «Non scholae sed vitae discimus» gilt in einem hintergründigen Sinne: Sekundäre schulische Sozialisation und soziale Erwartung fallen zusammen.»

Damit ist zugleich angedeutet, in welchen Zusammenhang dieser Problemkreis gehört: Er muss zunächst dem Kraftfeld der bürgerlichen Schule zugeordnet werden. Leitbild ist der «psychische Habitus» des Bürgers. Mir scheint jedoch, dass der Einwand auch in bezug auf die therapeutische Beziehung sehr ernst genommen werden muss. Es besteht nämlich die Gefahr, dass die «Anpassung» zwar verbal abgelehnt, auf einem therapeutischen Umweg eben doch angestrebt wird. Dass man also die Katze, die man soeben mit viel Geschrei zur Haustür hinausgeworfen hat, sogleich durch das Küchenfenster wieder hereinlässt. «Es gibt im Wissens- und Erfahrungsvorsprung sublime Möglichkeiten, sich unentbehrlich zu machen, um erneut als Autorität zu wirken.» (Gamm)[3]

In diesem Spannungsfeld steht, wer es unternimmt, pädagogisch-therapeutisch tätig zu sein. Er wird sich als Beziehungsperson anzubieten haben, wohl wissend um die ganze Problematik und Fragwürdigkeit eben dieses Bezugs. Steht aber im Mittelpunkt die Entfaltung des Ich des Kindes – aber nur dann –, gewinnt die therapeutische Beziehung gegenüber dem «päd-

Anm. 2:
Gamm: Kritische Schule, S. 29 ff
Anm. 3:
a. a. O. S. 33

agogischen Bezug» eine ganz andere Qualität. Eine Qualität, die sich verbal kaum, im Vollzug jedoch sehr deutlich erweisen kann.

Zwei Hinweise darauf mögen genügen: Bei Gamm heisst es: «Ein im Widerspruch verharrender ‚Zögling' ist nicht vorgesehen. Ein sich verschliessender Schüler macht sich auf die Dauer unmöglich. Vermutlich wird ein freundlich angesprochener Jugendlicher, der den Sprecher zu brüskieren wagt und seinen Angeboten offen misstraut oder sie gar ironisiert, recht bald den Zorn der generösen ‚grossen Väter' zu spüren bekommen.»[4] Die Richtigkeit dieser Vermutung bestätigt sich fast täglich. In unzähligen Klassen sitzt ein dummer (frecher, verwahrloster usw.) Schüler in irgendeiner Ecke, der für den Lehrer früher einmal ein Vierteljahr lang einen interessanten therapeutischen Fall dargestellt hatte. Aber die Therapie war wirkungslos geblieben, der Schüler hatte sich verweigert, er war nach diesem Vierteljahr noch ebenso dumm, frech, verwahrlost wie vorher. Darum ist er aufgegeben worden (Refrain: «Ich habe alles Menschenmögliche versucht»), vielleicht wird er gar gehasst als das verkörperte «Versagen» des Lehrers. Häufig werden solche Kinder auch einfach weitergeschoben, von der Schule in die Sonderschule, von der Sonderschule ins Heim, vom Heim in die Arbeitserziehungsanstalt (um ganz bewusst ein extremes Beispiel zu nennen). Wie trübe, verbeulte Strassenlaternen an einem Weg finden sich im Leben fast aller dieser Kinder Menschen, die einmal fünf, sechs Wochen lang versucht hatten, eine «positive Beziehung» aufzubauen. Aber in der Reaktion auf die Verweigerung entlarvt sich diese Beziehung endgültig als untherapeutisch. Demgegenüber ist in der therapeutischen Beziehung ein im Widerspruch verharrender «Zögling» vorgesehen. Ja, sein Widerspruch kann sehr wohl Bestandteil der Beziehung sein.

Zweitens: Wer diesen therapeutischen Auftrag ernst nimmt, wird an den nun von aussen eintretenden Reaktionen sehr bald einmal deutlich zu spüren bekommen, dass er eben gar nicht zu jenen «grossen Vätern» gehört – sich also gar nicht so sehr von seinem Schüler unterscheidet, wie er bisher vielleicht glaubte. Er kann natürlich nun diesen preisgeben, um seine Illusion der Dazugehörigkeit zu retten. Er kann zu seinen Schülern sagen: «Schaut, es sind Klagen gekommen. Das geht nicht. Deshalb ist von jetzt an das und das einfach verboten.» Darin, wie er sich in einem solchen Fall verhält, erweist sich die Qualität der Beziehung.

Anm. 4:
a.a.O. S. 30

153

Die «andere Qualität» der therapeutischen Beziehung zeigt sich also nicht in klugen Proklamationen. Sie erweist sich im konkreten Verhalten im konkreten Falle – oder eben nicht.

Die «Bravheit» am Anfang

Seit vier Wochen habe ich wieder einen «Neuen» in der Klasse. Er sitzt ganz vorne, möglichst nahe an meinem Arbeitsplatz. Er ist der Schüler, der im Schulbetrieb am wenigsten auffällt. Wenn ich ins Zimmer komme, sitzt er an seinem Platz. Er stört in keiner Weise den Unterricht, wenn ich irgendeine Frage an ihn richte, antwortet er höflich und korrekt. Am Anfang ist er dazu sogar aufgestanden. Er meldet sich mit erhobenem Finger und fragt, ob er auf die Toilette gehen dürfe. Wenn mir etwas von meinem Tisch fällt, hebt er es sofort auf und überreicht es mir lächelnd: «Es ist Ihnen da etwas heruntergefallen.» Ein paarmal hat er sich sogar nach Hausaufgaben erkundigt. Kurz: Ein unvoreingenommener – oder besser: ein von andern Schulbesuchen voreingenommener – Besucher würde sagen: Er verhält sich wie ein ganz normaler Schüler.

Demgegenüber würde ich sein Verhalten als denkbar abnormal bezeichnen. Mir fallen da noch ein paar weitere Dinge auf, die ein solcher Schulbesucher entweder nicht zu sehen bekommt oder offenbar auch für normal ansieht. Wenn ich nicht anwesend bin (nach der Pause zum Beispiel), liegt er am Fenster auf der Lauer. Erscheine ich, ruft er den andern zu: «Er kommt!» – obschon dies die meisten dieser andern offensichtlich nicht interessiert. Trete ich dann ins Schulzimmer, so rapportiert er ganz genau, was während meiner Abwesenheit vorgefallen ist, obschon ich ihn überhaupt nicht danach gefragt habe. Während des «Unterrichts» meldet er mir alles, was er irgendwie nicht mit seinen (seinen?) Vorstellungen von einem «geordneten Schulbetrieb» in Einklang bringen kann. «Herr Jegge, Markus und Jonny schwatzen miteinander, anstatt zu rechnen.» Als ich bei einer solchen «Mitteilung» einmal sagte: «Nein, aber auch, die bösen, bösen Buben!» nickte er ganz ernsthaft. Wenn ein Schüler und ich uns gegenseitig necken, kann es geschehen, dass er plötzlich zu diesem sagt: «Das ist frech, so etwas darfst du nicht sagen zu einem Lehrer» und mich dazu mit beifallheischendem Lächeln anschaut. In Diskussionen ist er grundsätzlich meiner Meinung. Mache ich irgend einen Vorschlag, ist er stets begeistert, und als ich kürzlich bei einem Gespräch über Fernsehfilme behauptete, der beste Film, den ich je gesehen hätte, sei «Das rumpelnde Fass in der Wüste Gobi» gewesen, sagte er ganz ernsthaft: «Ja, da haben Sie recht. Ich habe den auch gesehen. Er war ausgezeichnet.» Daneben schreibt er oft die Rechenergebnisse aus dem Schlüssel ab, «verliert» jede Woche ein Heft, usw.

Nun brauchte man ja das alles nicht gar so ernst zu nehmen. Aber daneben weist der Bub eben alle Symptome der schweren Entmutigung, ja der Selbstaufgabe auf. Misserfolge werden sehr stark erlebt. Bei schlechten Schulleistungen macht er sich selbst dauernd herunter. Und damit erweist sich seine «Bravheit» einerseits als Dressurerfolg von Schule und Familie, andererseits als der verzweifelte Versuch, durch Angepasstheit, durch Heuchelei meine Achtung und damit etwas Selbstachtung zu erhalten. Dies wird versucht in einer Form, die von der Umwelt meist toleriert, oft sogar als «normal» betrachtet wird. «Brave» Schüler sind meist gern gesehen. Aber das macht die Sache ja keineswegs besser.

Bei fast allen meinen Schülern habe ich diese Periode der «Bravheit» feststellen können. Normalerweise klingt sie etwa nach einem Vierteljahr ab. Bei einigen Kindern dauert sie etliches länger. Am kürzesten dauert es bei Kindern, die vorher als die «frechen» galten. Am längsten dauert diese eigenartige Bravheit bei gut angepassten, «netten» Mädchen. Da kann es ohne weiteres zwei Jahre dauern. Die Erklärung dafür dürfte wohl sein, dass diese in viel stärkerem Masse zur Anpassung erzogen worden sind als etwa die Knaben.

Wichtig ist nun, wie ich mich als Lehrer in dieser ersten Phase verhalte. Einerseits bin ich ja froh, dass der Schüler keine nennenswerten Schwierigkeiten macht. Es gibt da genug andere, die bereits weiter sind, die einen in Ungelegenheiten bringen. Da liegt es hin und wieder nahe, die «braven» gefühlsmässig etwas zu bevorzugen. Es soll ja sogar Lehrer geben, die solche «Braven» gar als Vorbild für die andern hinstellen. Aber damit würde man das Kind auf einer reichlich infantilen Verhaltensstufe länger als nötig fixieren. Es muss ja darüber wegkommen, wenn es sich weiter entwickeln soll. Das klingt vermutlich einleuchtend, ist aber in der Praxis oft schwierig. Wie reagiert man beispielsweise, wenn ein solcher Schüler eine «Missetat» eines verhaltensgestörten Kameraden hinterbringt, bei der man unbedingt einschreiten muss, ohne dass der «brave» Zuträger gross dabei herauskommt?

Andererseits darf ich das «brave» Kind auf keinen Fall der Lächerlichkeit preisgeben, obwohl manchmal weiss Gott genug Grund dafür vorhanden ist. Das wäre nur eine weitere Entmutigung – also genau das Gegenteil dessen, was ich will. Es muss auch vor den «Ausrutschern» seiner Schulkameraden geschützt werden, denen dieses Verhalten ebenfalls komisch vorkommt. Oft muss ich zu einem solchen Spötter unter vier Augen sagen: «Erinnerst du dich noch an die Zeit vor zwei Jahren? Da warst du genau so. Und da warst du auch froh, wenn du nicht ausgelacht wurdest. Also sei so gut und lass' mir die Anita in Ruhe.»

Während dieser Phase geht nämlich etwas sehr Wichtiges vor sich. Das Kind beginnt zu spüren, dass es nicht deshalb akzeptiert wird, weil es sich angepasst verhält oder gar gute Leistungen erbringt. Dass sein Akzeptiert-Sein möglicherweise von etwas ganz anderem abhängt. Wovon? Das weiss es nicht, kann es noch gar nicht wissen.

Die «Ruderphase»

Zunächst etwas zur Terminologie. Wir bezeichnen diese Periode auch als «Bubeliphase» (bubele = bübeln, sich wie ein kleiner Bub benehmen) oder als «Roboterzeit». Die Ausdrücke stammen von meinen Schülern.

Interessant ist, wie die Ruderperiode beginnt:

Ein Schüler regt sich jedesmal furchtbar über sich selbst auf, wenn er Fehler auf schulischem Gebiet macht. Er erlebt aber, dass ich als Lehrer mich überhaupt nicht aufrege, ja, seinen Fehler verharmlose.

Ein anderer ist «ungeschickt». Er lässt beim Abtrocknen im Lager Geschirr zu Boden fallen und findet dies nachher sehr «schlimm». «Ach, ich Trottel!» (Man lese zum Beispiel nach, was Heini vom Helfen zu Hause berichtet.) Oder er wirft nach der ersten Fahrt mit dem Skilift das Abonnement aus Unachtsamkeit weg, das ich bezahlt habe. Solche Vorkommnisse geschehen mit schöner Regelmässigkeit dann, wenn Kinder im Lager sind, die bereits ein paar Wochen bei mir zur Schule gingen. Aber die von ihnen erwartete Reaktion auf ihre Ungeschicklichkeit, ihre Trottelhaftigkeit bleibt aus.

Ein Schüler bemerkt, dass irgend eine Unregelmässigkeit (Rechenergebnisse abschreiben, zu spät kommen, rauchen auf der Toilette usw.) auch von mir «entdeckt» worden ist. Er fühlt sich ertappt und erwartet die ihm gewohnte Reaktion (ausschimpfen, blossstellen, Strafe). Diese kommt aber nicht.

In all diesen Fällen kommt derselbe seelische Vorgang ins Spiel. Ein Vorkommnis, das dazu angetan wäre, das Selbstwertgefühl des «schuldigen» Kindes wieder einmal mehr zu schwächen, wird von mir nicht in der erwarteten Weise beantwortet. «Einmal kann ja noch Zufall sein. Wenn das aber nun mehrere Male vorkommt? Sollte etwa der Lehrer eine höhere Meinung von mir, dem Schüler haben, als ich selbst? Aber ich weiss es ja besser. Ich kenne mich schliesslich länger. Nun, er wird es schon noch merken, dass ich dumm (frech, hinterlistig usw.) bin. Das hat mit der Zeit noch jeder gemerkt. Ich habe ja schon manchen angetroffen, der zuerst einmal zwei Wochen lang nett, freundlich, geduldig usw. war – bis er merkte, was mit mir wirklich los ist. Aber ich kann ihm ja ein wenig helfen, zu dieser Erkenntnis zu gelangen . . .»

Und so beginnt dann eben die Ruderphase.

Einmal nach Schulschluss schlich Hans in die Schule zurück und brachte die Einrichtung eines Zimmers gewaltig durcheinander. Er kippte Tische, leerte Kästchen aus und demolierte das Büchergestell. Es sah aus, als hätte «allhier ein ganzer houff lanzknecht» gehaust. Ich holte den Buben zuhause («Darf Hans mir etwas helfen?» – «Selbstverständlich.»), und in gemeinsamer anderthalbstündiger Arbeit «restaurierten» wir das Ganze wieder.

Plötzlich fragte er:
«Wissen Sie, weshalb ich das getan habe?»
«Nein.»
«Weil Sie ein ganz blöder Kerl sind.»
«Da bist Du nicht der Einzige in unserem Dorf, der das findet.»
«Wissen Sie, weshalb ich das finde? Sie sagen immer, ich sei kein schlechter Mensch. Dabei bin ich doch einer.» Und er fügte bei: «Ich werde jetzt robotern, bis Sie das auch sagen.»

Ich sagte ihm damals ungefähr folgendes: «Du wirst erleben, dass ich hin und wieder die Nerven verliere, dass ich Dich anschreie. Aber das liegt dann vielleicht daran, dass ich am Vorabend zu spät ins Bett gegangen bin, dass ich schlecht geschlafen habe usw. Das heisst nie, dass ich dich für einen schlechten Menschen halte.»

Hans hielt Wort. Eine Zeitlang provozierte er mich mit allen Mitteln, vorwiegend dann, wenn Schulbesuch da war. So konnte er beispielsweise in einem solchen Augenblick sagen: «Der Jegge ist ein unglaubliches Bubi. Dem dürft ihr nichts glauben.» Einmal sagte er zu mir: «Sie haben mir überhaupt nichts zu befehlen. Sie sind ja nicht stark genug, um mich zusammenzuschlagen.»

Später, als seine Aggressionen schon seltener geworden waren, sagte er einmal mit glücklichem Lachen zu mir: «Sie sind eigentlich der grösste Löli, den ich kenne.» Ich: «Wie meinst du das?» Er: «Weil Sie mich leiden mögen.»

Nicht immer wird auf eine solch direkt-aggressive Weise «gerudert». Bubele kann einer auch im Versteckten, gleichsam hinter der vorgehaltenen Hand. Er kann zum Beispiel hinterhältig, «gemein» sein, er kann betrügen, stehlen, es gibt da ungeahnte Möglichkeiten.

Die Phase kann aber auch sehr heftig und sehr lange andauern und für alle Beteiligten recht mühsam werden. Das hängt davon ab, wie stark das Kind bereits entmutigt ist. Ich habe schon öfters Ruderphasen von zwei bis drei Jahren erlebt. Aber ganz allmählich, lange Zeit kaum spürbar, vollzieht sich ein Abbau von all dem Hass, von all der Angst, die durch die bisherigen Erlebnisse im Kind aufgespeichert worden sind. Es zeigen sich die ersten Ansätze zu einer veränderten Selbsteinschätzung.

Damit dieser Angstabbau sich wirklich vollziehen kann, muss ich als Lehrer die einmal eingenommene Haltung so konsequent wie nur möglich beibehalten. Das Kind muss wissen, dass es an meiner positiven Einstellung ihm gegenüber nichts zu rütteln gibt, dass ich es akzeptiere, so wie es nun eben ist, mit all den Fehlern, die es jetzt macht. Auch mit all seinen Rudereien. Es muss wissen, dass ich grundsätzlich auf seiner Seite bin. Nur so kann es allmählich zu einer besseren Einstellung sich selbst gegenüber kommen. «Hier ist ein Mensch, der mich mag, also muss offenbar an mir doch etwas Positives sein.» Dieses grundlegende Erlebnis muss es jetzt – endlich – einmal machen, wenn seine Entwicklung wirklich weitergehen soll.

Diese Grundlinie durchzuhalten, erweist sich in der Praxis als ausserordentlich schwierig. Es sind drei Hauptschwierigkeiten, die da auftauchen.

Da bestehen einmal Schwierigkeiten von seiten des Kindes selber. Ich habe vorhin geschrieben: Das Kind muss wissen, dass . . . Dieses Wissen gewinnt es erst allmählich. Es gewinnt diese Erkenntnis, die für es meist ganz neu und völlig ungewohnt ist, indem es meine Haltung – mindestens eine Zeit lang – immer und immer wieder «testet», also immer wieder von neuem robotert. Es kann oft zu einem eigentlichen Kampf kommen zwischen der negativen Selbsteinschätzung des Kindes und der positiven Einschätzung durch den Lehrer. Wer hat den längeren Atem? Das kann sehr hart werden. Aber wenn der Lehrer durchhält, ändert das Kind langsam sein Selbstbild.

Oft robotert ein Kind nun auf eine Weise, die von mir selbst nicht mehr akzeptiert werden kann. Es wird vielleicht aggressiv gegen jüngere Mitschüler, greift diese an oder zerstört Sachen, die ihnen gehören. Es beschädigt

Dinge im Schulhaus oder im Schulzimmer. Oder es stiehlt. Kurz: Es handelt auf eine Weise, die mich (oder auch die übrige Umwelt) zum Reagieren zwingt. Solange es irgendwie geht, solange beispielsweise niemand nennenswerten Schaden erleidet, reagiere ich auch dann nicht, oder nur sehr schwach. Muss ich es aber trotzdem tun, versuche ich stets, dem Kind zu zeigen: «Schau, was du da angestellt hast, das akzeptiere ich in keiner Weise. Dich aber, dich akzeptiere ich.» Damit ist aber das Kind – in dieser Phase – meist überfordert. Könnte es diese Unterscheidung bereits machen, brauchte es ja nicht zu «rudern». Ich versuche dann, so wenig Aufhebens wie nur möglich von der Sache zu machen. Wir bringen ganz einfach gemeinsam in Ordnung, was man da noch in Ordnung bringen kann – und oft bietet sich auch Gelegenheit, in Ruhe darüber zu sprechen. Das ist aber immer erst später möglich. Wenn ein Kind rudert, so bedeutet das ja, dass die augenblickliche Situation stärker ist als es selbst, dass es also, wie man so sagt, «nicht mehr draus kommt», «den Überblick nicht mehr hat». Dies wird um so häufiger vorkommen, je schwächer dieses Selbst ist. Verlangt man nun in derselben Situation von einem Kinde, es solle «aufhören», so verlangt man eigentlich von ihm: «Überblick doch einmal die Situation! Wie verhielte man sich wohl richtig? Gut, ja. Und jetzt gehe hin und tue desgleichen.» Genau das kann es aber nicht. Sonst würde es in dieser speziellen Situation gar nicht rudern. Deshalb bleiben solche Appelle im Augenblick in der Regel fruchtlos. Aber später, da lässt sich eine Situation oft gemeinsam in Ruhe überblicken. Man muss dabei nur acht geben, dass das Kind nicht als «reuiger Sünder» dasteht und sein Selbstgefühl damit wieder einen Stoss erleidet. Auch das «Wieder-gut-Machen» meine ich ganz materialistisch: Gestohlenes zurückbringen (wichtig, gemeinsam, also nicht der «Missetäter» im Spiessruten-Alleingang), Zerstörtes flicken oder zum Flicken bringen usw. Das alles hat nichts mit «Sühne» zu tun. Denn zur Sühne gehört die entsprechende Zerknirschung, und deren therapeutischer Wert ist nicht eben gross. Im Gegenteil. Zerknirscht ist das Kind, das wir vor uns haben, ja ohnehin. Wieviel ihm diese Zerknirschung bisher geholfen hat, zeigt die Tatsache, dass wir es überhaupt vor uns haben. Aber es kann geschehen, dass diese «Zerknirschung» trotzdem auftaucht. Wir vermögen ja so wenig in der Seele eines entmutigten Kindes.

Schwierigkeiten kommen zweitens auch von mir, dem Lehrer selber. Immer ist es nicht lustig, Kristallisationspunkt der Aggressionen solcher Kinder zu sein. Oft bin ich dazu in keiner Weise aufgelegt. Ich bin beispielsweise übermüdet oder unausgeschlafen – vielleicht, weil ich in der Nacht zuvor zu lange über repressionsfreie Erziehung diskutiert habe. Hin und wieder ge-

schieht es auch, dass ich mich durch irgendeine Ruderei persönlich angegriffen, betroffen fühle. Manche Provokationen sind auch durchaus so angelegt. «Was erlaubt sich der eigentlich, mir, dem Lehrer, so zu kommen!»
Es ist eigenartig, wie einem da noch «Regungen» aufstossen, die man längst
überwunden glaubt. Der «gute Lehrer» in mir ist ein leidlich guter
Schwimmer, der lässt sich nicht einfach so ersäufen. Genau so ärgert es mich
manchmal ganz einfach, wenn ich von irgendeinem Trunkenbold in einer
Dorfwirtschaft kurz vor der Polizeistunde als schlechtester Lehrer der Gemeinde bezeichnet werde, nur weil ein paar Schüler gerade wieder einmal
am Robotern sind. Alle diese Probleme können bewirken, dass man in bestimmten Situationen einfach nicht mehr innerlich frei reagieren kann. Und
das wäre wichtig, wenn Kinder rudern.

Damit wäre auch schon die dritte Schwierigkeit angetönt: Kinder, die gerade in der Roboterphase sind, bestimmen natürlich das Bild wesentlich,
das sich Unbeteiligte von der Schule machen. Sie sind die, die sich am auf-
fälligsten verhalten. Nun ist aber der ganze, doch sehr komplexe therapeutische Prozess, der da abläuft, für Aussenstehende überhaupt nicht und für
gelegentliche Schulbesucher kaum durchschaubar. Was auffällt, ist nicht
der Prozess, sondern eben die Ruderphase. Da nun die Leute um uns herum
ihre bestimmten vorgeprägten Leitbilder von Schule und schulischer Erziehung haben, stellen sie nur fest: «So etwas ist doch keine Schule. Die Kinder
können ja machen, was sie wollen. Wahrscheinlich ist der Lehrer eben antiautoritär.» Für solche Feststellungen genügen drei bis vier – rudernde –
Kinder; wie sich die andern verhalten, fällt gar nicht auf. Das kann mindestens ebenso sehr zum Problem werden wie die Rudereien selber.

Auch hier ist es wieder so, dass die Probleme selten schön isoliert auf uns
zukommen:

Donnerstagmorgen. In der zweiten Stunde bekommen Giovanni und Walter plötzlich Streit. Unmöglich zu sagen, wer begonnen hat. Beide sind in
letzter Zeit gewaltig am Rudern, Walter beginnt bereits ganz zaghaft, eine
Beziehung aufzubauen. Plötzlich sehe ich, dass Walter einen Strick gefunden hat und damit auf Giovanni losdreschen will. Sofort bin ich bei ihm und
nehme ihm seine «Waffe» aus der Hand. Ich sage ruhig zu ihm: «Hör' doch,
damit schlägt man nicht auf andere Leute ein, das ist gefährlich.» Er schaut
mich zornig an, sagt: «Sie Arschloch», und beginnt zu weinen. Er fühlt sich
offensichtlich von mir irgendwie «verraten». Dann verlässt er das Zimmer
und läuft weg – nicht ohne vorher noch den Abfallkübel samt Inhalt über

die Treppe hinuntergeworfen zu haben. Ich versuche, Giovanni etwas zu beruhigen. Mit Walter werde ich später sprechen.

Ungefähr zur selben Zeit ist ein Schulpfleger im Begriffe, mir einen Besuch abzustatten. Es sind Reklamationen über meine «mangelhafte Schulführung», über die «fehlende Ordnung» usw. eingetroffen, und darüber möchte er mit mir sprechen. Da trifft er zunächst im Dorf auf Walter, noch vor zehn Uhr morgens, man denke! Und auf die Frage, was er denn hier zu tun habe, erhält er nicht einmal eine Antwort. Schon etwas in Rage, muss er nun noch, ehe er bis zu mir vordringt, über den Inhalt des erwähnten Abfalleimers hinweg steigen! Das nun folgende Gespräch dürfte sich der Leser selbst ausmalen können. «Und ausgerechnet der Vater von Walter erzählt laut im ganzen Dorf herum, was für ein schlechter Lehrer du seist!» Das stimmt tatsächlich. O, wie fügt sich doch im Walten der Natur oft so wunderbar eins ins andere!

Aufbau der Beziehung

Einer der zentralsten Vorgänge im ganzen Prozess soll nun beschrieben werden: Der Schüler beginnt, eine persönliche Beziehung aufzubauen. Hat er diese Beziehung zum Lehrer denn nicht von Anfang an? Nein, keineswegs. Zunächst herrscht das vor, was man so allgemein als «gutes Verhältnis zwischen Lehrer und Schüler» bezeichnet. Unsere Sprache nimmt es hier recht genau: Es geht um «Lehrer und Schüler», um den Lehrer, der älter ist, zu bestimmen hat, die Verantwortung trägt, usw., und den Schüler, jung, unerfahren, der noch zu lernen hat. Diese stehen in einem bestimmten «Verhältnis» zueinander. Ein fast mathematischer Begriff. Die Proportionen sind gewahrt, hier oben der Lehrer, dort unten der Schüler. Dass dieses Verhältnis nun noch «gut» ist, ist offenbar bereits mitteilenswert. Und doch heisst dies meist nichts anderes als: Man tritt sich gegenseitig nicht auf die Füsse, man lässt sich gegenseitig leben, man lässt auch einmal Fünfe gerade sein. Aber das alles hat mit der therapeutischen Beziehung, die den Schüler zu einer veränderten Selbsteinschätzung zu bringen vermag, überhaupt nichts zu tun. Über das «gute Verhältnis» freuen sich die «Braven» am Anfang. Und allenfalls einige Schulbesucher . . .

Die ersten Ansätze zu einer therapeutischen Beziehung zeigen sich meist mitten in der Ruderphase. Plötzlich beginnt z. B. ein Schüler, von sich selbst zu erzählen. Wenn er zufälligerweise mit mir allein ist, oder wenn noch ein, zwei andere dabei sind, die er wirklich gut leiden mag. Von sich selbst berichtet hat er zwar schon früher: nette, harmlose Begebenheiten aus dem Alltag zuhause vielleicht, auch einige andere – oft noch in diagnostischer Hinsicht interessante – Einzelheiten, oder was der Vater für ein Auto hat usw. (Während der «braven» Phase gibt es Kinder, die dauernd irgend etwas zu plaudern wissen.) Was er jetzt zu erzählen beginnt, unterscheidet sich davon ganz wesentlich. Es sind – zunächst kleine – Berichte von Misserfolgen, Problemen usw. Es wird sofort klar: Der Schüler hat etwas Vertrauen gefasst, unsicher, zaghaft, aber immerhin.

Ich habe dem Kind nun beim Aufbau dieser Beziehung zu helfen. Das klingt sehr schön, aber was heisst das konkret?

– Das heisst zunächst ganz einfach, dass ich ihm Gelegenheit geben muss, hin und wieder mit mir allein zu sein – oder gemeinsam mit den paar bereits erwähnten engsten «Vertrauten». Natürlich werde ich nicht sagen: «Komm' einmal her, wir machen jetzt ein Seelenstündlein.» Aber es gibt ja genug Gelegenheiten: Kasten aufräumen, Schulzimmer in Ordnung bringen, Mithelfen bei Vorbereitungen für bestimmte Unterrichtseinheiten, im Lager usw. Es gibt auch Schüler, die sich schlicht bei mir zum Kaffee einladen. Dies ist aber am Anfang meist selten. Eher macht sich ein Kind über die Möglichkeiten lustig, erscheint nicht usw. Ich biete ihm aber die Gelegenheiten trotzdem weiter an, und sie werden immer lieber und immer regelmässiger ergriffen. Später lässt sich meist dort, wo es nötig scheint, eine regelmässige «Therapiestunde» einrichten.

– Die noch ganz schwache Beziehung wird vom Kind zunächst immer wieder neuen Belastungsproben ausgesetzt. Es rudert also meist munter weiter. Wenn es dann die Beziehung wieder aufnehmen möchte, erwartet es zunächst meist, dass ich daran kein Interesse mehr habe. Dass ich mir also etwa sage: «Jetzt habe ich doch gestern eine Stunde lang mit Paula gesprochen. Sie war so nett. Und heute ist sie wieder wie ein kleiner Teufel. Das hat doch alles keinen Zweck!» Da muss ich dem Kind zu spüren geben, dass ich es trotzdem akzeptiere. Es wird die Gelegenheit dankbar ergreifen. Manchmal kann man dabei durchaus auf die Vorgänge vom vorigen Tag zu sprechen kommen. Ich versuche dann meist, mit dem Kinde die Möglichkeiten durchzugehen, wie man sich in jener speziellen Situation auch hätte verhalten können. Dies geschieht fast sportsmässig, also nicht mit «erzieherischem» Unterton. Es geht nicht darum, wie man sich besser hätte verhalten können, sondern wie man sich auch hätte verhalten können. Dass es sich nicht gut verhalten hat, weiss das Kind ja ohnehin.

– Damit ist ein weiterer sehr wichtiger Punkt angesprochen: Das Kind wird ziemlich bald einmal Dinge zu erzählen beginnen, die es bedrücken, deretwegen es ein schlechtes Gewissen hat. Meist sind es Geschichten von kleinen Diebstählen und ähnlichen Vorkommnissen. Oder es berichtet über Streiche, die es angestellt hat usw. Da ist es nun äusserst wichtig, dass ich mich mit meinem Urteil zurückhalte. Ich werde also nicht «pädagogisch» irgendeine Handlung verdammen, von der das Kind mir berichtet. Ich werde «moralisch neutral» reagieren, vielleicht sagen, dass ich verstehe, weshalb es so und nicht anders gehandelt hat. Dass die Handlung nicht «gut» war, weiss es ja ohnehin. Sonst hätte es gar kein schlechtes Gewissen. Das braucht es von mir weiss Gott nicht auch noch zu hören. Es braucht et-

165

was ganz anderes: Verständnis – endlich einmal. Findet es dieses Verständnis nicht, bekommt es eine Moralpredigt zu hören, so wird es sich sofort enttäuscht wieder abwenden. Findet es dieses Verständnis aber, wird es Mut fassen, die Beziehung zu vertiefen. Dazu gehört auch, dass es auf meine absolute Verschwiegenheit zählen kann. Wenn etwas, was da berichtet wird, «in Ordnung gebracht» werden muss, so hat dies mit aller nur möglichen Diskretion zu geschehen.

– Wenn ich hier schreibe, dass ich «moralisch neutral» reagieren muss, so darf dies nicht im Sinne einer schiefsüssen «Pädagogenfreundlichkeit» missverstanden werden. Es bedeutet einfach, dass ich darauf verzichte, Zensuren und Belehrungen auszuteilen. Darüber hinaus aber muss ich für das Kind persönlich erfahrbar sein. Das Kind muss spüren können, dass ich auch meine verschiedenen Stimmungen, meine Gefühle, meine Fehler habe – genau wie es. Martin Buber hat das so ausgedrückt:

«Kontakt ist das Grundwort der Erziehung. Es bedeutet, dass der Lehrer den Schülern nicht von Gehirn zu Gehirnen, vom entwickelten Gehirn zu unfertigen, sondern von Wesen zu Wesen, von gereiften zu werdenden Wesen gegenüberstehen soll, wirklich gegenüber, das heisst nicht in einer Richtung von oben nach unten, vom Lehrstuhl auf Lehrbänke hin wirkend, sondern in echter Wechselwirkung, im Austausch von Erfahrungen, Erfahrungen eines erfüllten Lebens mit denen unerfüllter, die aber nicht weniger wichtig sind, nicht bloss Auskunft suchen von unten und Auskunft geben von oben, auch nicht bloss fragen und antworten hinüber und herüber, sondern echtes Wechselgespräch, das der Lehrer zwar leiten und beherrschen, in das er aber eben doch auch mit seiner eigenen Person unmittelbar und unbefangen eintreten muss.»[5]

Mit der Zeit fühlt sich das Kind in der Beziehung sicherer. Die Rudereien hören langsam auf. Allmählich geht die Ruderphase in die eigentliche Beziehungsphase über.

Anm. 5:
Buber: Über den Kontakt, in Nachlese, S. 93 ff.

Die Beziehungsphase

Ich habe als typisches Merkmal dieses Schülers die Armut der Beziehungskultur beschrieben. Eine wirkliche Beziehung hat er noch nie erlebt. Deshalb weiss er auch gar nicht, dass und wie eine solche aufgebaut und gepflegt werden kann. Das muss er erst lernen – in und anhand der Beziehung selber. Er wird zunächst immer wieder aus der Beziehung herausfallen, sich zurückziehen. Es ist nun meine Aufgabe, ihn wieder aufzufangen, ihm zu zeigen, dass ich trotzdem zu einer weitern Zusammenarbeit bereit bin, von ihm aber verlange, dass er seinerseits der Beziehung genau so Sorge trägt. Dazu gehört – um bewusst ein «kleinkariertes» Beispiel anzuführen –, dass man den andern nicht einfach warten lässt, wenn man mit ihm verabredet ist. So sage ich etwa zu einem Kind, das sich in der Beziehungsphase befindet: «Wenn du aus irgendeinem Grund erst später – zur Schule, zur Therapie usw. – kommen kannst, so gib mir bitte Bericht, auch wenn es sich nur um eine Viertelstunde handelt». Ich verlange also in dieser Phase grosse Sorgfalt in der Pflege der Beziehung – auch von meiner Seite her.

Nebenbei: Die Leute, die mich – auf Grund der «Ruderkinder» – als «antiautoritär» bezeichnen, wären vermutlich recht erstaunt, wenn sie dahinter kämen, wie sehr hier aufs Detail geachtet wird. Allerdings ist die Gefahr nicht sehr gross, dass sie dahinterkommen. Es liegt in der Natur der Sache, dass so etwas nicht herumposaunt wird.

Zwei mögliche Missverständnisse sind noch zu klären.

1. Wenn ich sage: «Ich verlange . . .», so heisst das nicht, dass ich irgendein Druckmittel einsetze. Das ist überhaupt nicht mehr nötig in dieser Phase. Der Schüler möchte ja nichts lieber als Beziehungen zu andern Menschen aufnehmen können. Ist etwas schief gegangen, wird es einfach gemeinsam besprochen.

2. «Pflege des Details» bedeutet nicht Unaufrichtigkeit. («Immer nur lächeln . . .») es kann ohne weiteres geschehen, dass ein Schüler zu mir sagt: «Heute gehst du mir richtig auf die Nerven. Du meckerst wegen jeder Kleinigkeit. Ich kann doch nichts dafür, wenn du nicht ausgeschlafen hast.»

167

Ebenso könnte ich dasselbe zu einem Schüler sagen – wenn er sich bereits in der Beziehungsphase befindet.

Martin Buber hat einmal geschrieben:

«In unserem Begegnen, ob wir auch so wenig eingreifen wollen wie Himmel und Wald, ist etwas gewaltig Anrührendes, unser Du-Sagen.»[6]

Das passt gut als Umschreibung dessen, was in der Beziehungsphase geschieht. Das Kind wird ganz persönlich angesprochen. «Du bist nicht einfach einer meiner Schüler. In diesem Augenblick meine ich dich, als Individuum, unverwechselbar, und es gibt jetzt nichts Wichtigeres als dich und unser Gespräch.»

Darauf reagiert der Schüler mit sehr zwiespältigen Gefühlen. Einerseits ist er dankbar für die Situation, obwohl sie ihm neu und ungewohnt ist. «Sie sind der erste erwachsene Mensch, der sich richtig mit mir abgibt. Ich habe gar nicht gewusst, dass man so miteinander sprechen kann.» So höre ich immer wieder. Andererseits aber spürt der Schüler nun die erwähnten Hindernisse ganz deutlich. «Ich bin ja gar nicht so, wie der meint.» Und diese Hindernisse bringt er jetzt – erst jetzt – zur Sprache. Er berichtet von seiner Dummheit, von seinen Misserfolgserlebnissen, von seinen augenblicklichen Problemen. Ich höre mir das alles meist einfach an und versuche hin und wieder, mit ein paar Fragen seinem Gedächtnis etwas nachzuhelfen. Die eigentliche therapeutische Arbeit kann beginnen. Wir versuchen, gemeinsam etwas Ordnung in die Sache zu bringen. Nach und nach entdeckt er die Ursache solcher Erlebnisse. Vor allem aber entdeckt er, dass sie nicht auf eine von irgendeinem Schicksal verhängte «Dummheit», «Bosheit» oder was weiss ich zurückzuführen sind.

So vollzieht sich die allmähliche Änderung der Einstellung des Kindes zu sich selber. «Ich bin offenbar doch noch lange nicht so blöde (dumm, frech, ungeschickt usw.), wie ich geglaubt habe. Hier ist einer, der immer noch zu mir hält, der mich immer noch anerkennt.» Allerdings stellen sich dieser neuen Erkenntnis viele Hindernisse in den Weg. Ausserhalb der Schule erleben die Kinder ja immer noch genau das Gegenteil, im Unterricht der Schule zum Teil auch noch. Dann sind da auch die Erlebnisse aus der Ver-

Anm. 6:
Buber: Die Aufgabe, in: Nachlese, S. 91 ff.

gangenheit. Bewusst und unbewusst wirken sie nach. Zudem stellen sich noch eigene aktuelle Probleme, welche sich ebenfalls hemmend auswirken können. In dieser Hinsicht hat sich also nicht eben viel geändert. Etwas aber ist ganz grundsätzlich anders geworden: Der Schüler hat – meist überhaupt zum ersten Mal in seinem Leben – wirkliches Vertrauen gefasst, Vertrauen, das auf eigenem Erleben (in der Ruderphase) und nicht auf schönen Reden gründet. Deshalb beginnt er jetzt – auch hier zunächst zaghaft und unsicher –, zur Sprache zu bringen, was ihn da noch hemmt. Davon und von den weiteren in diesem Zusammenhang sich stellenden Problemen soll in diesem und in den nächsten Abschnitten die Rede sein.

Dazu noch ein paar Beispiele:

Gegen-Erlebnisse

In der Beziehung zu mir erleben viele Kinder zum ersten Mal, dass sie über längere Zeit hinweg anerkannt werden. Das ist für sie unerhört wichtig. Das Erlebnis bleibt aber vorerst meist auf die Beziehung beschränkt. Allenfalls weitet es sich auf den Bereich der Schule überhaupt aus. Daneben aber ist das Kind weiterer fortwährender Entmutigung ausgesetzt. Es wird in der Nachbarschaft und oft auch in der Familie weiter als Trottel angesehen und hat auf diese Weise seine täglichen «Gegen-Erlebnisse». Diese gilt es, so gut es geht, in der therapeutischen Beziehung zu neutralisieren. Mit der Zeit gelingt das immer besser. Das Kind beginnt, spontan von seinen Gegen-Erlebnissen zu berichten. So lassen sich diese besprechen und in den Zusammenhang einordnen, in den sie gehören.

Konrad konnte nicht rechnen. Er hatte die Leistung des Rechnen-Lernens aus ähnlichen Gründen verweigert wie Albert das Lesen. Auch hier stand ein «böser» Vater im Hintergrund, gegen den es sich zu wehren galt. Auch hier bot aber die Art dieser Abwehr dem Vater Stoff zu immer neuen «Angriffen». Schon manchmal hatte er es selbst unternommen, seinem «dummen» Sohn das Rechnen ein- für allemal beizubringen. Meist hatte diese «Rechenstunde» aber damit geendet, dass er seinen Ledergurt auszog und seinen Sohn damit verbläute. Eines Tages nun kam Konrad sichtlich aufgeregt zur Schule. «Kann ich dich nachher noch sprechen?» fragte er. Es war aber mit ihm in der ersten Stunde überhaupt nichts anzufangen. Also beschäftigte ich die Klasse, und wir beide setzten uns draussen an die Sonne, um seinen Kummer durchzubesprechen. Folgendes war geschehen: Sein Vater hatte wieder einmal einen Anlauf zur «Nachhilfe» gemacht. Er hatte ihm 80 Trapeze aufgezeichnet. Von diesen sollte er bis zum übernächsten Tage jeden Umfang und die Fläche errechnen. Konrad war nahe am Weinen. «Ich habe ja keine Ahnung, wie das geht», sagte er. Ich erklärte es ihm, und er machte sich an die Arbeit. Nach einer Stunde hatte er vier solche Aufgaben durchgerechnet. «Das dauert ja zwanzig Stunden, bis ich fertig bin», sagte er jetzt. Er wusste nicht mehr, was tun. Ich auch nicht. Mit dem Vater zu sprechen, hatte keinen Sinn. Ich kannte ihn. Wenn der sich etwas in den Kopf gesetzt hatte . . . Im Augenblick war da nichts zu machen. Konrad verzweifelte. «Ich darf nicht mehr nach Hause, wenn ich das nicht habe.» Plötzlich kam mir eine Idee. Wozu hatte man eigentlich die Rechenmaschine erfunden? Wir besorgten uns eine, und die Sache war im Nu erledigt. Der bedauernswerte Vater rechnete nachher jede einzelne Aufgabe im Kopf nach. Drei Fehler habe er gefunden, berichtete mir Konrad am nächsten Tag. Wir grinsten beide. Offenbar machen auch Rechenmaschinen hie und da so ihre Fehler . . .

So erlebte Konrad: Dank der Beziehung bin ich nicht mehr wehr- und hilflos wie bisher Entmutigungen ausgesetzt. Das wurde für ihn zu einem eigentlichen «Schlüsselerlebnis».

Erinnerungen

Bei den meisten Kindern sind Erinnerungen an vergangene Misserfolge, wie sie in diesem Buch mehrfach berichtet werden, noch sehr lebendig oder nur schlecht verdrängt. Diese kommen nun zur Sprache. Das Kind erlebt sie gewissermassen noch einmal durch, allerdings mit der grundsätzlich andern Voraussetzung: «Ich bin nicht mehr allein und hilflos.» Das wäre die rein gefühlsmässige Seite. Darauf wird noch zurückzukommen sein. Zugleich gewinnt es auch Einsicht in den Zusammenhang dieser Einzel-Erlebnisse. Warum ist das damals so und nicht anders vor sich gegangen? Warum bin ich jetzt «dumm/frech» usw.? Solche Fragen werden wichtig.

In diesem Zusammenhang ist beispielsweise der Bericht Ruedis zu sehen. Man merkt hier deutlich, wie der Bub versucht, sich von seinem veränderten Selbstbewusstsein her mit seinen Erlebnissen auseinanderzusetzen.

Die am tiefsten sitzenden Erlebnisse, diejenigen, die das Kind am stärksten betroffen haben, und die es deshalb meist erfolgreich verdrängt hat, kommen meist am spätesten wieder zum Vorschein. Oft braucht es Jahre, bis es so weit ist. Auch deshalb darf man nie glauben, man kenne ein Kind jetzt, bloss weil man zwei bis drei «tiefschürfende» Gespräche mit ihm geführt hat. Ein Beispiel: Die Berichte vom «Schweigen» und von der «Satansanbetung», die ich gebracht habe, stammen ebenfalls von Ruedi. Nur hat er sie drei Jahre später unter stärkster gefühlsmässiger Beteiligung berichtet und anschliessend niedergeschrieben.

Aktuelle Probleme

Ein grosses Problem, das in dieser Phase immer wieder zur Sprache kommt, ist das schlechte Gewissen. Da haben Kinder gestohlen oder Sachen zerstört. Die Angelegenheit ist vielleicht nie ausgekommen, das schlechte Gewissen aber ist geblieben und hat sich lähmend auf sie gelgt. Das kommt jetzt zur Sprache – und oft auch zur Wiedergutmachung.

Eine weitere unerschöpfliche Quelle schlechten Gewissens und damit verbundener Minderwertigkeitsgefühle bildet die Sexualität. Greifen wir das Beispiel der Onanie heraus. Gottlob sind die Zeiten vorbei, da man den Kindern vom «Hähnchen-Abschneiden», von drohenden Rückenmarkskrankheiten und weiss der Himmel was alles berichtete. Aber: So endgültig vorbei scheinen diese Zeiten keineswegs zu sein. Noch immer lesen Mütter auf der Frauenseite ihres Leibblattes, die Buben zwischen 13 und 15 Jahren täten onanieren, aber das gehe dann gottlob vorbei, und wenn sie es nachher nicht mehr täten, so sei weiter kein Grund zur Sorge. Noch immer finden sich in den Schriftenständen von Kirchen jene dubiosen Büchlein, die den jungen Menschen direkt ansprechen. Das tönt dann etwa so:

«Leider muss ich nun über einen Missbrauch der Geschlechtskraft etwas sagen, dessen sich auch Jungen schuldig machen können. Ich meine die Sünde der Unkeuschheit, durch die ein Junge seine Geschlechtskraft missbraucht, um sich selbst Genuss zu verschaffen. Damit hast vielleicht nicht nur du zu tun, sondern andere deiner Kameraden auch; vielleicht lange Zeit, ohne anscheinend davon loskommen zu können. Gib nicht der Lust nach und vergeude keine Kräfte, die der Körper viel besser für seinen Aufbau brauchen könnte. Der Arzt sagt dir nämlich, dass ein Teil der aufgestauten Samenzellen vom Körper als Aufbaukraft für sein Wachstum benutzt wird. Der andere Teil findet, wie ich schon sagte, auf gesunde und natürliche Weise selbst seinen Weg aus dem Körper.

Höre nicht auf das Geschwätz von Kameraden, die behaupten, da sei weiter nichts dabei, das müsse man tun, das schade nichts. Wenn einer diese Sünde begeht, die man auch Selbstbefleckung nennt, kann ihm das sehr wohl schaden! Er wird nicht gerade krank, aber er kann auf die Dauer schlapp und müde werden, kann sich nicht auf ernste Arbeit konzentrieren, lässt sportlich nach, seine Leistungen gehen zurück. Andere Schäden können noch schlimmer sein. Wenn einer sich nämlich im 6. Gebot gar keine Mühe mehr gibt, dann wird ihm die Religion bald zur Last; er betet kaum noch, hat Entschuldigungen für die Sonntagsmesse, geht immer seltener zu den heiligen Sakramenten, und allmählich gleicht seine Seele einer öden und ausgebrannten Steppe. Dazu kommt noch eins: Es ist nie gut, wenn ein junger Mensch unter dem Druck eines Übels steht. Das Gewissen macht ihm Vorwürfe, er hat Ekel vor sich selbst und fühlt sich minderwertig.»

Diese mindestens im Schlussteil sehr wahren Worte finden sich in einem Schriftchen, das gemäss eigener Angaben in folgende Sprachen übersetzt worden ist: annamitisch, arabisch, chinesisch, englisch, flämisch, französisch, italienisch, portugiesisch,. slowenisch, spanisch, ungarisch. Daneben findet sich der Vermerk: 1151.–1250. Tausend der Gesamtauflage. Da kann man einem katholischen «Jungmann» wahrhaftig nur wünschen, dass er an die annamitische Ausgabe gerät!

Der Schaden, den solche «Aufklärer» immer noch anzurichten vermögen, kann beträchtlich sein. Ich habe von unzähligen– auch von mit Bienlein und Blümlein auf Flanellwand oder Lichtbild aufgeklärten – Kindern im therapeutischen Gespräch die Ansicht zu hören bekommen: «Ich bin schwach, ein Schwein, usw., weil ich onaniere.» Ich habe Kinder berichten hören, sie hätten sich absichtlich in den Finger geschnitten, damit «es» dann weh tue und sie «es» unterliessen. Ich habe Buben erlebt, die allen Ernstes glaubten, sie seien jetzt für den Rest ihres Lebens homosexuell. Sie hatten in einer «Aufklärungsschrift» gelesen, dass Homosexuelle häufig gegenseitig masturbierten. Die Beispiele liessen sich beliebig vermehren. Wichtig scheint mir dies: Kinder, die ein ohnehin schwaches Selbstwertgefühl haben, werden aus allen nur möglichen Informationen Waffen gegen sich selbst schmieden. Dies umso mehr, wenn diese «Informationen» auf ein schlechtes Gewissen hin angelegt sind, wie im vorliegenden Beispiel. Diese Waffe vermag ihnen nur das offene Gespräch wieder aus der Hand zu nehmen.

172

Geborgenheit, Sicherheit

Meist geschieht es, dass ein Kind in heftige Gefühlserregung gerät, wenn es von seinen Problemen erzählt. Es wird traurig oder wütend oder erregt, je nachdem. Seine Gefühle, die es oft selbst nicht richtig erkennt, melden sich. Eine meiner wichtigsten Aufgaben ist es nun, dem Kinde beim Ausdrücken seiner Gefühle behilflich zu sein. Denn diese müssen ja verbalisiert werden, wenn das Kind sie entdecken soll, wenn es überhaupt erleben soll, dass es eigene Gefühle hat.

So beginnt das Kind auch, von Gefühlen zu berichten, die es bei seinen Erlebnissen hatte, die es jetzt erzählt. Meist ist es so, dass es nach einiger Zeit diese Gefühle bei seinem Bericht nochmals erlebt. Und doch ist es nicht dasselbe.

Früher war es seinen Erlebnissen und den damit verbundenen Gefühlen hilflos ausgeliefert. Es hatte Angst. Es war allein, schutzlos. Es ist oft erschütternd zu hören, wie Kinder später immer wieder berichten: «Ich war ganz allein, ich hatte niemanden, der mir geholfen hätte.» Zudem hatte es diesen negativen Erlebnissen nichts entgegenzusetzen. Die Leute hatten ja recht mit der Behauptung, dass es dumm, frech, blöde usw. sei. Es identifizierte sich oft noch mit solchen Urteilen und war deshalb dem daraus erwachsenden Druck umso weniger gewachsen.

Jetzt ist das grundsätzlich anders: Es hat etwas Selbsvertrauen gefasst. Vor allem aber fühlt es sich nicht mehr allein. Da sind andere Schüler, zwei bis drei «Vertraute», die oft wirklich gute Kameraden sind. Da ist vor allem auch der Lehrer, der jetzt eine Art «Dreierrolle» Lehrer/Therapeut/älterer Kamerad annimmt. Das Kind fühlt sich nicht mehr schutzlos dem Druck von aussen einerseits und seinen Gefühlen andererseits preisgegeben. Nicht, dass diese Erlebnisse, diese Gefühle nicht schmerzlich wären. Im Gegenteil: Je bewusster das Kind zu leben beginnt, je mehr es seine Gefühle wahrzunehmen beginnt, desto schmerzlicher kann es sie oft empfinden. Aber das alles lässt sich gemeinsam leichter ertragen.

173

Und da ist auch noch die «Therapiestunde», von der das Kind erfahren hat: Hier darf ich klein, hilflos, schutzlos sein, ohne dass für mich ein «Verlust» daraus entsteht. Auch das ist neu. Bisher hatte es immer Schläge einstecken müssen, wenn es an die Wand gedrängt war. Aber hier, das weiss es, hier kann ihm nichts passieren. Hier kann es im Extremfall weinen, ohne ausgelacht, schreien, ohne zur Ruhe gemahnt, beschimpfen, ohne selbst beschimpft zu werden. Hier kann es über alles sprechen, was ihm irgendwie zum Problem geworden ist. Es kann sich der «Aussenwelt» viel leichter stellen, wenn es daneben diese Möglichkeit hat.[7]

Das verleiht ihm oft das Gefühl der Geborgenheit, der Sicherheit, das es bisher so häufig hat entbehren müssen. Der «eingerostete» Pendelvorgang: Sicherheit, Geborgenheit, Anerkennung – Selbständigkeit, Autonomie kann (endlich) wieder zum Spielen kommen.

Anm. 7:
Oft höre ich die Ansicht: Man kann nicht zugleich Lehrer und Therapeut sein. Das ist theoretisch richtig. Nur: Lehrer bin ich ohnehin. Bin ich nur Lehrer, hat das Kind keinen Therapeuten. Den Luxus theoretisch richtigen Verhaltens kann ich mir daher gar nicht leisten. Und dann zeigt sich in der Praxis, dass das ein – zwar hin und wieder unter Schwierigkeiten – durchaus gangbarer Weg ist. Sollte am Ende etwas an der Theorie nicht ganz stimmen? Kaum denkbar.

174

Gruppenprobleme

Oft werden mir – nach einem Vortrag etwa – von ganz bestimmten Leuten ganz bestimmte Fragen zum Problem der Gruppe gestellt. Da findet sich die obligate Kindergärtnerin oder Unterstufenlehrerin, die fragt: «Ja, stört das denn die andern nicht, wenn einer robotert?» Oder es kommt die Frage vom Mitglied einer erst seit kurzem bestehenden Wohngemeinschaft: «Ist es nicht so, dass die Gruppe dem Kind helfen kann, Identität zu erlangen?» Und schon spürt man die Spannung im Saal steigen. Gruppenprobleme vermögen die Leute zu erhitzen. Was von den einen als «dynamischer Prozess» gepriesen wird, erscheint den andern als «Zigeunerordnung». Jemand zitiert Richter[8], während jemand anderem die grosse Neuigkeit einfällt, dass «die Freiheit des einzelnen doch auch ihre Grenzen» habe. Und schon lässt sich Gruppendynamik im Vollzug erleben . . .

Wenn das eigentliche Problem darob nicht einfach unter die Räder gerät, habe ich als Referent am Schluss die Frage zu beantworten: «Wie stellt sich bei dir das Problem «Einzelner und Gruppe» im therapeutischen Ablauf? Hilft die Gruppe dem einzelnen oder bremst sie ihn? Hilft der einzelne der Gruppe oder stört er sie?»

Um diese Frage beantworten zu können, möchte ich etwas Material vorlegen. Es stammt aus Schülerberichten.

Die Gruppe kann dem einzelnen helfen. Sie kann z.B. dazu beitragen, dass er nicht mehr das Gefühl hat, allein «böse» zu sein. Hier beschreibt ein Schüler, was er empfand, wenn wir in der Gruppe gemeinsam ein Problem besprachen, das alle betraf und an dem er als Einzelner versagt hatte:

«Wir durchdachten und besprachen solche Probleme genau. Nach jedem Besprechen von irgendeinem Problem wurde es mir erheblich wöhler. Der Grund dafür war, dass ich sah, dass ich nicht der einzige so programmierte Mensch war. Wenn wir ein solches Problem genau

---

Anm. 8:
H.E. Richter: Die Gruppe, Reinbek, 1972

bestimmt hatten, sahen wir viele Möglichkeiten, es zu lösen. Wenn das geschah, war ich so richtig entlastet. Es war mir, als ob eine Hacke aufgehört hätte, auf meinen Kopf zu schlagen und ich dadurch wieder viel freier und intensiver denken könne.»

Die Gruppe kann aber auch eine eigentliche Bremswirkung haben. Diese wird im folgenden Bericht beschrieben:

«Wenn die andern blödelten, machte ich auch mit. Das gab natürlich den Jüngern noch mehr Aufschwung. Dabei hatte ich auch immer noch das alte schlechte Gefühl, dass ich ein Blöder sei. Wenn mir dieser Gedanke kam, versuchte ich, ihn immer sofort zu vergessen. Eigentlich wusste ich, wie ich mich zu verhalten hatte. Aber ich wollte es nicht tun. Ich hatte Angst vor etwas ganz Neuem, das ich noch von nirgendwo kannte.»

Ebenso vermag ein Einzelner eine Gruppe in positivem Sinne zu beeinflussen, was sich wiederum positiv auf diesen Einzelnen auszuwirken vermag:

«Zu dieser Zeit fiel mir auch etwas Neues auf. Ich hatte immer ein ganz ausgezeichnetes Gefühl, wenn ich jemandem, der irgendein Problem zu lösen hatte, helfen konnte. Früher hatte ich diejenigen immer ausgelacht und mich dann mit einem hämischen Grinsen verzogen. Und zwar darum, weil man mir es genau so besorgt hatte.»

Ein einzelner vermag eine Gruppe auch negativ zu beeinflussen:

«Eines Nachmittags kam mir in den Sinn, dass Heiri eigentlich noch zu wenig Respekt vor mir hatte. Jetzt hetzte ich die ganze Klasse ihm auf den Hals. Wie ich das fertiggebracht habe, weiss ich nicht mehr. Jedenfalls, als alle kochten vor Wut, rief ich «Werft ihn in den Brunnen!» Es wurde dann auch so gemacht. Nun fühlte ich mich sehr selbstsicher.»

Wichtig ist nun folgendes: Alle vier Zitate stammen vom selben Schüler und ungefähr aus derselben Zeit. Aus der Zeit nämlich, da er von der Bubeliphase langsam in die Beziehungsphase wechselte. Da es sich hier um einen dynamischen Prozess handelt, wurde dieser Schüler denn auch kräftig hin und her gerissen. Er beschreibt das sehr schön:

«Oft sagte mir Jürg, ich sollte mich vom Bubele zurückhalten. Mir fehlte jedoch die praktische Verwirklichung. Wenn ich mit Jürg darüber sprach, sah ich ganz deutlich, was gemeint war. Dann kam mir wieder das Alte in den Sinn, und ich wollte bei ihm bleiben. Früher hatte ich meine Wut immer an irgend etwas auslassen können, sei es mit dem Töff oder mit Frechheit oder mit Schlägereien. Jetzt musste ich lernen, es mit dem Kopf zu verschaffen. Jedoch, wenn ich über irgend etwas rasend geworden war, bestanden immer noch die alten Reaktionen in meinem Kopf. Dann war es recht schwierig, meinen vorprogrammierten Vorgang abzustoppen und zu überlegen, was jetzt zu tun sei. Die alte Programmierung war nämlich ein Gefühl, dass ich jetzt ganz allein und hart an meine Gegner heranfahren müsste. Es war aber auch ein Gefühl, dass ich immer der Abgeschobene, Alleinstehende war. Klar hatte sich das jetzt geändert. Ich hatte z. B. Jürg und Martin, die immer bereit gewesen wären, mit mir irgend etwas Anregendes zu unternehmen. Aber was nützte mir das? Ich konnte mich mir gar nicht als vernünftigen Menschen vorstellen, ausser wenn ich einmal richtig gut daran war. Vor allem war es auch so, dass ich eine riesige Freude an mir hatte, wenn es mir einmal gelang, meine Persönlichkeit zu verwirklichen. Da ich aber zu dieser Zeit auch teilweise Freude am Zerstören hatte, gefiel es mir natürlich auch, meine positiven Seiten zu zertreten. Jedoch, wenn ich das tat, wusste ich instinktiv, dass ich einen grossen Fehler beging. Je mehr ich mir dieses Fehlers bewusst wurde, desto hilfloser wurde ich. Wieder kam ein neues Gefühl über mich. Diese wechselten ja so häufig, dass es mir kaum gelang, sie abzuschätzen und geschweige zu sortieren. Jetzt blieb ich nämlich in einer verdammt ekligen Mitte hängen. Auf der einen Seite waren die Blödeler, für die ich ja wirklich zu alt war, und auf der andern war Jürg, und zu dem fand ich den Zugang einfach nicht.»

So erweist sich in unserer Erfahrung die Gruppe bald als hinderlich, bald als ausserordentlich hilfreich. Sie vermag einen Schüler länger als nötig in einer Phase zu fixieren. (Hin und wieder gibt es eigentliche «Bubeligruppen».) Aber ebensosehr kann sie ihn auch weiterbringen, ihm Hilfe sein. Nur: Im voraus lässt sich das kaum abschätzen.

So muss ich den eingangs erwähnten «Kommunarden» enttäuschen. Meine Erfahrungen mit Gruppen sind nicht nur positiv. Wenigstens, soweit dies die pädagogisch-therapeutische Seite der ganzen Angelegenheit betrifft.

Anders sieht es auf dem «schulischen» Sektor aus. Da bringt eine Gruppe meist Dinge zustande, die sich ein Einzelner nie zugetraut hätte. Doch davon später. Die Kindergärtnerin hingegen kann ich beruhigen: Kinder in der Beziehungsphase sind gegen die Ruderer weitgehend immun. Sie haben ja das alles auch schon durchgemacht und zeigen daher meist für diese Probleme weit mehr Verständnis als – sagen wir einmal – «Schulfreunde».

Aber auf eine «Gruppenerfahrung», die meist während der Beziehungsphase gemacht wird, möchte ich noch hinweisen. Durch das, was die Kinder erlebt haben und jetzt erleben, sind sie sensibilisiert für die Probleme der Zukurzgekommenen. Sie fühlen sich mit ihnen solidarisch, in einer Weise, die mich oft erstaunt und oft beschämt. Ich habe es schon hin und wieder erlebt, dass mir von ein paar Schülern jemand gebracht wurde, der Schwierigkeiten hat, mit der Frage: «Können wir dem nicht irgendwie helfen?»

«Du» sagen

Aus dem bisher Berichteten ist vielleicht aufgefallen, dass meine Schüler mich teils mit Sie, teils mit Du anreden. Das fällt auch den meisten Schulbesuchern auf. So werden in der Folge Fragen gestellt wie: Sind die Schüler mit Ihnen per Du? Welche? Warum? Wirkt sich das nicht negativ auf die andern aus?

Wenn für mich eindeutig feststeht, dass ein Kind jetzt in die Beziehungsphase eintritt, biete ich ihm das Du an. Damit setze ich ganz bewusst eine Art Markstein: «So, jetzt wird unser gegenseitiges Verhältnis anders. Es erhält jetzt gewissermassen eine neue Dimension – eine im engeren Sinne therapeutische.» Aber gerade diese gründet in dem Bewusstsein der Gleichwertigkeit beider Partner. Es geht nicht um die Beziehung eines «Nicht-Geheilten» zu einem «Geheilten». (Wer könnte schon von sich sagen, er sei «geheilt»?) Es geht darum, dass zwei gemeinsam versuchen, die Probleme des einen zu lösen.

Einem Kind, dass sich in der Bubeliphase befindet, würde ich das Du nicht antragen. Es würde das sogleich «ausnützen», d.h. zu einem Bestandteil seiner Roboterei machen (was mir eigentlich egal sein kann) und damit den Widerstand der Öffentlichkeit in völlig unnötiger Weise vergrössern (was mir manchmal ganz und gar nicht egal sein kann). Zudem braucht es das Kind in dieser Phase sehr oft gerade, dass es sich mit mir als «Autoritätsperson», als Träger einer Vaterprojektion beispielsweise, auseinandersetzen kann.

Oft ist es so, dass die Aufnahme der Beziehung durch das Du sehr erleichtert wird. Viele Kinder haben zwar zunächst Schwierigkeiten, mich zu duzen. Dies gilt vor allem für gut angepasste, sehr stark entmutigte Schüler. Dann aber brechen die Autoritätsprojektionen (Vater, frühere Lehrer usw.) einfach zusammen. Der Weg zur Aufnahme der therapeutischen Beziehung ist frei.

Ich habe es hin und wieder erlebt, dass Kinder in dieser Zwischenphase mich zwar duzten. Wenn sie aber wieder einmal roboterten (ein «Rückfall»

179

gewissermassen), so sagten sie wieder Sie zu mir, ohne es zu bemerken. Oft hat die gemeinsame Aufarbeitung dieses Sachverhaltes einen Schüler einen guten Schritt weiter gebracht.

Was bedeutet das Du-Sagen dem Schüler? Daniel schreibt später darüber:

«Früher war Jürg für mich zwar ein netter Lehrer, jedoch trotzdem ein Herr Jegge, der vor allem die Pflicht hatte, uns zu beaufsichtigen. Doch nun hatte ein ganz anderes Verhältnis für mich begonnen. Ich getraute mich nun viel offener von meinen Problemen zu reden. Ich fühlte mich viel mehr als eine Persönlichkeit und bemühte mich auch ernsthafter, unser gutes Verhältnis zu pflegen.

Manchmal sassen ich, Jürg und ein paar andere Freunde von Jürg beisammen und tranken Kaffee. Die Gespräche, die wir dann hatten, machten mich nun darauf aufmerksam, dass noch immer ein grosser Unterschied bestand zwischen Jürg und mir und seinen Freunden und ihm. Gerade diese Mauer hätte ich nie überwunden, wenn ich mit Jürg nicht duzis gewesen wäre. Als sich dann wiederum dieses Problem gelöst hatte und das Verhältnis zwischen uns besser wurde, entdeckte ich erst die Grundprobleme, die ich wirklich hatte.»

Ich habe bis jetzt noch nicht erlebt, dass es wegen dem Du-Sagen Probleme mit den Schülern gegeben hätte, die mich nicht (besser: noch nicht) duzen. Da es sich bei diesen naturgemäss meist um die Jüngeren handelt, begreifen sie sehr gut, dass die Älteren mit jemandem per Du sein können, mit dem sie es noch nicht sind. Sie wissen ja auch: Später wird es bei uns genau so sein.

Schwierigkeiten hingegen gibt es hin und wieder mit Aussenstehenden. Oft ordnen sie unser Duzen – völlig unbelastet vom Wissen um die Gründe dafür – in ihr Wertsystem ein als «antiautoritär» (natürlich!) oder, im weniger schwerwiegenden Falle, als pfadfinderhaft. In lieber Erinnerung geblieben ist mir der rhetorische Purzelbaum eines Schulbesuchers, der zu mir sagte: «Einen guten Rat möchte ich Ihnen doch geben. Lassen Sie sich doch wieder mit Sie anreden. Sie haben ein so gutes Verhältnis zu Ihren Schülern, dass das wohl kaum viel ausmachen wird.» Wohl kaum . . .

Die Entdeckung des Ich

Wir kommen zum wesentlichsten Vorgang während der Beziehungsphase: Das Kind beginnt, seine Persönlichkeit, sein Ich zu entdecken:

Otto war ein braver, gut angepasster Bub. Er hatte nie irgend jemandem Schwierigkeiten bereitet, weder zu Hause noch in der Schule. Dabei war er aber keineswegs glücklich, denn sobald er in eine Situation kam, wo mit blosser Anpassung, mit Schmeicheln, mit Augenaufschlägen, kurz: mit der ihm gewohnten «Masche brav» nichts zu machen war, wurde er sofort unsicher. Er zog sich sogleich zurück. Dies wurde für ihn zu einer ständigen Bedrohung, davor hatte er richtiggehend Angst.

Seine «brave Phase» hatte denn auch verhältnismässig lange gedauert. In der Bubeliphase hatte er auf die hinterhältige Art gerobotert. Er hatte sich nie getraut, offen aggressiv zu sein. Dann kam die Beziehungsphase:

Zunächst war es offensichtlich, dass er daran war, eine Beziehung aufzubauen. Aber diese schien mir irgendwie unecht, unwahr zu sein. Wenn ich mit ihm sprach, hatte ich z.B. immer den Eindruck, er gebe mir die Antwort, von der er annahm, dass ich sie erwarte. Ich wollte aber nicht irgendwelchen unechten Gefühlsregungen zuhören, sondern ihn seine eigenen Gefühle entdecken lassen. Deshalb musste ich zunächst seine unechten, anpasserischen Anwandlungen konsequent zurückweisen. Er selbst hat später den Vorgang folgendermassen beschrieben:

«Jürg, mein Lehrer, fuhr mit mir mit dem Auto manchmal aus. Dann sprachen wir über Probleme, die ich hatte. Ich sagte natürlich nicht zu ihm: ,Du, ich glaube, ich hasse meine Eltern, und doch mache ich, was sie wollen, damit ich gut dastehe.' Das konnte ich nicht, weil ich diese Gefühle abwürgen musste. Ich baute einfach andere, unechte Gefühle auf. Das heisst, die bauten meine Eltern auf. Ich durfte ja gar keine echten Gefühle zeigen. Wie ich das lernen musste, will ich jetzt erzählen.

181

Wir fuhren zur Thur hinaus. Langsam begann Jürg, Fragen zu stellen. Er fragte so, dass ich ihm meine Gefühle erklären sollte. Da war es aus für mich. Wie sollte ich ihm meine Gefühle erklären, wenn ich keine hatte, das heisst, dauernd abwürgte? Nun hielten wir an einem abgelegenen Ort ganz an der Thur. Er begann, über Gefühle zu sprechen. Ich war verzweifelt. Ich wollte, dass er aufhöre, doch ich gab es nicht zu. Er stellte mir eine Frage, ich gab ihm die Antwort, die er, so hoffte ich, hören wollte. Da erklärte er mir alles über den Anpasser. Dass ich meine Gefühle abwürge wegen dem Gefallen, den andern zu gefallen. Jetzt war ich richtig entmutigt. Ich starrte ins Wasser und war nahe am Weinen. Zu weinen getraute ich mich nicht. Doch er begann, mir wieder Mut zu machen. Wir redeten weiter. Mir wurde es viel wohler, als er sagte, dass ich ein Mensch bin, den es nur einmal gibt, dass ich zu meinen Gefühlen stehen darf, dass ich ich bin und niemand anders. Das war neu für mich. Dass niemand meine Gefühle bestimmt, sondern dass ich ganz darauf achten kann und darf.»

Das war wie ein richtiger Durchbruch. Er begann nun, vorerst in der «Therapiestunde», Erlebnisse zu berichten, die deutlich eine andere Qualität aufwiesen als die, die er vorher erzählt hatte.

«Mein erstes Erlebnis, an das ich mich zurück erinnern kann, ist folgendes: Ich lag im Stubenwagen. Da kamen mein Bruder und meine Schwester. Sie begannen mit mir zu spielen. Mich freute die Gesellschaft der beiden sehr. Plötzlich ging die Tür auf, und die Mutter trat ein. Sie beschimpfte die beiden, das heisst, genau kann ich es nicht sagen. Auf jeden Fall verliessen sie den Raum fluchtartig. Auch die Mutter ging wieder weg. Nun lag ich da, allein, traurig und enttäuscht. In diesem Fall über die Mutter, da sie die beiden fortgeschickt hatte und selber auch nicht bei mir blieb.»

Natürlich: Kann sich Otto wirklich an die Zeit im Stubenwagen erinnern? Kaum. Aber: Hier wird zum ersten Mal ein Motiv sichtbar, das in der Folge immer stärker in Ottos Berichten auftauchen wird. Die Mutter (oder der Vater) ignorieren oder hemmen die spontanen Gefühle und Reaktionen des Buben. Deutlicher wird das bei dem nächsten Erlebnis:

«Manchmal musste ich nach dem Mittagessen ein bis zwei Stunden schlafen. Einmal schlief ich nicht, als die Mutter nachschauen kam. Ich stellte mich schlafend, doch zwischendurch schaute ich nach, ob sie schon fortgegangen sei. Doch sie war immer noch im Zimmer und beobachtete mich. Also stellte ich mich wieder schlafend. Nach geraumer Zeit stand ich auf und begab mich in die Küche zur Mutter. Sie fragte mich, ob ich geschlafen habe. Ich erklärte ihr, dass ich gut geschlafen hätte. Jetzt begann ein kleines Donnerwetter. Sie nannte mich einen Lügner und fand sonst noch einige schöne Worte. Wenn ich aber richtig geschlafen hatte, begrüsste sie mich immer mit freundlichen Worten. Und das wollte ich nicht versäumen.»

Hier ist bereits der Mechanismus der Anpassung beschrieben: Solange sich Otto angepasst verhält (das heisst, solange er seine spontanen Reaktionen unterdrückt), ist er «lieb». Verhält er sich nicht so, droht Liebesverlust, was für den Buben umso schlimmer ist, als die primären Bedürfnisse nicht genügend befriedigt worden sind (siehe vorherige symptomatische Erinnerung). Die Liebe, die er zu verlieren fürchtet, hat er also nie richtig erlebt. Im Zeitpunkt, da Otto diese Erinnerung niederschrieb, war ihm dieser Mechanismus nicht bewusst. Ganz allmählich begann er aber, bei seinen Erlebnissen auch von seinen Gefühlen zu sprechen, die er dabei empfunden habe.

«An einem frühen Nachmittag machten mein Bruder und ich irgendeinen Unsinn. Ich kann nicht mehr sagen, was es war. Auf jeden Fall irgend etwas Simples. Daraus entstand ein grosses ‚Erziehungsfestival'. Wir bekamen den Befehl, sofort ins Bett zu gehen. Mein Bruder gehorchte, ich nicht. Ich weinte, wehrte mich verzweifelt gegen das ungerechte Urteil meiner Mutter. Mein Vorhaben, ungehorsam zu sein, stärkte mich, als ich keine Ohrfeige bekam. Unsicher wurde ich, da die Mutter auch kein Geschrei verführte, sondern bestimmt und ruhig zu mir sagte: ‚Du böser Bub! Das hätte ich von dir nicht erwartet.' Ich versuchte mich zu entschuldigen. Sie wollte nicht. Von mir aus konnte man das alles vergessen und wieder normal tun. Doch sie wollte nicht. Ich sass auf der Ofenbank, weinte und war traurig und wusste nicht recht, ob mich meine Mutter liebte, wenn sie so gemein zu mir sein konnte.»

Hier spüren wir deutlich, wie der Bub seine eigenen Gefühle zu entdecken beginnt. Er beginnt hier mit der Erinnerung an frühere Gefühle – und plötzlich wird der Bogen zu den gegenwärtigen geschlagen:

Hin und wieder rege ich die Schüler dazu an, das niederzuschreiben, was sie mir erzählt haben oder noch erzählen möchten. Als ich nun eines Nachmittags in meine Wohnung kam, wo Otto gerade den oben angeführten Abschnitt niedergeschrieben hatte, fand ich ihn in grösster Erregung vor. Er sagte zu mir: «Jetzt bin ich sicher, dass meine Eltern mich nicht richtig liebten.» Ich las die Geschichte durch, die er geschrieben hatte, und riet ihm, sich noch einmal hinzusetzen und einfach alles aufzuschreiben, was ihm jetzt in den Sinn käme. So entstand der folgende Abschnitt:

«Als ich die vorige Geschichte aufschrieb, hatte ich irgendwie die selben Gefühle noch einmal. Das heisst, genau kann ich es nicht sagen. Eigentlich waren sie gleich, aber doch ganz anders. Als ich es erlebte, hatte ich das Gefühl, dass meine Mutter mich nicht liebte. Ich hätte natürlich auch so reagieren können: Ich hätte mir sagen können: ,So, sie liebt mich nicht, also liebe ich sie auch nicht mehr.' Nein, so reagierte ich nicht, sondern genau umgekehrt. Ich merkte, dass sie mich nicht sehr liebte. Wenn ich also ihr gegenüber böse werde, so liebt sie mich noch weniger. Also muss ich lieb sein, damit sie mich mehr liebt. Und dann hatte ich das Gefühl: Ich bin der Versager, an mir liegt es, dass ich nicht so geliebt werde. Ich war der böse, nicht die Mutter. Ich hasste sie, aber ich getraute mich nicht, sie zu hassen. Wenn ich jetzt da sitze, überkommt mich das Gefühl, dass ich der Beschissene bin. Man lebt mit der Vorstellung, dass, wenn ich alles mit mir machen lasse, dass ich dann mehr geliebt werde. Ich gab mir Mühe, lieb zu sein. Doch ich war auf dem Holzweg. Ich wurde nicht mehr geliebt. So wurde das Gefühl des Versagens noch grösser. Wenn mich jemand anfauchte, war ich sofort beleidigt, kam mir als der letzte Idiot vor, vielmehr wieder als Versager. Das Gefühl des Versagens füllte mich mit Wut, die ich nicht zeigen durfte. Sonst wäre ich ja böse gewesen. So war ich gar kein Mensch mehr. Ich war im Machtkreis meiner Eltern eingeschlossen. Gegen diesen Kreis konnte ich alleine nicht kämpfen, denn die Angst vor dem Noch-enger-Werden war viel zu gross. Der Kreis wurde von der Angst des Nicht-mehr-geliebt-Werdens und der Wut, die ich nicht zeigen durfte, beschrieben. Dann kommt dazu: Das momentane «Nicht-sehr-geliebt-Werden» und der Wunsch nach Liebe. Beide waren sehr gross bei mir. Diese drei Dinge können einen mit ungeahnter Wucht zusammenschlagen. Dies taten sie auch, denn ich wusste nicht, was Gefühle sind. Das musste ich zuerst lernen. Meine Gefühle wurden von den Eltern zerdrückt.»

Ein paar Tage später schrieb er die folgende Geschichte nieder. Es wird darin ein wesentlicher Punkt sichtbar: Durch das Erkennen seiner (früheren und gegenwärtigen) Gefühle wird ihm jetzt auch sein Verhalten in bestimmten Situationen klar. Dieses Verhalten hatte er bisher nur ganz unbestimmt und dumpf als «Versagen» erlebt.

«Mein älterer Bruder und ich waren einmal alleine zu Hause. Wir lärmten durch die Wohnung und freuten uns, dass wir von niemandem Verhaltensanweisungen bekamen. Da kam Mutter nach Hause. Sie hatte irgend etwas wie eine Samichlausfitze in den Händen. Damit schlug sie auf meinen Bruder ein, bis er am Boden lag und krähte. Er bekam vor Krähen fast keine Luft mehr. Ich wollte mich für meinen Bruder wehren, doch ich konnte nicht. Ich war irgendwie lahm. Ich konnte einfach nichts gegen die Mutter unternehmen. Obwohl ich entschlossen war, mich zu wehren, konnte ich mich nicht bewegen.

Manchmal habe ich heute noch das gleiche Gefühl. Wenn mich jemand beleidigt hat oder so. Ich möchte zu ihm Arschloch oder so etwas sagen, doch ich kann nicht. Ich kann ruhig sagen: Ich habe nicht gelernt, mich für mich selbst zu wehren. Etwas lernte ich gut: folgsam, brav, lieb, nett sein. Wie es mir zumute war, war egal oder nicht wichtig.»

Von jetzt an wurden ihm aber seine Gefühle wichtig. Er begann vermehrt darauf zu achten. Er begann überhaupt erst einmal, sich selbst ernst zu nehmen. Bis jetzt hatte er sich (unbewusst) als eine Art «Leerformel» verstanden, deren Werte von aussen her eingesetzt wurden. Durch das Beachten der eigenen Gefühle änderte sich sein Verhältnis zu sich selber. Er begann, diese Werte selbst einzusetzen. Er begann, sich selbst zu entdecken.

Bei vielen Erlebnissen, die er jetzt berichtete, hiess es zum Schluss etwa:

«Ich getraute mich nicht, etwas zu sagen. Das Gefühl, dass ich zu nichts tauge, hatte ich auch wieder. Es waren auch grosse Hassgefühle, die ich nicht zeigen durfte.»

Einmal führte er das näher aus:

«Ich hatte im allgemeinen grosse Hassgefühle gegenüber den Eltern. Hassgefühle, die ich nicht zeigen durfte. Da beginnt es langsam zu

kochen. In mir ist die kochende Wut gegenüber den Eltern. Doch muss man brav sein wegen dem «Nicht-geliebt-Werden». Da war ich kein Mensch mehr, eher irgendeine Maschine. Ich hatte einmal einen Kollegen, der schimpfte ganz gewaltig über seine Mutter zu mir. Mir war es gar nicht mehr wohl. Ich bekam für ihn ein schlechtes Gewissen. Ich begann, gut von meiner Mutter zu erzählen, obwohl ich allen Grund zum schimpfen hatte. Doch ich getraute mich nicht, meinen Hass preiszugeben.»

Er begann nun – ermutigt durch seine Selbstentdeckung – seine Gefühle und seine Ansichten offen auszusprechen. Er liess nicht mehr einfach alles mit sich geschehen. Er gewann zusehends an Spontaneität. Das hatte zunächst zwei Folgen: Seine Schulkameraden nahmen ihn plötzlich ernst, wo sie ihn früher oft belächelt hatten. Einer sagte zu mir:«Jetzt mag ich den Otto plötzlich. Früher war der so ekelhaft seifig. Das ist jetzt ganz anders.» Demgegenüber geriet er aber plötzlich unter heftigen Druck seitens seiner Eltern. Sie unternahmen gewaltige Anstrengungen, sein neuentdecktes Ich wieder zu «brechen». Beides hat ihm sehr geholfen. Er schreibt später:

«Langsam begannen in mir sich Hassgefühle zu lösen, als mir das Ganze klar wurde. Man entdeckt langsam die eigenen Gefühle, wenn man spürt, dass diese vorher nicht gezeigt werden durften. Jemand hatte mir etwas zuleide getan. Ich konnte mich nicht wehren. Ich hatte gegenüber diesem Jemand Hassgefühle, die ich nicht zeigen konnte oder durfte. Wenn ich es jetzt kann, ohne schlechtes Gewissen, ist es für mich etwas Schönes. Es ist für mich überhaupt schön, zu sagen, was ich denke und fühle.»

«Es ist etwas Schönes, zu sagen, was ich denke und fühle.» Ich weiss nicht, ob Sie, lieber Leser, das völlig veränderte Selbstgefühl spüren, das aus diesen Worten spricht. Der Anpasser von früher war im Begriff, eine ernstzunehmende Persönlichkeit zu werden, die nicht mehr einfach alles mit sich geschehen liess.

Ich habe beschrieben, wie er seine eigenen Gefühle entdeckte. Er fand auch bald den Mut, diese auszusprechen, ebenso seine sonstigen Gedanken und Anschauungen. Da er darin von mir ernstgenommen und bestärkt wurde, begann er, sich auch sonst aktiv mit seiner Umwelt auseinanderzusetzen. Mit dieser für ihn völlig neuen Art des Umweltbezuges wurde er von seinen Kameraden und von den Leuten, die er in der (später noch zu beschreibenden) Erweiterungsphase kennenlernte, völlig akzeptiert. So wurde er zusehends seiner selbst sicherer. Er hatte sein «Ich» entdeckt.

Er sagte später zu mir:

«Das Leben ist für mich nicht einfacher geworden, aber schöner. Vor allem habe ich das Gefühl, viel intensiver zu leben. Ich denke, dass ich erst jetzt wirklich lebe.»

Und erst jetzt, aus dieser neuen Selbstsicherheit heraus, wurde es ihm möglich, seine Eltern, die immerfort Druck auf ihn ausübten, zu verstehen und zu akzeptieren. Langsam wich sein Hass und machte einer neuen – emanzipierteren – Einstellung Platz. Auch dazu findet sich Material in Ottos Bericht:

«Mein Vater hatte in der Familie viel Gewalt. Er war das Familienoberhaupt, regierte die Familie, alles lief nach seinem Wunsch und seinem Willen. Auch ich war diesem Willen unterworfen. Ich erlebte den Vater als eine riesige Gewalt. Ich getraute mich nicht, gegen ihn etwas einzuwenden. Da ich gegen ihn nichts einwenden konnte, hatte ich einfach die gleiche Meinung wie er. Also konnte mir nichts passieren. So kam ich gut mit ihm aus.

Kam – bis vor etwa zwei Jahren. Dann lernte ich mit Hilfe von Jürg, dass ich eigene Gefühle habe, ein eigener Mensch bin. Dass es mich nur einmal gibt, und dass ich zu mir stehen kann. Das war neu für mich. Ich lernte es mit der Zeit. Wenn ich mit etwas nicht einverstanden war, begann ich auch langsam, mich gegenüber meinem Vater zu wehren. Ich wurde mit der Zeit etwas sicherer ihm gegenüber. Sofort bekamen wir Streit. Es erfüllte mich mit Wut, dass er meine eigene Meinung, dass er mich selber nicht akzeptierte, dass ich nur solange gut war, solange ich nach seiner Geige tanzte.

Das Verhältnis zwischen mir und meinem Vater wurde immer schlechter. Er akzeptierte einfach nicht, dass ich eine eigene Meinung habe, dass ich jemand bin. Er fühlte sich irgendwie angegriffen, wenn ich sagen konnte, was ich tun will. So versuchte er auf verschiedene Weise, Druck auf mich auszuüben. Jeden Tag, wenn wir uns sahen, bekamen wir Differenzen. Er stellte auf seine Lebenserfahrungen ab. Diese sind negativ. Er hat noch nie Freude am Leben gehabt.

Er wollte mir die Freude am Leben auch nehmen. Das ertrug ich nicht, weil ich langsam merke, dass man mit dem Leben etwas anfangen kann. Es gab öfters Krach zwischen uns. Ich verachtete ihn. Er wusste nicht, was er machen sollte, um mich wieder an seine Seite zu bekommen.

Wenn ich mir jetzt das Ganze durch den Kopf gehen lasse, merke ich: Er wurde genauso erzogen wie ich. Nur fand ich einen Menschen, der mir half und der mich im Menschsein unterstützte. Das hatte er nicht. Darum begreife ich jetzt langsam sein Tun. Er kann ja gar nichts anderes spüren als Hass der Welt gegenüber. Denn sie hat ihm nichts gegeben. Er hat ja auch nicht gelernt, etwas zu tun, was ihm wirklich Freude macht. Seit seiner Jugend steckte er in Schwierigkeiten. Er wurde einfach fertig gemacht. Seine Arbeit brauchte seine Kraft auf, seine Lebensfreude. Er hatte einfach keine Möglichkeit mehr, sein Leben zu gestalten. Er konnte es ja gar nicht, denn er hat das nie gelernt.

Ich sage mir jetzt einfach: Er kann nichts dafür, dass er so ist. Das darf mich aber nicht bremsen. Ich muss, ich darf zu mir selber stehen. Für ihn hat früher «Vergnügen» einfach geheissen: in den Wirtschaften herumzuhocken. Ein richtiges Vergnügen, das einem Freude bereitet und einen wirklich erfüllt, hat er nie gekannt. Darum begreife ich ihn einfach und versuche, jedem Krach aus dem Wege zu gehen. Doch wenn er versucht, mich wieder unter seine Macht zu bringen, wehre ich mich. Das kann natürlich schon zu heftigen «Krächen» führen. Doch diesen will ich nicht aus dem Wege gehen. Weil ich sonst mich selbst aufgäbe. Und das ist das letzte, das ich tue.»

Die Erweiterungsphase

Im Verlauf der eigentlichen therapeutischen Arbeit während der Beziehungsphase gibt es Zeiten, in denen der Schüler sehr stark von mir abhängig ist. Er hat die Beziehung als tragfähige Basis erlebt, und auf diese zieht er sich zurück, sobald er irgendwie verunsichert wird. So kann es z.b. vorkommen, dass ein sehr scheues und zurückhaltendes Mädchen sagt: «Jetzt wollen meine Eltern mich in den Ferien ins Welschland schicken, und ich habe doch so Angst davor.» Ich: «Hast du es den Eltern denn gesagt?» Es: «Nein, aber ich habe gedacht, ich sage es dir.»

Nun ist aber klar, dass das nicht ein ganzes Leben lang so weiter gehen kann. So nötig in einem bestimmten Zeitpunkt die Möglichkeit einer solchen Beziehung für das Kind ist, so ungünstig wäre es, wenn es nun darauf fixiert bliebe. Die Beziehungsphase muss also abgelöst werden.

«Ablösung» scheint mir allerdings nicht ganz das richtige Wort zu sein. Es impliziert die Vorstellung von einem «Therapeuten», der sich allmählich aus der therapeutischen Beziehung «herauslöst». Das hiesse aber einerseits die Schwere der Schädigung und anderseits die Möglichkeiten einer schulischen Therapie verkennen. Man würde die Kinder einfach «schwimmen» lassen, und die Gefahr des «Rückfalls» wäre sehr gross.

Deshalb: nicht Ablösung, sondern Erweiterung der Beziehung. Was ist damit gemeint? Die durch die Beziehung ermöglichte therapeutische Arbeit hat dem Kind eine gewisse Selbstsicherheit gegeben. Diese gilt es nun zu erproben im Aufbau neuer Beziehungen. Bei den Bezugspersonen, die das Kind in seiner angestammten Umgebung findet, ist das aber oft gerade am schwersten. Diese «kennen» es ja von früher her, sie wissen, was «mit ihm los ist», bzw. dass nicht viel mit ihm los ist. Deshalb müssen «neue» Menschen in seinen Beziehungskreis eingeführt werden. Ich wähle dazu natürlich solche, bei denen ich Verständnis für diese Probleme voraussetzen kann: Bekannte, Kolleginnen und Kollegen, Freunde usw. Ich werde also gemeinsam mit dem Kind Besuche machen, man trifft sich im Theater usw. Es gibt da unzählige Möglichkeiten.

Dieses Vorgehen hat gleich zwei positive Auswirkungen. Zum einen lernt das Kind andere Möglichkeiten kennen, zu leben, sein Leben zu gestalten. So freut es beispielsweise meine Schüler immer, wenn sie mit nach Salzburg kommen dürfen. Sie kennen meine dortigen Freunde. Wir besuchen Dieter, den man immer um ein Uhr im Café Bazar antrifft, wie er die Zeitungen Mitteleuropas im allgemeinen und die Filmkritiken im besonderen studiert. Wie kann man auch soviele Zeitungen lesen! Zu Hause liegt höchstens der «Blick» herum. Oder wir steigen hinauf zu Marie Louise und Eyck in ihrer Wohnung ganz oben im alten Haus an der Steingasse. Wie anders sieht es da aus als im Wohnblock zu Hause! Oder wir sitzen mit Ulli und Walter im Garten und plaudern, während allerlei exotisches Geflügel vom nahen Hellbrunner Zoo vorbeiflattert. Und dies zu einer Tageszeit, da die «ordentlichen» Leute gewaltig am Arbeiten sind. Wieder zu Hause, sagt dann Peter zu mir: «In Salzburg ist es schön, da sind die Leute so nett zueinander, wenn sie angetrunken sind.» Auch dies ein ganz neues Erlebnis für ihn.

Zum andern aber merkt und erlebt das Kind, dass es auch von andern Leuten, nicht nur von mir, respektiert und anerkannt wird. Das ist wieder ein wichtiges und neues Erlebnis, das in seiner Bedeutung wohl kaum überschätzt werden kann. Das ist so etwas wie eine «Qualitätskontrolle». Auch andere Menschen können etwas mit mir anfangen. Das gibt Mut – und Lust, selber eigene Beziehungen aufzubauen. Der Schüler findet neue Kollegen, eine Freundin usw.

Wenn es soweit ist, bin ich nicht mehr «nötig». Aber es ist wichtig, dass die Beziehung zu mir stets wieder aufgenommen, besser gesagt: weitergeführt werden kann. In «Notfällen» gewissermassen. Den Brauch, in besonders schwierigen Situationen wieder vorbeizukommen, behalten ehemalige Schüler oft jahrelang bei.

Widerstand

Das Problem des Widerstandes möchte ich hier gesondert darstellen, da ihm zentrale Bedeutung zukommt. Im eben beschriebenen pädagogisch-therapeutischen Ablauf werden mit der Zeit Kräfte wirksam, die diesen Prozess wesentlich erschweren, hemmen oder gar verunmöglichen können. Solche Kräfte tauchen zunächst im Kinde selbst auf. Aber auch in seiner Familie und in der Öffentlichkeit werden sie wirksam. Diese Kräfte, die sich jetzt gegen die Weiterentwicklung, die Ich-Werdung des Kindes wehren, müssen dieselben sein, die seinerzeit wesentlichen Anteil an seiner Beschränkung hatten. «Es muss bei der Symptombildung etwas vor sich gegangen sein, was wir nun aus unseren Erfahrungen bei der Symptomlösung konstruieren können.»[9] Deshalb ist die Auseinandersetzung mit diesen Kräften von grösster Wichtigkeit.

Widerstand als Problem des Schülers

Ehe die therapeutische Beziehung aufgebaut werden kann, werden alle die Symptome als Widerstand wirksam, die das seelische Erscheinungsbild des «dummen» Schülers bestimmen: Mutlosigkeit, Unsicherheit, Misstrauen, Angst, Hass, Schuldgefühle. Die meisten davon werden in der «Ruderphase» abgearbeitet. Einige aber werden in der Beziehungsphase beibehalten. Sie sind meist Ausdruck einer ganz tiefen Mutlosigkeit, des bereits beschriebenen Selbstgefühls. «Es hat jedoch alles keinen Sinn. Was willst du dich da gross anstrengen, aus dir etwas zu machen.» Solche Gefühle tauchen in den verschiedensten Formen immer wieder auf und können den Aufbau der eigenen Persönlichkeit beträchtlich erschweren. Die eigentliche therapeutische Arbeit besteht nun zu einem guten Teil darin, diese – unbewussten – Widerstände bewusst zu machen. «Was ist es eigentlich, das dich daran hindert, jetzt weiterzukommen? Das muss es ja auch sein, das

Anm. 9:
Freud: Über Psychoanalyse (1910), GW VIII, S. 303

Schuld daran trägt, dass du bisher nicht weiter gekommen bist.» Um solche Fragen geht es immer wieder.

Ich möchte hier nicht allzu ausführlich sein. Dies soll ja kein Buch über Psychotherapie werden. Aber auf zwei Erscheinungen will ich noch eingehen. Sie tauchen eher am Rande auf, können aber plötzlich von grösster Wichtigkeit sein.

Der «Stinker»

«Es stinkt mir einfach.» Wie oft höre ich diesen Satz! «Ich weiss gar nicht recht, was mit mir los ist. Es löscht mir einfach ab.» Wenn er soweit ist, ist der Schüler total blockiert. Es herrscht gewissermassen «Stromausfall». Er kann gar nicht mehr auf einzelne Gefühle achten. Es «stinkt» ihm eben.

Was hat es auf sich mit diesem Stinker? Die einzelnen Gefühle werden nicht mehr wahrgenommen. Denn diese Gefühle, wenn sie erkannt werden, sind meist alles andere als ermutigend. Der Schüler ist ihnen fast schutzlos ausgesetzt. Um sich doch irgendwie zu schützen, «stellt» er sie einfach ab. Der Stinker ist also eigentlich ein Schmerzschutz, ein Schutz vor den schmerzlichen und niederdrückenden Gefühlen.

Damit ist aber für den Augenblick auch die Weiterentwicklung des Schülers blockiert. Seine Ich-Findung, wie sie im vorigen Kapitel in einem Beispiel gezeigt wurde, kann nun nicht mehr stattfinden. So kann der Stinker zum eigentlichen «Sabotageakt» der Psyche werden. Zur Sabotage am Ich. Deshalb ist es unbedingt notwendig, diesen Widerstand aufzuarbeiten. Es ist wichtig, dass man darauf kommt, welches die Gefühle sind, die diesen «Stromausfall» verursacht haben.

Viel ist deshalb schon gewonnen, wenn der Schüler nicht mehr einfach «abstellt», wenn er darüber zu sprechen beginnt, dass es ihm jetzt stinkt. Mit der Zeit wird es so auch möglich, im Stinker einzelne Gefühle zu erkennen und auszudrücken.

Dies ist aber nur möglich, wenn der Schüler die Geborgenheit, die Sicherheit der «Therapiestunde» erlebt hat. Wenn er erfahren hat, dass er nicht mehr allein ist, wird er auch darauf vertrauen, dass er nicht mehr schutzlos den nun auftauchenden Gefühlen ausgeliefert sein wird. So wird er mit der Zeit wagen, seine Panzerung «Stinker» zu durchbrechen, die dahinter ste-

192

henden Gefühle aufkommen zu lassen und darüber zu sprechen. Von aussen her kann man da recht wenig helfen, da diese Bereitschaft sehr eng mit der inneren Sicherheit des Schülers zusammenhängt. Man kann ihn nur die eigene Haltung seinen Problemen gegenüber immer wieder erleben lassen.

Eine Zeitlang hatte Franz regelmässig den grossen Stinker, wenn er aus einem Lager oder von einem Wochenende zurückkam. Und zwar war es so: Je wohler, je sicherer er sich dort gefühlt hatte, je mehr er «aufgetaut» war, umso grösser war nachher der Stinker.

Als er darüber zu sprechen begonnen hatte, erkannte er rasch einmal diesen Zusammenhang. Die Sicherheit, die Geborgenheit, die er eben erfahren hatte, wurde für ihn zum Ausnahmefall. Nachher ging das Leben «B» weiter, und das war eben alles andere als rosig. Er sagte: «Es ist so, wie wenn man in ein grosses Loch hineinfällt.»

Ich versuchte nun, dem Buben eine kleine «Waffe» gegen seinen Stinker in die Hand zu geben. Wir bereiteten uns beispielsweise schon auf der Heimfahrt darauf vor, dass es Franz am nächsten Morgen wieder stinken würde. Mit der Zeit gelang es ihm, einzelne Gefühle zu erkennen und auszudrücken. So sagte er beispielsweise, was er in solchen Augenblicken eigentlich spüre, sei die tiefe Hoffnungslosigkeit seines Zuhause. «Das ist einfach so, da kann man doch nichts machen, gib's doch auf.» Das seien seine hauptsächlichsten Gefühle. Mit diesen Gefühlen wurde er aber immer besser fertig. Eben deshalb, weil er ihnen nicht mehr einfach hilflos ausgeliefert war.

Langeweile

Nicht zu verwechseln mit dem Stinker ist die Langeweile, obwohl sie ihm in mancher Weise ähnlich sieht. Sie meldet sich meist während der Beziehungsphase mit unüberhörbarer Deutlichkeit. Je grösser die Fortschritte des Schülers sind, desto stärker kann auch seine Langeweile werden. Woran liegt das?

Die Erklärung ist einfach. Ein Mädchen hat sie einmal so gegeben: «Früher glaubte ich, das Leben sei einfach so. Ich hatte mich richtig daran gewöhnt. Dann erlebte ich, dass es nicht so sein muss.» Das Kind hatte also gewissermassen eine «Langeweile-Toleranz» entwickelt. Dann aber erlebte es, dass das Leben auch anders sein kann: interessanter, kurzweiliger, erfüllter. Erst jetzt fiel ihm seine sonstige Leere auf und störte es. Und dies in zunehmendem Masse.

Fragt man es nun: «Wann empfindest du es denn nicht als langweilig?» so kommen meist ähnliche Antworten. Es lohnt sich, diese genauer zu betrachten:

Theaterbesuche werden meist als anregend, interessant bezeichnet. Das Fernsehen demgegenüber wird immer häufiger als langweilig empfunden. Ausnahme: Wenn man zusammen eine Sendung ansieht und nachher miteinander darüber plaudert.

Diskussionen usw. gelten als interessant.

Besuche? «Wenn du mit dem Betreffenden über irgend etwas diskutierst, das ich überhaupt nicht verstehe, ist es mir langweilig. Ich komme mir dann wie das fünfte Rad am Wagen vor. Wenn ihr aber über etwas sprecht, wovon ich etwas verstehe, so finde ich das toll, auch wenn ich vielleicht gar nichts dazu sage.» So erklärte mir einmal ein Schüler.

Basteln? Das wird ja oft empfohlen. Basteln wird aber meist nur als interessant bezeichnet, wenn man es gemeinsam mit einem Kameraden tun kann. «Sonst ist es schon ein wenig besser als nichts tun – aber nicht viel.»

Ich glaube, wir haben nun genügend Material beisammen, um sagen zu können: Was sich in der Langeweile artikuliert, sind in erster Linie Beziehungsprobleme, genauer gesagt: Beziehungsschwächen. Und tatsächlich: In der Erweiterungsphase, bei fortschreitender Fähigkeit, selber Beziehungen aufzubauen, verschwindet sie zusehends.

Widerstand als Problem des Elternhauses

«Ich bin oft beschuldigt worden, Eltern gegenüber eine Anti-Haltung einzunehmen. Ich glaube nicht, dass unter den Eltern meiner gegenwärtigen Schüler irgend jemand dem zustimmen würde. Ich bin nur gegen Eltern, die nicht lernen können oder wollen, wie sie sich verhalten müssen, um ihre Kinder nicht emotional zugrunde zu richten.»[10] So schreibt der alte A.S. Neill in seinen Selbstreflexionen. So schön möchte ich es auch haben!

Anm. 10:
Neill: Neill, Neill, Birnenstiel, Reinbek 1973, S. 209

194

Wollte ich dieselbe Haltung einnehmen, müsste ich die meisten Eltern meiner Schüler hassen. Im Verlaufe der aufgezeigten Entwicklung kommen die meisten meiner Schüler an einen Punkt, bei dem von der Familie her ein ganz deutlicher Widerstand spürbar wird. Diese Entwicklung ist ja nicht von Mittelstandseltern in Gang gebracht worden, die ihr Kind eben dafür zu einem Therapeuten gebracht haben. (Auch in diesem Fall gibt es übrigens Widerstände genug!) Sie ist auch nicht darauf zurückzuführen, dass Eltern ihr Kind in diese Schule gebracht haben, damit es nicht «emotional zugrunde gerichtet» werde, wie dies etwa bei Neill oft der Fall war. Die Entwicklung ist allein deshalb in Gang gekommen, weil das Kind in unserer Gemeinde die «Dubelischule» besucht, also mehr oder weniger durch Zufall. Deshalb werden die Eltern oft von ihr überrascht – und reagieren auch dementsprechend.

Man könnte nun sagen: Gut, bereitet man die Eltern eben möglichst schonend darauf vor, was jetzt kommt. Elternkurse oder so. Wer so spricht, zeigt damit, dass er eine typische «Vororts-Einfamilienhäuschen-Vorstellung» davon hat, wie sich Eltern gegenüber ihren Kindern verhalten. Er setzt stillschweigend die Einstellung voraus: «Unsere Kinder sollen es einmal besser haben als wir.» So sind die meisten Eltern meiner Schüler nicht, so können sie gar nicht sein. Bei vielen sind alle die Symptome zu beobachten, die auch bei meinen Schülern festgestellt werden können. Nur leiden sie meist nicht mehr so darunter. Sie haben sich – scheinbar – irgendwie arrangiert. Aber es gibt Augenblicke, da bricht die ganze Hoffnungslosigkeit wieder auf. Nein, mit Appellen, mit Elternschulung ist da wohl kaum etwas zu machen. Die Veränderung, die hier vor sich zu gehen hätte, müsste ungleich tiefer sein.

Ich möchte nun die Probleme beschreiben, die sich in der Familie stellen und hinter deren Widerstand stehen. Die folgende Beschreibung erhebt keinerlei Anspruch auf Vollständigkeit. Es werden einfach die Punkte angeführt, die sich im Verlaufe der Arbeit als auffällig erwiesen haben.

Die individuelle Problematik

Die meisten meiner Schüler befinden sich in der «Pubertätsphase». Schwierigkeiten zu Hause sind mehr oder weniger an der Tagesordnung. Oft ist es nun aber so, dass diese Schwierigkeiten, auch solche, die «natürlicherweise» auftreten, dem «schlechten Einfluss» der Schule zugeschrieben werden. Dieser schlechte Einfluss ist bekannt – die Kinder in der Bubeliphase sorgen für den entsprechenden Ruf. Dass der Bub in der Freizeit nicht mehr im

Haushalt arbeiten will, dass er manchmal frech ist zu seinen Eltern und was sonst noch an Problemen in dieser Zeit auftauchen kann und bei den meisten Kindern auch auftaucht, das alles wird oft der Schule angelastet. Dies umso mehr, als der Bub ja offenbar mit seinem Lehrer «gut auskommt».

Die «familiendynamische» Problematik

Viele meiner Schüler spielten in der Familie bisher eine ganz bestimmte Rolle. Sie waren beispielsweise die «Sündenböcke», auf denen allfällige Spannungen sich entladen konnten. Dies gilt vor allem für die Kinder, die auf ihre Probleme mit Aggression, mit «Frechheit» reagierten. Oder sie waren die «Braven», von denen man sich gewöhnt war, dass sie keinerlei Schwierigkeiten bereiteten. Dies wiederum gilt für die, die sich zurückgezogen hatten. In den langen Jahren, in denen die Familie zusammen lebte, hatte sich nun gewissermassen ein «familiendynamisches Gleichgewicht» eingependelt. Allerdings funktionierte das Ganze nur zu oft auf dem Rükken des Schwächsten, eben des Sündenbocks oder des Braven. Im Verlaufe der Weiterentwicklung des Kindes kommt nun unweigerlich der Zeitpunkt, wo es sich mit seiner Rolle nicht mehr einverstanden erklärt. Es will nicht mehr Sündenbock sein oder möchte auch ernstgenommen werden. Es beginnt, seine Bedürfnisse und seine Gefühle auszusprechen.

Damit gerät nun aber das eingespielte Familiengleichgewicht durcheinander. Die Eltern sind verunsichert und reagieren dementsprechend – meist mit Druck. Der Widerstand ist da.

Die Problematik der Beziehungsverhältnisse

Diese ist eng mit der vorher beschriebenen verknüpft. Zum «Familiengleichgewicht» gehört in vielen Familien meist auch, dass sich der Vater (in einzelnen Fällen auch die Mutter) als das Familienoberhaupt erlebt, das mit einer gewissen Machtfülle ausgestattet ist. Diese wird denn auch häufig offen wahrgenommen, oft als offensichtliche Kompensation sonst erlebter Enttäuschungen. Die Beziehungen innerhalb der Familie werden als eigentliche Herrschaftsverhältnisse gestaltet. Es handelt sich um «meine» Frau, «meine» Kinder. Ob das wenigstens bis zu einem gewissen Grade ein schichtspezifisches Merkmal ist, kann ich nicht beurteilen. Ich kann nur beschreiben, was ich sehe.

Ich sehe Väter, die ihrer Frau abends das Ausgehen verbieten und selber in der Wirtschaft hocken. Ich sehe Frauen, die nicht das geringste Selbstbewusstsein entwickelt haben und bei jeder kleinsten Entscheidung «den Mann fragen». Nicht dass es sich bei solchen Vätern um ausgekochte Bösewichte, bei solchen Frauen um «Waschlappen» handelte. Es ergibt sich einfach «von selbst» so.

Beginnen nun innerhalb solcher Beziehungsverhältnisse Kinder ein eigenes Selbstbewusstsein zu entwickeln, so hat «man» dem Vater die Kinder «weggenommen». So jedenfalls empfindet er es. Und das ist nun genau das, was er am wenigsten zulassen darf, denn auf diesem Machtverhältnis beruht ja sein Selbstgefühl: Er wird darauf also mit Druck – mit Widerstand reagieren.

Die Problematik der «Kreise»

Die Problematik weist noch einen weitern Aspekt auf. Die Familie hat ihren ganz bestimmten Gesichtskreis. Zeuge davon sind beispielsweise die Zeitungen, die herumliegen, die Fernsehsendungen, die angeschaut werden, die Leute, die ein- und ausgehen oder nicht ein- und ausgehen usw. Dieser Kreis ist oft recht eng. Ich habe bereits im Kapitel über die kulturelle Anregungsarmut davon berichtet. Nun beginnt sich plötzlich der Schüler für alles Mögliche zu interessieren, das ausserhalb dieser Kreise liegt. Er berichtet vom Theater, von Leuten, die er kennen gelernt habe usw. So erzählt eine Mutter: «Wenn wir uns den Willi Millowitsch im Fernsehen ansehen, sagt der Bub, er finde das nicht lustig. Er erzählt dann irgendetwas von einem Molière oder Goldoni oder was weiss ich. Ich meine, so etwas schauen wir uns eben nie an. Wir verstehen ja nichts davon.»

Begreiflich, dass sich da Eltern hin und wieder bedroht fühlen – und darauf mit Widerstand reagieren.

Die Problematik des Öffentlichkeitsbezugs

Schliesslich leiden die Eltern noch unter etwas ganz anderem. Die Tatsache, dass ihr Kind in die Sonderschule gehen muss, empfinden sie als Schande. Dass ihr Kind nun dazu noch in eine Sonderschule gehen muss, die einen sehr zweifelhaften Ruf geniesst, empfinden sie als doppelte Schande. Im nächsten Kapitel wird der Widerstand von Seiten der «Öffentlichkeit» beschrieben werden. Dieser Widerstand entlädt sich auch auf den Eltern. Sie werden ständig von aussen her verunsichert, zusätzlich zu all den Verunsicherungen, die sie ohnehin erleben.

Ich hatte einen Schüler, der auf ausdrücklichen Wunsch seiner Eltern meiner Klasse zugeteilt worden war, obwohl «es mit ihm gar nicht so weit gekommen war». Diese Eltern berichteten, dass sie des öftern ungefähr folgenden Dialog erlebt hätten:

– «Wo geht Ihr Bub zur Schule?»
– «Zu Herrn Jegge.»
– «Autsch! Hätten Sie ihn nicht in irgendeine Privatschule schicken können?»
Nun, sie lachten darüber, denn sie wussten, worum es hier ging. Aber die meisten Eltern meiner Schüler lachen in solchen Fällen eben nicht. Sie haben dem ja nichts entgegenzusetzen. Und so geben sie diesen Druck auf die Kinder weiter, etwa, indem sie ihnen erklären, in welch schlechte Schule sie gingen. «Man würde dich gescheiter in die Werkschule schicken, der Herr Sowieso hat es auch gesagt.» Auch dieser Druck kann sich als Widerstand auswirken.

Ich möchte nun keinesfalls den Eindruck erwecken, die beschriebenen Probleme seien auf die leichte Schulter zu nehmen. Die Konflikte, die da aufbrechen, sind echt und können sehr drückend sein. Zudem werden sie meist nicht erkannt und durchschaut. Was ich da so schön nach Problemkreisen gebündelt hinschreibe, bildet für die Eltern in der Regel einen unentwirrbaren Knäuel von Schwierigkeiten, denen sie hilflos gegenüberstehen. Und so setzen sie sich denn auch auf verschiedene Weise damit auseinander:

Die Konflikte werden personifiziert

Das sieht meist so aus, dass ich eben ein schlechter Lehrer bin. Man lernt nichts bei mir, die Kinder können machen, was sie wollen usw. Ich nehme den Eltern die Kinder weg, entfremde sie ihnen, hetze sie gegen die Eltern auf, kurz und gut: Alles wäre in Ordnung, wenn dieser verdammte Jegge auf den Kanarischen Inseln Schule hielte und nicht ausgerechnet in unserem Dorf. Bevor er auftauchte, ist es ja ohne ihn auch gegangen.

Hin und wieder geschieht es, dass Kinder in der «braven» oder zu Beginn der Bubeliphase diese Wertung übernehmen, was sich sehr deutlich als Widerstand erfahren lässt. Oft lassen sich Kinder auch so verunsichern. Viel häufiger aber kommt es vor, dass die Schüler mich verteidigen. Doch damit bestätigen sie ja nur, was zu beweisen war. Der Widerstand wird spürbar.

Die Konflikte werden mystifiziert

Oft werden auch die bestehenden Konflikte gleichsam «auf eine edlere Stufe» angehoben. Die Kinder stehen jetzt nicht mehr nur unter meinem persönlichen schlechten Einfluss, es geht jetzt um weit Höheres: Sie sind dem wahren Glauben entfremdet worden, man hat ihnen irgendwelche «hohen Tugenden» (lies: Pünktlichkeit, Ordentlichkeit, «Treue im Kleinen») abgewöhnt, sie werden gar zu Kommunisten erzogen usw. So entdeckt beispielsweise plötzlich ein Vater nach zwei Jahren, dass er aus religiösen Gründen gegen das Theater überhaupt sei.

Ob die Konflikte nun personalisiert oder mystifiziert werden, der Effekt ist allemal derselbe: Die Möglichkeit wird verbaut, sie zu erkennen und sich damit auseinanderzusetzen. So reagieren die Eltern in diesen Fällen meist mehr oder weniger stereotyp, indem sie Druck auf das Kind ausüben. Das kann in der Form ständiger kleiner Sticheleien geschehen. Auch Streitereien kommen vor, in allen möglichen Varianten, bis zum grossen Krach. Hin und wieder geschehen auch Dinge, die rational kaum mehr erfassbar sind:

Alfred hat Streit mit seinen Eltern. Es geht wieder einmal um die Schule. Es wird ihm vorgehalten, wie schlecht diese sei, wie er nichts gelernt habe usw. Er widerspricht, verteidigt sich und mich als Lehrer. Schliesslich sagt er: «Ich habe euch manchmal genug gesagt, ihr sollt einmal einen Schulbesuch machen. Auch am Examen war wieder niemand da. Das wäre doch das mindeste gewesen.» Die Antwort darauf: «Am Examen einfach etwas vorzubluffen, ist leicht. Da brauchen wir gar nicht extra hinzugehen.» Darauf holt Alfred alle seine Hefte hervor, die er im Laufe des Schuljahres vollgeschrieben hat. Es hat da (nebst anderem) aussergewöhnlich sorgfältige Arbeiten darunter. «Da, schaut euch das einmal an. Das habe ich dieses Jahr gemacht. Ist das auch Bluff?» Die Eltern nehmen den Heftstoss und werfen ihn demonstrativ auf den Fussboden.

Mario hat eine Schnupperlehre für einen ziemlich anspruchsvollen Beruf gemacht. Wir haben dem betreffenden Lehrmeister absichtlich nichts davon gesagt, dass Mario aus der Sonderklasse kommt. Er hat auch nichts davon gemerkt. Er lobt den Buben ausdrücklich, sagt ihm, dass er jederzeit bei ihm die Lehre antreten könne – und fällt aus allen Wolken, wie er hört, aus welcher Schule sein «Schnupperstift» kommt. Er hält aber seine Beurteilung aufrecht. Mario ist überglücklich. Nicht etwa, dass er unbedingt diesen Beruf ergreifen möchte. Aber das Erlebnis, anerkannt zu werden, ist für ihn aussergewöhnlich wertvoll. Voller Stolz erzählt er es zu Hause. Dort wird es ihm richtig heruntergemacht. Am Abend ruft Marios bereits volljähriger Bruder den Lehrmeister an, einzig und allein zu dem Zweck, ihm zu erklären, Mario sei wahrhaftig nicht so «gut», wie er jetzt meine . . .

Habe ich bei der Darstellung der ganzen Problematik zu schwarz gemalt? Sicher. Es gibt einzelne Kinder, die von zu Hause unterstützt werden. Es gibt Eltern, die ehrlich und bemüht versuchen, mit den auftretenden Konflikten fertig zu werden. Es gibt viele, deren Zuhause sich weitgehend indifferent verhält. Allerdings kann ein indifferentes Verhalten schon sehr bald als Widerstand in Erscheinung treten, da das Kind die dahinterstehende Interesselosigkeit spürt. Daneben haben wir uns sehr oft hart mit den beschriebenen Widerständen auseinanderzusetzen. Soweit wie irgend möglich, versuche ich, den Kontakt mit dem Elternhaus auch bei den «schwierigen» Fällen aufrecht zu erhalten. Es kommt aber auch vor, dass das Gespräch von seiten der Eltern abgebrochen wird.

Interesselosigkeit – Sticheleien – Streitereien – grosser Krach – massive Angriffe – was steckt eigentlich dahinter? Ich glaube, es wird auf Grund des bisher Dargelegten klar: Das Kind darf nicht aus dem Machtbereich der Familie entlassen werden, um keinen Preis. Es handelt sich hier um ein Phänomen, über das jeder Kindertherapeut haufenweise Material vorlegen kann. Wir wollen uns aber auf das Problem des «dummen» Kindes beschränken.

In Anwendung der eingangs dargestellten Theorie über den Widerstand lässt sich nun sagen: Je nach der Stärke des Drucks, der jetzt wirksam wird, zeigt sich im konkreten Falle das Ausmass der Mitschuld des Elternhauses an der früheren «Dummheit» des Kindes. Die Kräfte, die jetzt mobilisiert werden, um seine Weiterentwicklung zu bremsen, waren früher bei seiner «Beschränkung» wirksam.

Und doch ist mir beim Ausdruck «Schuld des Elternhauses» nicht wohl. Wenn ich selber so aufgewachsen wäre, wie der Vater hat aufwachsen müssen, der mir und seinem Kinde jetzt am meisten Schwierigkeiten macht, wenn ich all das erlebt hätte, was er erlebt hat, wenn ich die Probleme hätte,

die er jetzt hat, ich handelte vermutlich auch nicht anders. Kann man da von
«Schuld» sprechen?

Wir sprachen von der individuellen Problematik. Warum fühlen sich Eltern
bei den geringsten Pubertätsschwierigkeiten sofort persönlich angegriffen?
Was muss mit ihnen geschehen sein? Muss das so sein?

Wir sprachen von der «familiendynamischen» Problematik. Woran liegt es
eigentlich, dass das Zusammenleben einiger Menschen so oft nur auf dem
Buckel der schwächsten möglich ist? Muss das so sein?

Wir sprachen über die Beziehungsverhältnisse. Warum gibt es Menschen,
die zwischenmenschliche Beziehungen nur noch als Herrschaftsverhältnisse begreifen können? Was muss mit diesen Menschen geschehen sein, bis
sie so weit waren? Muss das so sein?

Wir sprachen von den «Kreisen». Müssen diese unbedingt so eng sein? Wer
hat allenfalls ein Interesse daran, dass sie es sind? Muss das so sein?

Widerstände seitens der Öffentlichkeit

Widerstände bestehen aber auch in der Öffentlichkeit. Ich möchte einige
Probleme hier darstellen. Damit jedoch kein schiefes Bild entsteht, will ich
vorausschicken: Es gibt in der Bevölkerung und in den Schulbehörden viele
Leute, die den Problemen dieser Schüler und ihrer Schule gegenüber wohlwollend eingestellt sind. Es gibt einige, von denen wir grosse Unterstützung
erfahren, für die wir sehr dankbar sind. Es gibt schliesslich die grosse Zahl
derer, die sich indifferent verhalten.

Daneben aber gibt es Leute, deren «Interesse» für die Schule sich äusserst
negativ auswirkt. Da sind einmal jene, die irgendwelchen Dorfklatsch wei-
tergeben. Es ist oft erstaunlich, was da herumgeboten und offenbar auch
geglaubt wird. Geht man aus irgendeinem Grund einer solchen Information
etwas nach, löst sie sich meist in nichts auf. Da war zum Beispiel eine Frau,
die jedem, der es hören wollte, zu erzählen wusste, wie wild es bei uns in der
Schule zuginge. Sie hatte auch die Schüler öfters daraufhin angesprochen.
Als wir nun einmal eine Strassenumfrage durchführten, suchten zwei Schüler besagte Frau auf, um sie um ihre Meinung zu bitten. Doch die Enttäu-

201

schung war gross. Angesichts des Tonbandgerätes sagte sie bloss: «Ich? Ich weiss nichts über diese Schule. Ich bin zu wenig informiert.» Das war für die Schüler äusserst lehrreich.

Dann macht uns vor allem eine zweite Gruppe zu schaffen, die «Informierten». Das sind Leute, die irgendeine Einzelheit mitbekommen und gestützt darauf ihr Urteil gefällt haben – unbelastet von der Einsicht in Zusammenhänge. Solche Einzelheiten liefern, darauf habe ich schon hingewiesen, vor allem die Kinder der «Ruderphase». Zerbrochene Fensterscheiben, «misshandelte» Kaninchen, «Schulschwänzer», usw., das alles sind handfeste Argumente, denen nur schwer beizukommen ist, besonders dann, wenn man kaum je direkt damit konfrontiert wird.

Seltsamerweise geben auch die Kinder in der Beziehungsphase, die nicht mehr rudern, Anlass zum Ärgernis. Da ist beispielsweise die Tatsache, dass sie mich duzen. Jemand hat das sehr schön formuliert, indem er ganz vorwurfsvoll zu mir sagte: «Das stört mich einfach, dass die Schüler «Du» zu Ihnen sagen. Nehmen Sie zum Beispiel mich. Ich bin mit sehr wenig Leuten per Du.»

Dann sind noch die «Fachleute». Das sind jene, die ganz genau wissen, was mit «solchen» Kindern zu geschehen hat. «Gerade diese Schüler hätten es doch nötig, dass . . .» Wie oft höre ich diesen Satz! In seiner Folge werden meist ganz gewöhnliche Anpassungsforderungen gestellt, wie sie sich im erwähnten Werkschulbüchlein finden. Hin und wieder macht sich die Formulierung selbständig. Ein Beispiel aus einer Diskussion, das mir in lieber Erinnerung geblieben ist: «Gerade diese Schüler wären darauf angewiesen, gute Zähne zu haben!» Das könnte schon fast von Ionesco sein.

Es stellt sich die Frage: Weshalb ist diese Schule eigentlich so vielen Leuten ein Dorn im Auge? Die Antwort muss auf zwei Ebenen gegeben werden: auf der gesellschaftlichen und der individuellen.

Zum gesellschaftlichen Aspekt: Die Leute rings um uns herum haben ihre eigenen, festgefügten Vorstellungen davon, was Schule ist und was sie zu sein hat. Dies sind aber immer bürgerliche Vorstellungen davon, was in einer bürgerlichen Schule zu geschehen hat. Ich meine das nicht abwertend, sondern im präzisen Sinne, wie ich das im Kapitel über die bürgerliche Schule beschrieben habe. Da aber, wie auch schon dargelegt, für die therapeutische Arbeit diese bürgerlichen Kriterien nicht übernommen werden dürfen, ergeben sich hin und wieder recht auffällige Diskrepanzen. Ausdruck dieser Diskrepanzen ist die negative Reaktion vieler Leute.

Zum individuellen Aspekt: Es erweckt oft den Anschein, als ob sich viele Leute durch das, was sie in der Schule gesehen oder über die Schule gehört haben, irgendwie persönlich betroffen fühlten. Es gibt viele emotionsgeladene Reaktionen. «Alles, was recht ist, aber . .» Vieles wird offenbar als Angriff auf die eigene Person, auf die eigenen internalisierten Normen gewertet.

«Gerade diese Schüler . .» Oft bin ich erstaunt, wieviel unbewusster Hass, welch heimliche Verachtung in diesen Worten stecken kann. Es liegt hier offenbar eine ähnliche Erscheinung vor wie bei vielen Frommen, die mit heimlichem Sadismus die «Verlorenen» ob der ihr wartenden Höllenqualen «bemitleiden». Das eigene Ich ist nicht sehr stark. Deshalb bedarf es fortwährender Beweise seiner Stärke. Diese Beweise liefern die Schwachen, die Dummen usw. allein schon durch ihre Existenz. Auf ihnen entlädt sich unbewusst der Hass, den das eigene schwache Ich zu verkraften hat.

Die beiden Aspekte sind selten scharf zu trennen. Da werde ich beispielsweise darauf angesprochen, dass einzelne Schüler des öftern spät in die Schule kämen. «Das geht doch nicht. Später, im Berufsleben, müssen sie auch pünktlich sein. Das müssen sie beizeiten lernen.» Ich versuche zu erklären. Ich sage, dass ich es durchaus nicht grossartig fände, dass Peter eine Zeitlang jeden zweiten Morgen zu spät kommt. Dass es gerade jetzt aber mit dem Buben Probleme gäbe, die ungleich wichtiger seien. Er sei in der Ruderphase, sein Zuspätkommen sei Ausdruck davon. Daneben aber beginne er bereits, eine Beziehung aufzubauen. Aber eigenartig: Meine Erklärung kommt nicht an. Die stereotype Antwort lautet: «Ja, schon möglich, aber später kann er auch nicht einfach . . .» Es ist offensichtlich, dass mein Gesprächspartner neben seinen festgefügten Vorstellungen noch eine eigentliche emotionelle Blockierung mit in die Diskussion einbringt.

Diese negativen Reaktionen in der Öffentlichkeit haben verschiedene Auswirkungen. So kann es geschehen, dass – mindestens zeitweise – eine «negative Grundstimmung» entsteht. Wenn so viele an einer Schule herummäkeln, so muss doch an diesen Vorwürfen etwas dran sein. Kein Rauch ohne Feuer. In einer solchen Situation wird auch das wildeste Gerücht noch halbwegs ernst genommen. Die Aufmerksamkeit beginnt sich auf bestimmte Einzelheiten zu konzentrieren – und zwangsläufig wächst damit die

Gruppe der «Informierten». So fällt es beispielsweise immer mehr Leuten auf, wenn Schüler von mir morgens um 10 Uhr mit ihrem Moped durchs Dorf fahren. «Natürlich, die haben schon wieder die Schule aus.» Nun müssen die Schüler auch durchs Dorf, wenn sie zum Turnen, zum Französischunterricht oder zu einzelnen Therapiestunden fahren. Aber das sieht man ihnen ja nicht an . . .

Vielleicht wird der Leser jetzt einwenden: Aber das sind doch Einzelheiten. Wegen solcher Kleinigkeiten braucht der Autor doch kein Geschrei zu vollführen. Doch, er braucht. Denn genau an solchen Einzelheiten werde ich gemessen und beurteilt. Seit ich hier Schule halte, ist mir noch nie der Vorwurf begegnet: «Es gibt in dieser Schule Kinder, die sich nicht wohlfühlen, die Ängste haben usw.» Aber immer wieder höre ich: «Die Kinder kommen nicht pünktlich zur Schule, sie müssen nicht gehorchen» oder was weiss ich.

Von dieser Grundstimmung her erklärt sich auch der Druck auf die örtlichen Schulbehörden. Diese ist ja verantwortlich. Verantwortlich vor allem dem Dorf gegenüber. Was nützt es der Behörde, dass der Herr Prof. Dr. H.J. Gamm, Darmstadt, der Schule interessiert und wohlwollend gegenübersteht, solange der Herr Sebastian Müller, Lastwagenführer, diese ablehnt? Im Wirtshaus am Abend stossen sie nämlich kaum auf den Professor – und gewählt worden sind sie (unter anderem) ebenfalls vom Herrn Müller als seine Vertrauensleute. Nehmen wir einmal an, Herr Müller gehöre zu den «Informierten». Er habe irgend etwas wahrgenommen, was er nicht mit seinen Vorstellungen von «Schule» vereinbaren kann. So wird er (wenn es ihm wichtig genug erscheint) bei nächster Gelegenheit die Aufforderung an einzelne Schulpfleger richten: «Schafft doch hier endlich Ordnung». Dieser Aufforderung wird umso eher Folge geleistet, als die meisten Mitglieder der Behörde teils den «Informierten», teils den «Fachleuten» zugerechnet werden müssen. Diese üben somit eine eigentliche «Verstärkerfunktion» für den Druck seitens der Öffentlichkeit aus, der sonst nicht sehr konkretisierbar ist. Dieser Druck nun kann zum echten und sehr konkreten Widerstand werden. Als Beispiel diene hier auszugsweise ein Ukas der mir vorgesetzten Schulbehörde, betitelt: Weisungen zur Führung der Förderklasse.

– Sämtliche gemäss genehmigtem Stundenplan aufgeführten Schulstunden sind im zugewiesenen Schulzimmer im alten Sekundarschulhaus Dorf abzuhalten.
– Der Lehrer hat sich während dieser Stunden im Schulzimmer aufzuhalten und den Unterricht zu überwachen.

– In andern Lokalen und speziell in den Wohnungen der Lehrkräfte dürfen sich während den Schulstunden keine Schüler aufhalten. Unterricht in schulfremden Lokalen während der normalen Schulzeit ist nicht statthaft.
– Autofahrten mit und ohne Schüler während der Schulzeit sind untersagt (Arztbesuch ausgenommen).
– Längere Fahrten, insbesondere ins Ausland, sind während der Schulwochen nicht gestattet.
– Tierhaltung ist generell verboten.
– Meldung von aussergewöhnlichen Vorkommnissen (Diebstähle etc.) ist umgehend an die Pflege vorzunehmen.
– Der Lehrer hat zusammen mit der Schulbehörde darüber zu wachen, dass die Schule regelmässig und pünktlich besucht wird.

Wer von den gewohnten Normen her denkt, wird an den hier aufgeführten Punkten möglicherweise kaum viel auszusetzen finden. (Schwierigkeiten dürften sich allenfalls mit den Turnstunden ergeben, wenn diese auch «im zugewiesenen Schulzimmer im alten Sekundarschulhaus Dorf abzuhalten» sind). Ich möchte jetzt nicht davon sprechen, dass durch ein solches Reglement die pädagogischen und didaktischen Errungenschaften so ungefähr seit 1900 unbrauchbar werden (z.B. Gruppenarbeit, Partnerarbeit). Es geht hier um die pädagogisch-therapeutische Seite der ganzen Angelegenheit. Unschwer lässt sich erkennen, wie diese nahezu verunmöglicht wird. Dies gilt für die Ruderphase (beispielsweise durch die Auflage, dass Diebstähle usw. zu melden seien oder der «pünktliche» Schulbesuch), die Beziehungsphase (Einzel- und Gruppentherapien lassen sich kaum im Schulzimmer durchführen) und die Erweiterungsphase (Autofahrten mit Schülern). Der Zweck der Verlautbarung wird klar: Der unbotmässige («unordentliche, unseriöse») Lehrer soll in die gewohnten bürgerlichen Grenzen zurückgepfiffen werden. So quasi als Nebenerscheinung wird seine eigentliche Arbeit sabotiert.

Der Druck kann sich auf eine weitere Art auswirken: Vielen Leuten werde ich durch das, was ich tue, als Person suspekt. So hatte ich einmal einen Besucher, der ganz erstaunt zu mir sagte: «Aber hier, in Ihrer Wohnung, ist doch auch Ordnung. Warum bringen Sie das in der Schule nicht zuwege?» Er hatte aus den Problemen der Ruderphasen-Kinder auf meine Persönlichkeit zurückgeschlossen.

Solche Rückschlüsse kommen sehr oft vor. Was bin ich doch in den Augen «der» Leute – je nach dem Grade ihrer «Informiertheit» – nicht schon alles gewesen! Bauernfänger, Kommunist, Homosexueller, Mädchenverführer, verspätet Pubertierender, weltferner «Wissenschaftler». Ein Schüler erzählte mir kürzlich, er sei gefragt worden: «Müsst ihr euch eigentlich nicht genieren mit diesem Lehrer?» Hier sind die Vorzeichen endgültig vertauscht. Sonderklasse – in bezug auf den Lehrer.

So spassig das oft ist, so lästig kann es hin und wieder auch sein, besonders wegen der möglichen Auswirkungen auf die Schulbehörden, das Elternhaus – und damit direkt auf die therapeutische Arbeit. Es kann sich wirklich zum echten Widerstand auswachsen.

Der Druck kann sich auch völlig von den objektiven Gegebenheiten lösen. Er wird so zum rein emotionellen Problem. Wie die Wirklichkeit aussieht, ist völlig unwichtig und wird kaum mehr zur Kenntnis genommen. So hatte ich im Schuljahr 1973/74 eine Klasse, von der mit wenigen Ausnahmen alle Schüler in der Beziehungsphase waren. Der Unterricht, der sich so aufbauen liess, unterschied sich in kaum etwas vom Unterricht herkömmlichen Musters. Wir unterstrichen das noch, indem wir das Schulzimmer bewusst in betont herkömmlicher Weise einrichteten: mit starren Bankreihen, ausgestopften Vögeln und eingemachten Schlangen, mit Schrägschrift-Alphabet an der Wand usw. Aufgefallen ist das kaum jemandem. Der beschriebene Druck wurde in vollem Umfange aufrecht erhalten. Das zeigt sich schon daran, dass aus demselben Schuljahr die oben angeführten «Weisungen» datieren.

Noch eine letzte Konkretisierung. Schon öfters wurde mir gesagt: «Es muss einfach auch Hilfsarbeiter, Kübelmänner und dergleichen geben. Wer soll denn das ausführen, wenn nicht die «Dummen?» Hätte ich das nicht selber schon mehrmals gehört, würde ich auch glauben, das sei eine böswillige Verteufelung der Bürgerlichkeit aus irgendeinem kommunistischen Hetzblättchen. Aber oft schreibt das Leben selbst die schönsten Geschichten.

Wenden wir nun nochmals die eingangs erwähnte Theorie über den Widerstand an. Der von Seiten der Öffentlichkeit spürbare Druck erweist das Ausmass der Mitschuld eben dieser Öffentlichkeit am Problem des «dummen» Schülers. Konkret: Dem Lehrer Meier, der im Schulzimmer Nr. 17 unterrichtet, wird fast verunmöglicht, seinen schwachen Schülern wirksam zu helfen. Er unterliegt einer direkten Kontrolle durch die Öffentlichkeit, die ihn dauernd vorschnell auf die Normen der bürgerlichen Schule festlegt. Er unterliegt aber zudem einer viel wirksameren indirekten, emotionell gefärbten Kontrolle der Öffentlichkeit. Wenn er also nicht ein «schlechter Lehrer» und persönlich suspekt werden will, bleibt ihm gar nichts anderes übrig, als hin und wieder ein paar Schüler preiszugeben, blosszustellen, zu entmutigen. Und das werden dann eben seine «Dummen» oder «Frechen». Vielleicht wird er es mit schlechtem Gewissen tun, vor allem, wenn er zu viel Pestalozzi gelesen hat. Aber er erkauft sich damit die Möglichkeit, unange-fochten zu arbeiten.

Oft wird das Problem des dummen Schülers dem Lehrer angelastet. Tat-sächlich mag es teilweise persönlich bedingt sein. Es gibt Lehrer, die «Dumme» produzieren, weil sie zu viel eigene Probleme mit in die Schule einbringen, weil sie dem an sich ungesunden Berufsmilieu nicht gewachsen sind, weil sie unpädagogisch handeln usw. Aber wieviel mehr das Problem des «dummen» Schülers das der Öffentlichkeit ist, erleben oft gerade jene Lehrer, welche versuchen, den Klippen der angedeuteten persönlichen Problematik auszuweichen. Sie geraten meist umso mehr unter Druck sei-tens dieser Öffentlichkeit. Nein, ich vermag keinen Lehrer zu verdammen, wenn er hier nachgibt und sich zu einem blossen Stundenerteiler zurück-entwickelt!

Natürlich lässt sich in dieser globalen Weise «die Öffentlichkeit» herrlich anprangern. Sieht man genauer hin, geht man beispielsweise irgendeinem Gerücht nach oder diskutiert man mit irgendeinem Dorfgewaltigen, so löst sie sich sofort auf. Sie löst sich auf in Menschen, deren Leben offenbar so langweilig ist, dass der ständige Klatsch über ein Dutzend Primarschüler immer wieder willkommene Abwechslung bietet, in Menschen, die sich ein-fach nicht von anerzogenen Normen und Wertvorstellungen zu lösen ver-mögen, in Menschen, die sich wegen jeder Kleinigkeit persönlich angegrif-fen fühlen. In Menschen also, die subjektiv genau so leiden wie meine Schü-ler. Und die aus eigenem Leiden andere leiden machen.

Misserfolge

Die beschriebenen Widerstände können in einzelnen Fällen so stark werden, dass der therapeutische Prozess abgebrochen wird. Dies gilt vor allem für den Widerstand seitens des Elternhauses. Die Eltern haben ja das «Verfügungsrecht» über das Kind. So können sie es jederzeit aus der Schule nehmen – sofern sie eine Alternative dazu anzubieten haben. Sind die Kinder am Ende der obligatorischen Schulpflicht angelangt, so braucht es nicht einmal mehr eine Alternative. Eine Begründung für diesen Schritt lässt sich leicht finden. (Man lese nur noch einmal das Kapitel über den Widerstand seitens der Öffentlichkeit). Meist aber deckt sich der Grund nicht mit der Begründung.

So wollte beispielsweise ein Bub seinem Vater nichts über den Inhalt eines Gespräches mitteilen, das wir miteinander geführt hatten. Von mir aus hätte er das gerne tun können. Das Ganze war ihm aber so wichtig, dass er es allein für sich behalten wollte. Er begann sich damit zugleich zu profilieren. Der Bub wurde vier Tage lang immer stärkerem Druck ausgesetzt. Er blieb hart. Am fünften Tag gab der Vater bekannt, er wolle ihn aus der Schule nehmen. Er lerne hier ja nichts ...

Die bisher eingetretenen Misserfolge lassen sich in zwei Gruppen einteilen:

1. Erfolgt der Austritt noch während der «braven» Phase, so verhält sich das Kind immer noch «gut angepasst» im schlechten Sinne des Wortes. Es verfügt über keinerlei Spontaneität. Sein Selbstvertrauen ist immer noch gleich null. Seine schulischen Leistungen entsprechen ungefähr dem, was allgemein von einem Hilfsschüler erwartet wird. Ich habe das bis jetzt vor allem bei einigen Mädchen erlebt, die relativ spät in meine Klasse kamen und eine extrem lange «brave Phase» durchmachten. Ihre bisherige weitere Laufbahn unterscheidet sich kaum von derjenigen unzähliger Mädchen aus vergleichbaren Verhältnissen: Sie arbeiten später etwa als Hilfsverkäuferin oder machen eine Anlehre.

2. Erfolgt der Austritt während der «Bubeliphase», so verfügt das Kind bereits über etwas Spontaneität und Selbstvertrauen. Wieviel – das hängt da-

von ab, wie lange diese Phase bereits angedauert hat. Dafür sind (aus noch zu beschreibenden Gründen) die schulischen Leistungen meist etwas schlechter als bei den Kindern der «braven Phase». Der typische Fall hier: Das Kind, das von den Eltern aus der Schule genommen und ins Werkjahr geschickt oder in eine Anlehre gesteckt wird.

Ich möchte nun keineswegs den Eindruck erwecken, als wollte ich die Schuld an den erwähnten Misserfolgen den Eltern in die Schuhe schieben. Erstens habe ich im betreffenden Kapitel über den Widerstand gezeigt, wie ich zum Problem der «Schuld» des Elternhauses stehe. Zweitens gibt es Fälle, in denen ich mich tatsächlich mehr hätte um die Eltern bemühen müssen. Ja, es stimmt: um die Eltern, nicht um das Kind. Denn der therapeutische Prozess lässt sich nicht einfach «durchreissen».

Ich habe bis jetzt zwei Fälle von Schülern erlebt, die ihre Lehre abgebrochen und eine zweite angefangen haben. Diese betrachte ich nicht als Misserfolge. Erstens handelte es sich in beiden Fällen um einen wohlüberlegten Schritt der betreffenden Burschen. Sie hatten auch sofort die Zusammenarbeit mit mir wieder aufgenommen. Zweitens gibt es unzählige Menschen, die den Beruf oder die Studienrichtung wechseln (auch wegen «Überbürdung»), ohne dass ihnen dies gleich als Misserfolg zur Last gelegt wird. Mehr über die damit verbundene Problematik möchte ich im nächsten Kapitel berichten.

«Rückfälle»

Kommt der Schüler nun aus der Schule, tritt er beispielsweise eine Berufs-
lehre an, so muss es durchaus nicht unbedingt so sein, dass die erwähnten
Widerstände einfach verschwinden. Es gibt Fälle, da werden sie im vollen
Umfange aufrecht erhalten.

– Dies gilt einmal für den Widerstand seitens der Öffentlichkeit. Er kon-
kretisiert sich in diesen Fällen in einem heimlichen, oft kaum bewussten
Misstrauen des Lehrmeisters: Es handelt sich bei seinem Lehrling um einen
ehemaligen Hilfsschüler. Zudem weiss «man» ja, aus was für einer Schule
er kommt. Wie wird er sich wohl machen?

– Ich habe nun schon einige Fälle erlebt, bei denen auch der Widerstand
seitens des Elternhauses voll weiter wirksam war, ja, sich eher noch ver-
stärkte. Dadurch wird indirekt die These bestätigt, dass der Ausgangspunkt
für den Widerstand nicht die Schule an sich, sondern die Weiterentwicklung
des Kindes war. Ich weiss von einem ehemaligen Schüler, der jetzt seit drei
Jahren «im Leben draussen» steht. Er hält nur noch einen sehr, sehr losen
Kontakt zu mir aufrecht. Aber noch jetzt wird er als unter meinem schlechten Einfluss stehend bezeichnet und deshalb unter Druck gesetzt. Nur
macht es ihm nicht viel aus. Er hat genügend Selbstsicherheit erlangt.

– Dazu kommen noch die eigenen Probleme des ehemaligen Schülers. Und
hier fehlt ihm nun oft die stete Möglichkeit des Kontaktes, der Aufarbeitung. Dies kann sich sehr leicht als Verstärkung der beiden andern Widerstände auswirken. Natürlich kann er jederzeit mit seinen Sorgen vorbei-
kommen. Aber oft gehört es gerade zum eigenen Widerstand, dass er eben
nicht vorbeikommt. Wie gut er mit all diesen Problemen zurechtkommt, ist
abhängig von der «Ich-Stärke», die er erreicht hat.

Ich habe nun schon einige Male folgende Tatsache beobachtet: Haben einmal seelische Probleme (wie die in diesem Buch beschriebenen) ihren Niederschlag in Form einer «Lernbehinderung» gefunden, so können sie sich
auch später bei starkem seelischem Druck wieder so auswirken. Dies entspricht ziemlich genau der Rückfallgefahr nach einer schweren Krankheit

(im medizinischen Bereich). Ich habe schon öfters in der Schule bei Kindern in der Beziehungs- oder Erweiterungsphase deutliche Leistungsabfälle erlebt, wenn sie beispielsweise von zu Hause unter starken Druck gesetzt wurden.

Diese «Rückfallgefahr» besteht nach Schulaustritt genau so wie nach einem Spitalaustritt. Ich habe bis jetzt zwei Fälle erlebt, bei denen sich die Widerstände in der beschriebenen Weise derart verstärkten, dass die Lehre abgebrochen werden musste. Beiden war vor Beginn der Lehre vom Berufsberater ausdrücklich die geistige Befähigung zum Beruf attestiert worden. Beide waren in bezug auf Arbeitshaltung tadellos. Aber die nun auftauchenden Probleme und Widerstände absorbierten die verfügbare psychische Energie derart, dass für die erwarteten Leistungen in der Gewerblichen Berufsschule keine «Reserven» mehr übrig blieben. Der «Rückfall» war eingetreten.

Wir versuchten in beiden Fällen, das Problem so zu lösen, dass beim neu zu ergreifenden Beruf die schulischen Anforderungen etwas weniger hoch waren. So sollte für den Burschen eine gewisse «Reserve» geschaffen werden. Im Fall, der nun schon einige Zeit zurückliegt, war der Erfolg gut. Über den Erfolg dieser Massnahme im zweiten Fall kann ich zur Zeit noch nichts aussagen, da er zu wenig weit zurückliegt.

Konsequenzen

1. Die Schüler sollten möglichst spät aus der Schule austreten müssen. Wann der Austritt erfolgt, sollte allein von der erreichten Ich-Stärke abhängig gemacht werden können. (Es ist übrigens überhaupt nicht einzusehen, weshalb ausgerechnet die Schüler sofort nach Erfüllung der obligatorischen Schulpflicht ausscheiden müssen, die in der Schule bisher nie voll auf ihre Rechnung gekommen sind.) In vielen Fällen lässt sich im Gespräch mit den Eltern erreichen, dass sie einem neunten oder zehnten Schuljahr ihres Sprösslings zustimmen. Oft reicht aber auch dies nicht aus. Die seelische Entwicklung eines Menschen lässt sich eben nicht einfach vorausplanen.

2. Es besteht immer das Problem, dass ein Schüler aus den erwähnten Gründen beim Schulaustritt gewissermassen «ins Leere tappt». Dieses Problem stellt sich bei eher schwacher Ich-Stärke umso dringender. Um hier Hilfe zu bieten, sind wir auf die Idee des «Schrägschnitts» gekommen. Es handelt sich dabei um einen «fliessenden Übergang» zwischen Schule

und Berufslehre: Der Schüler verbringt zunächst seine Zeit (nach Abzug der Berufsschulstunden) teils beim Lehrmeister, teils in der Schule. Dort kann er vor allem die Probleme aufarbeiten, die ihm die Gewerbliche Berufsschule stellt. Im Laufe des ersten halben Jahres wird die Zeit, die er in der Schule verbringt, sukzessive verkleinert. Nach einem halben Jahr ist der Übergang vollzogen.

Damit bei der ganzen Übung die eigentliche Berufslehre nicht zu kurz kommt, wird diese einfach um die entsprechende Zeit verlängert.

Im Augenblick befinden sich – erstmals – zwei Schüler im «Schrägschnitt». Es ist jetzt noch zu früh, um die gemachten Erfahrungen zu überblicken.

3. Es ist dringend nötig, dass die Möglichkeit des ständigen Kontaktes besteht. Auch des Kontaktes mit andern Ausgetretenen. Wir werden versuchen, eine Art Treffpunkt für Ehemalige zu schaffen. Damit möchte ich selbst so wenig wie möglich zu tun haben, denn allmählich wird das Ganze eine Belastungsfrage. Organisiert kann dieser Treffpunkt von den Ehemaligen selbst werden. Ich würde dabei lediglich im Hintergrund bleiben – für «Notfälle» gewissermassen. Der Ehemalige würde nicht so im Leeren hängen. Gleichzeitig würde damit für Einzelne die Wiederaufnahme der therapeutischen Beziehung in schwierigen Fällen wesentlich erleichtert werden.

Einige kompensatorische Probleme

Zum Begriff der Kompensation

Der Problemkreis lässt sich von zwei Seiten her angehen:

1. Das Kind muss nun alle die Anregungen erhalten, die es bisher von Schule und Elternhaus nicht bekommen hat. Es geht hier also um den grösstmöglichen Ausgleich der festgestellten sozio-kulturellen Beschränkung und des dadurch ausgebliebenen Unterrichtserfolgs.

2. Der Begriff der Kompensation lässt sich aber auch vom pädagogisch-therapeutischen Aspekt her bestimmen. Mit dem «neuen» Selbstbewusstsein, mit der veränderten Einstellung zu sich selbst, ändert das Kind auch seine Einstellung dem Leben gegenüber. Es kapselt sich nicht mehr ab. Es möchte Neues erleben, neue Menschen, neue Probleme kennen lernen. Erich Fromm hat diese Einstellung sehr schön charakterisiert:

«Wenn ich von Liebe zum Leben spreche, so meine ich nicht in erster Linie das «am Leben hängen», und ich meine auch nicht das im Biologischen wurzelnde Verlangen nach physischem Überleben. Wovon ich spreche, das ist vielmehr ein bestimmtes Lebensgefühl, das wir meinen, wenn wir von jemand sagen: «Er liebt das Leben» oder: «Sie sprüht vor Leben».

Der biophile Mensch ist dem Leben und allem Lebendigen unmittelbar verbunden. Er will etwas aufbauen, nicht nur etwas bewahren. Er hat das Staunen noch nicht verlernt. Er ist immer auf der Suche nach etwas Neuem und will nicht nur die Bestätigung des Alten. Er liebt das Abenteuer des Lebens als solches, weil Leben immer Ungewissheit und Risiko einschliesst. Er denkt organisch, nicht mechanisch. Er sieht das Ganze, nicht nur die Teile. Er stellt die Gestalt höher als die Summe. Er möchte durch Anregungen formen und beeinflussen, nicht mit Gewalt. Er untersucht die Dinge, um das Warum zu erkennen, statt sie voneinander zu trennen. Er liebt das Leben selbst, nicht nur den Lebensgenuss.»[1]

Anm. 1:
Fromm: in: Summerhill, pro und contra, S. 207 ff.

Das ist es, was wir unter «seelischer Lebendigkeit» verstehen. Eigentlich könnte man von diesem Blickpunkt her den ganzen Prozess beschreiben: Die Kinder, die der Hilfsschule zugewiesen werden, haben meist ihre seelische Lebendigkeit verloren. Ob sich das nun in einer betont aggressiven oder eher defensiven Haltung äussert, beide Male ist es Ausdruck einer «seelischen Starre». Der ganze beschriebene pädagogisch-therapeutische Prozess hat die Aufgabe, die seelische Lebendigkeit des Kindes wieder herzustellen.

Es ist nun ausserordentlich wichtig, dass das Kind, das jetzt endlich wieder «etwas vom Leben erwartet», in dieser Erwartungshaltung nicht enttäuscht wird. Jetzt muss es Dinge kennen lernen können, mit denen sich eine Auseinandersetzung lohnt. Hier erst erhält der Begriff der Kompensation seinen vollen Sinn. Wie weit wir uns hier von der üblichen Sonderschul-Pädagogik entfernt haben, möge ein Zitat eines ihrer Theoretiker zeigen. Er rät dem Lehrer:

«Stärke die Bereitschaft der Schüler zu Opfer, Askese, Daseinsverzicht und Selbstdisziplin!»

Der Begriff der Kompensation ist also sehr weit gefasst. Zu ihm gehört der «Lebensbezug», die «Welthaltigkeit» im weitesten Sinne. So ist dafür gesorgt, dass der Schüler nicht in einer nur scheinbar therapeutischen, heilen Elfenbeinturm-Welt aufwächst. Der Begriff umfasst aber auch das rein «Unterrichtliche». Der Schüler muss rechnen, schreiben lernen usw. Entdeckt er nämlich später, dass er hier wieder von neuem versagt, so wird er in seiner beschriebenen Erwartungshaltung wieder enttäuscht. Auch dieser Aspekt der Kompensation verdient deshalb sorgfältige Beachtung.

Das alles könnte nun so missverstanden werden, als ginge es darum, die armen «milieubedingt kulturell unterernährten» Unterschichtkinder endlich auch der Segnungen unserer Mittelschicht-Kultur teilhaftig werden zu lassen. Tatsächlich wird in der sonderpädagogischen Literatur hin und wieder so argumentiert. Diese Argumentation scheint mir doch etwas abstrus. So emanzipiert und so glücksspendend scheint mir unsere Mittelschicht-Kultur nun auch wieder nicht zu sein. Jeder Psychoanalytiker könnte da haufenweise Material vorlegen, das wohl eher das Gegenteil beweisen würde. Wir überliefern «unsere» Kultur, d.h., die Kultur der Schicht, aus der wir als Lehrer stammen, indem wir die Schüler daran teilhaben lassen. Es ist aber wichtig, dass wir mit der Kultur zugleich unsere Haltung überliefern:

Das ist nicht einfach so und muss nicht immer so bleiben. Das ist veränderbar.

«Kinder sollen nicht dem gegenwärtigen, sondern dem zukünftig möglich besseren Zustand des Menschengeschlechtes, das ist der Idee der Menschheit und deren ganzer Bestimmung angemessen erzogen werden. Dieses Prinzip ist von grosser Wichtigkeit. Eltern erziehen gemeiniglich ihre Kinder nur so, dass sie in die gegenwärtige Welt, sei sie auch verderbt, passen. Sie sollten sie aber besser erziehen, damit ein zukünftiger, besserer Zustand hiedurch hervorgebracht würde.» (Kant)[2]

Vielleicht könnte man es so formulieren: Der Sinn der Kompensation (wie der Begabungsentfaltung überhaupt) liegt nicht im kulturellen und gesellschaftlichen «Aufstieg» in eine «höhere Schicht». Er liegt im Leben selbst. In einem Leben, das lebenswert ist. Als mir zum ersten Mal ein Schüler sagte: «Bis ich dich traf, hatte ich eigentlich kein schönes Leben gehabt», dachte ich, er hätte nun wohl reichlich übertrieben. Inzwischen habe ich begriffen, was er damals meinte. Dass (durch die pädagogisch-therapeutischen und die kompensatorischen Vorgänge) sein Leben gewissermassen eine weitere Dimension bekommen hat. «Ich denke, dass ich erst jetzt richtig lebe.»

Es ist nun aber keineswegs so, dass der kompensatorische auch zeitlich einfach auf den pädagogisch-therapeutischen Vorgang folgt. Die beiden stehen in gegenseitiger Wechselwirkung. So wie seelische Lebendigkeit Voraussetzung für das volle Erleben etwa eines Theaterbesuchs ist, kann umgekehrt dieser auch die seelische Lebendigkeit, die Lebensfreude erhöhen. Oder es kann das Erlebnis: «Ich kann eine Dreisatzaufgabe im Rechnen allein lösen!» das Selbstvertrauen eines Kindes in ungeahnter Weise stärken. Natürlich ist diese Wechselwirkung stärker, je weiter der pädagogisch-therapeutische Vorgang fortgeschritten ist.

Anm. 2:
Kant: «Pädagogik», Zit. nach Adler: Neue Menschen. Wien 1926[2], S. 70

Unterricht

In diesem Kapitel soll über die Möglichkeiten des Unterrichts während der verschiedenen Phasen kurz berichtet werden. Der Begriff «Unterricht» wird dabei in doppelter Bedeutung gebraucht. Einmal ist damit das «Unterrichtliche» im engern Sinne gemeint, die Erlernung der grundlegenden «kulturtechnischen» Fertigkeiten, wie Lesen, Schreiben, Rechnen. Darüber hinaus gilt das Gesagte auch für die Kompensation im weiteren Sinne.

Unterricht während der «braven» Phase

Hier lässt sich eigentlich ziemlich unbelastet «unterrichten». Die Schüler reagieren so, wie sie als gut dressierte Schüler zu reagieren haben: Sie sind «brav», «aufmerksam» und geben sich reichlich Mühe. Das Verhalten eines Schülers in der «braven» Phase unterscheidet sich kaum vom Verhalten irgendeines beliebigen Schülers.

Nur: Man merkt deutlich, dass der Schüler «beschränkt» ist. Er begreift langsamer, vergisst fast alles wieder, kurz: So ziemlich alles, was so landläufig über den «dummen» Schüler und seine geistigen Fähigkeiten gesagt wird, trifft hier zu. Ich kann irgendein sonderpädagogisches Buch aufschlagen:

«Kommt man vom lebendigen Geschehen einer Normalklasse her und möchte seine erprobte Lehrweise auf die Spezialklasse für schwachbegabte und debile Kinder[3] übertragen, so scheitert man an zwei Dingen. Von den Kindern her kommt einem nicht entgegen, worauf man glaubte zählen zu dürfen; und was man ihnen zumutet, das begegnet einer unerwarteten Leistungsschwäche. Das erstere beruht darauf, dass das innere Leben des geistesschwachen Kindes von anderer Art als dasjenige des gut begabten

---

Anm. 3:
Es ist übrigens typisch für diese Art von Literatur, dass hier nun plötzlich «schwachbegabte und debile Kinder» in einen Topf geworfen werden. Und das in einem gut 300seitigen Buch, das sich ausschliesslich mit diesem Thema befasst. (w.z.b.w.)

und darum nicht auf dieselbe Weise, vor allem nicht auf dieselben Anregungen hin anspricht. Es antwortet oft erst auf grobsinnliche Reize und neigt zu elementartriebhaften Regungen; es muss beständig durch eine zielbewusste Führung und eine schützende Zucht in den Geleisen festgehalten werden, welche überhaupt auf ein sachliches Ziel und einen erfüllenden Gehalt hin führen können. Die Leistungsschwäche ihrerseits beruht, wo sie nicht durch Erziehungsschwierigkeiten bedingt, sondern Auswirkung der Geistesschwäche als solcher ist, in erster Linie auf der Erschwerung und Verlangsamung der Auffassung und macht es notwendig, langsamer vorzugehen, in kleine Teilschritte aufzulösen, was begabte Kinder mit einem Blick erfassen, niemals zwei Dinge auf einmal tun oder auffassen zu wollen und nicht zu einer weitern Stufe voranzuschreiten, bevor nicht Sicherheit in der Bewältigung der vorangehenden erworben ist. Es heisst weiterhin, dass der Lehrer selbst für Konzentration immer von neuem erst noch zu sorgen hat, weil die schwachen Kräfte nur dann den verminderten Aufgaben gewachsen sind, wenn sie in innerer Sammlung zusammengehalten werden; dass das gedächtnismässige Einprägen dessen, was man verstehen gelernt hat, einen grossen Raum einnimmt, weil das Gedächtnis dem schwachen gedanklichen Verarbeiten eine Stütze, dem allzu sehr fluktuierenden Denken einen gewissen Halt verleihen kann; dass das Einüben dessen, was richtig aufgefasst ist, nie erlahmen darf, weil automatisierte Fähigkeiten – immer im Bereich dessen, was dem eingeschränkten Begreifen zugänglich ist – in höherem Masse als beim gut begabten Kinde den Mangel an produktiver Kraft des Denkens ersetzen müssen.»

«Das schwach begabte Kind kann ein Lehrziel durch sein eigenes Tun nur dann erreichen, wenn man ihm in langsamem und schrittweisem Vorgehen die grösseren Schwierigkeiten aus dem Wege räumt und es auf jede neue Teil-Aufgabe aufmerksam macht; es kann nicht aus begangenen Fehlern lernen, sondern ist darauf angewiesen, dass eine nie aussetzende Führung es von vornherein in der zweckmässigsten Weise einstellt auf die neue Aufgabe.»

«Die Selbsttätigkeit des Kindes, das ist in der Hilfsschule eine geführte, wo sie in der Normalschule eine spontane sein kann.»

Das alles ist vollkommen richtig. Das stimmt alles – für die Kinder in der «braven» Phase. Gottseidank dauert diese meist nicht sehr lange.

Der unterrichtliche Erfolg entspricht denn auch offenbar dem, was allgemein von der Hilfsschule erwartet wird – so mager er auch ist. Ich habe noch nie Eltern eines Kindes in der «braven» Phase sagen hören, ihr Kind lerne zu wenig in der Schule. (Später allerdings schon!)

Unterricht in der «Bubeli-Phase»

In der Ruderphase wird das Unterrichten schwieriger. Meist ist der Schüler von den seelischen Problemen, die er jetzt ausagiert, dermassen beansprucht, dass für «Lehrstoffaufnahme» keine oder nur herzlich wenig psychische Energie übrig bleibt. Im günstigsten Falle geht es also genau gleich «harzig» vorwärts wie bisher. Oft aber wählen viele Schüler (unter anderem) diese Möglichkeit, den Lehrer zu provozieren: Sie verweigern das Lernen. Dies tun sie dann meist sehr demonstrativ: Sie zerstören ihre beinahe fertigen Arbeiten, verweigern jede Mitarbeit: «Es ist sowieso alles ein fertiger Mist. Das ist sowieso eine lausige Schule. Sie sind sowieso ein schlechter Lehrer.» Der Lehrer ist sowieso selbst schuld, wenn ich nichts lerne!

Das Resultat ist in diesen Fällen ein Leistungsrückgang. Dinge, die der Schüler vorher noch konnte, «verlernt» er jetzt, und Neues «will» er gar nicht lernen. Dies kann für den Lehrer sehr mühsam werden. Aber es ist wichtig, dass diese Phase durchgestanden wird. Man wird sich die Erkenntnis Peter Petersens vor Augen halten, dass dem Erzieherischen vor dem Didaktischen das Primat gebührt. Man wird deshalb in der konkreten Situation oft um dieses Pädagogischen willen den «Lehrstoff» opfern.

Das heisst allerdings nicht, dass man während dieser Phase auf dem Gebiet des Unterrichts einfach alles dem Zufall überlassen soll. Es ist wichtig, dass man immer etwas bereithält, womit der Schüler sich beschäftigen könnte, wenn er möchte. Man kann nie genau voraussagen, wann die Ruderphase dem Ende zugeht, und man sollte den Schüler nicht länger als nötig darin fixieren. Zudem hat er auch mitten in dieser Phase Augenblicke, in denen er lernen möchte. Dann muss er erleben können, dass man als Lehrer daran interessiert ist, dass er wirklich lernt.

Unterricht in der Beziehungsphase

Parallel mit der Änderung des Selbstverständnisses ändert sich auch das Verhältnis des Kindes zum Unterricht. Es traut sich auch hier zusehends mehr zu. Was nun allenfalls noch bremst, sind Entmutigungserscheinungen, die durch die pädagogisch-therapeutische Arbeit abgebaut werden müssen. Gelingt das – und es gelingt in den meisten Fällen –, so sind auf unterrichtlichem Gebiet oft Dinge möglich, die einen Uneingeweihten in Erstaunen versetzen. Es kommt häufig vor, dass Kinder das Rechenbuch eines vollen Schuljahres (der Normalschule!) in einem Bruchteil der dafür vorgesehenen Zeit durcharbeiten. Häufig lassen sich die Schüler für oft recht vertrackte algebraische Probleme begeistern. Oder: Würde man von den in diesem Buch abgedruckten Originalbeiträgen vermuten, dass sie von Kindern mit «Geistesschwäche leichteren Grades» geschrieben sind? Ein paar weitere Beispiele werden in den folgenden Abschnitten gebracht werden.

Alle diese «Leistungen» gehen nicht etwa auf besondere didaktische oder methodische Vorkehrungen zurück. Es ist also nicht so, dass ich irgendwelche «Geheimmittel» auf diesem Gebiet kennte, dank derer man das alles aus den Kindern «herausholen» kann. Die Leistungen wurden möglich dank dem pädagogisch-therapeutischen Vorgang. Das rein Didaktische ist auch hier absolut zweitrangig.

Wichtig wird nun allerdings die Arbeit in der Gruppe. «Die Periode, in der eine Gruppe ein fest zusammenhängendes Ganzes wird, ist eine Zeit wachsender Moral und wachsenden Vertrauens, denn zusammenzukommen, um die Hilfsquellen zu vereinen und nach gemeinsamen Überlegungen zu handeln, gibt den Leuten Kraft, Dinge aufzugreifen und auszuführen, wie sie es als Einzelne nie hätten tun können.»[4] Solche Gruppenaktionen müssen mit aller Konsequenz zur Grundlage der Schularbeit gemacht werden.

Anm. 4:
Hauser: Die kommende Gesellschaft, S. 301.

Zum Beispiel: Theaterbesuche

Hilfsschüler im Theater!

Oft stossen wir auf schlichtes Unverständnis. «Verstehen die da überhaupt etwas? Kommen sie überhaupt mit? Ist das überhaupt nötig? Und überhaupt – wir hatten so etwas doch auch nicht und sind trotzdem etwas «Rechtes» geworden!» So lauten etwa die Reaktionen, die einem hie und da zu Ohren kommen.

Die Sache ist in der Tat schwierig: Wir haben es hier gleich mit zwei eingefleischten Vorurteilen zu tun. Mit dem jetzt hinlänglich beschriebenen Vorurteil dem Hilfsschüler und demjenigen dem Theater gegenüber. Mit dem zweiten wollen wir uns jetzt noch etwas befassen.

«Die Basler Theater sind eine Brutstätte des Kommunismus, der Unzucht und der Gotteslästerung. Gesegnete Ostern!» So ungefähr war vor Jahren in einem Zeitungsinserat zu lesen. Bei weit mehr Leuten als man dies eigentlich annehmen würde, hat das Theater den Anstrich des im besten Falle Nutzlosen, des Unseriösen auch, ja, des Verruchten. Sehr schön hat das einer zum Ausdruck gebracht, der zu mir sagte: «Sie sind halt ein Theaternarr. So wie ein normaler Mensch ins Wirtshaus zum Jass geht, gehen Sie ins Theater. Aber warum müssen Sie die Schüler mitnehmen?» Oder ich denke an jenen, der mir erklärt hatte, er sei aus religiösen Gründen gegen das Theater. Ich fragte ihn: «Waren Sie denn schon einmal dort?»

Er: «Ja, auch schon.»
Ich: «Wo? In welchem Stück?»
Er: «Ja, im Theater direkt eigentlich nicht. Aber ich weiss, wie es dort etwa zugeht.»

Was steckt hinter solchen Äusserungen? Adolf Muschg[5] spricht «. . . vom Widerstand, den (. . .) ein grosser Teil der Bevölkerung einem Theater ent-

---

Anm. 5:
In einer Kolumne in der Zürcher AZ, 8. Okt. 73

gegensetzt, in das man nicht geht, weil man nie gelernt hat, ein Publikum zu sein. Ich möchte davon reden, dass es schwer ist, unvorstellbar schwer, dieser grossen vereinsamten Gruppe die Angst zu nehmen vor dem Spiel und dem Spielen. Die meisten, die zum Theater nein gesagt haben, lernen in ihrem Alltag Spiel und Spielen nur als etwas kennen, was auf ihre Kosten geht. Sie haben sich gegen das Spielerische vermauern müssen, weil sie es als Hohn über ihre Existenz empfinden. (. . .) Sie wurden um die Erfahrung betrogen, dass Spielen schön sein kann, dass Theatererfahrung einen nicht zu beschämen braucht.»

Zu Ehren der Eltern meiner Schüler (die fast alle aus «dieser grossen vereinsamten Gruppe» stammen) und meiner Schulbehörden muss gesagt sein, dass sie unseren Theaterbesuchen keine nennenswerten Hindernisse in den Weg legen. Sie lassen uns – manchmal kopfschüttelnd – ziehen, und ich bin mir voll bewusst, dass das nicht selbstverständlich ist. Ist vielleicht der Grund dafür darin zu suchen, dass sie sehen, wie die Schüler Freude daran haben?

Schüler über die Theaterbesuche:

Daniel:

«Wir besuchten oft das Theater. Wenn wir uns ein Stück angesehen hatten, sprachen wir immer über die Probleme, die in diesem Stück vorkommen, und was die Darstellung bezwecken will. Ich empfand immer ein wohlwollendes Gefühl, wenn ich selbst herausfand, was damit gemeint war. Es half mir auch selbst, mein Leben zu ändern, wenn ich so sah, was wir im Grunde genommen für eingebildete Wesen sind. Man sah auch, dass es Leute gibt, die noch viel ärmer dran waren als wir. Wenn ich z. B. sah, dass es Leute gab, die einen Vierbeiner viel besser halten als einen Menschen, so gab das mir den Bogen. Nicht nur, dass das in alten Theaterstücken vorkam, war der Grund meiner Erregung, sondern, dass es heute noch genau so ist. Überhaupt regte mich das Theater und die Gespräche darüber an, Vergleiche von der Vergangenheit mit heute zu ziehen. Die Erregung, die ich in solchen Augenblicken verspürte, war so tief, dass sie oft meinen ganzen Körper erzittern liess.»

Markus:

«Mein erstes Theaterstück sah ich in Zürich. Es war eine Aufführung von «Lumpazivagabundus» (Nestroy). Ich hatte damals, das war vor etwa drei Jahren, nicht sehr viel von dem Theater. Natürlich gefiel es mir. Es gab zu lachen, ich freute mich an den drei Landstreichern. Es regte mich aber nur beschränkt zum Nachdenken an.

Wir gingen immer häufiger ins Theater. Wir lernten, darüber zu diskutieren. Ich merkte langsam, dass das Theater nicht nur lustig und schön ist, sondern dass der Dichter mit dem Stück etwas sagen möchte, vielmehr die Leute auf etwas aufmerksam machen will. Zum Beispiel, dass die Welt nicht in Ordnung ist, dass es unterdrückte Menschen gibt. Sie könnten zwar etwas dagegen tun. Nur haben sie es nicht gemerkt, d. h. sie lernten, sich einfach zu fügen, weil sie glaubten, das sei das Einzige, was sie tun könnten.

Vor einiger Zeit begann ich mir Gedanken zu machen über die Gleichberechtigung von Mann und Frau. Ich sah die «Mirandolina» in Baden. Ganz überrascht war ich, als ich hörte, dass das Stück etwa 220 Jahre alt ist. Der Dichter Carlo Goldoni wollte damit zeigen, dass die Frau nicht nur eine Schlafunterlage für den Mann ist und ein braves dummes Hausmädchen. Die Wirtin Mirandolina verfügt über Intelligenz, Spass, Menschlichkeit und Lebensfreude. Da sie eine zierliche Frau ist, bemühen sich einige bessergestellte Männer um sie, die jedoch ausser Geld und Macht nicht viel Positives aufweisen. So lässt sie sie hart abprallen. Ihre Liebe gilt einem einfachen, doch liebenswerten jungen Kellner.

Ein anderes Beispiel: «Ein Volksfeind» von Ibsen. Der Badearzt Dr. Stockmann musste feststellen, dass das Heilbad genau das Gegenteil bewirkt. Er geht der Sache auf den Grund und bemerkt bald, dass das Wasser verseucht ist. Das Bad müsste zwei Jahre geschlossen werden, damit die Wasserzufuhr verlegt werden kann. Dann wäre aber der Zustrom von Touristen nicht mehr so stark wie vorher. Die Sache ist für den Badeort sehr unangenehm. Dr. Stockmann hat auf seinem Gebiet etwas entdeckt, was nur er richtig beurteilen kann. Da die Leute im Dorf zu wenig davon verstehen, werden sie zu seinen Gegnern. Da die Sache ihnen keine Angriffsmöglichkeiten gibt, wird der Mensch Stockmann zur Zielscheibe. Da sieht man ganz klar:

224

Wenn einer auch die Wahrheit sagt, und diese Wahrheit der Mehrheit oder einigen einflussreichen Leuten nicht gefällt, kommt er nicht zu seinem Recht mit seiner Wahrheit.

Im allgemeinen über das Theater muss ich sagen: Es machte mich auf Verschiedenes aufmerksam. Man beginnt, seinen eigenen Kopf zu gebrauchen. Da merkt man auch, dass in der Welt einige Dinge nicht stimmen. Man versucht auch sonst mehr, auch neben dem Theater etwas zu unternehmen, was einem Freude macht. Man interessiert sich für Dinge, die einem vorher gleichgültig waren. Man ist sich selbst nicht mehr egal.»

Weshalb Theaterbesuche?

Die Theaterbesuche haben zunächst einmal kompensatorische Auswirkungen im rein sprachlichen Bereich:

– Die Schüler begegnen Kunstwerken, und zwar solchen, die lebendig sind. Der unmittelbare Eindruck der Begegnung ist ungleich grösser als etwa bei einer Novelle – oder gar bei einem Abschnittlein im Lesebuch.

– Sie erleben gute Sprache «im Vollzug».

– Es ergeben sich Ansätze zu Diskussionen, also Anstösse, selber zu formulieren, Sprache zu formen.

– Es entstehen mannigfache Möglichkeiten schriftlicher Auswertung, z. B. anstelle der oft mühsamen «Aufsätze».

Auch hier kann der Begriff der Kompensation weiter gefasst werden: Das Kind wird beispielsweise mit Problemen konfrontiert, mit denen sich eine Auseinandersetzung wirklich lohnt. Gerade hier ist es oft so, dass die Veränderbarkeit von Zuständen bildhaft gemacht wird. Es werden Handlungsformen, Verhaltensmöglichkeiten, Reaktionsweisen durchgespielt und deren Auswirkungen gezeigt. Darüber hinaus ist das Theater auch erlebnismässig wichtig. Hier kommt der Schüler auf die Rechnung, der «etwas vom Leben erwartet». Auch in therapeutischer Hinsicht sind deshalb Theaterbesuche oft ergiebig.

Organisation und Durchführung

Das Stück wähle ich aus den Spielplänen der Theater in der näheren und weiteren Umgebung aus. In Frage kommen Zürich, Winterthur, Baden, St. Gallen, Basel, Bern, Luzern. Durchschnittlich schauen wir uns alle zwei bis drei Wochen ein Stück an.

Das Stück wird, wenn nötig, mit den Kindern vorbesprochen. Manchmal brauchen wir Hinweise auf die Zeit, in der es entstanden ist. Hin und wieder müssen Begriffe zum voraus geklärt werden. Es gibt auch Stücke, bei denen die Schüler völlig unvorbereitet hingegangen sind. Das ist vor allem reizvoll, wenn sie schon eine gewisse «Theatererfahrung» haben.

Die Fahrt ins Theater machen wir in Privatautos. Da ich meist nur die ältern Schüler mitnehme, haben wir für gewöhnlich in zwei Autos Platz. Es hat sich bis jetzt immer jemand bereit gefunden mitzukommen und so sein Auto zur Verfügung zu stellen: Kollegen, ein theaterbegeisterter Vater, Bekannte aus dem Dorf. Nach dem Besuch werden die Kinder bis vors Haus gefahren. Es ist ja schon spät, und wir wollen nicht, dass sie um diese Zeit noch allein auf der Strasse sind.

In den nächsten Tagen folgt eine gemeinsame Besprechung der Aufführung und der schriftliche Niederschlag im Theaterbuch.

Hin und wieder gehe ich auch mit den Jüngeren in ein für sie geeignetes Theaterstück. Hier entfällt dann die schriftliche Auswertung.

Bericht über einen Theaterbesuch

Im folgenden berichtet ein junger Kollege von den Eindrücken bei seinem ersten Theaterbesuch mit meinen Schülern.

«Ich hatte erstmals im Herbst 73 Gelegenheit, mit J. Jegge und seinen Schülern eine Theaterdarbietung zu besuchen. Die Aufführung von Ibsens «Wildente» fand in Basel statt, so dass sich die Möglichkeit ergab, einige der Schüler bereits während der Fahrt kennen zu lernen.

226

Auffallend war die Ungezwungenheit, mit der sie sich mir gegenüber be-
nahmen, fehlte doch das scheue, lieblich-nette Verhalten, das bei «ge-
normten» Jugendlichen in Anwesenheit von Erwachsenen oft zu beobachten ist. Statt dessen herrschte eine entspannte Atmosphäre, in der geplau-
dert, gewitzelt oder auch ernsthaft diskutiert werden konnte.

Nach der Aufführung in der Komödie setzten wir uns noch kurz in ein Café,
nicht zum Zwecke sozio-integral-demokratischer Vereinigung, sondern um
uns für die Fahrt nach Embrach etwas zu stärken.

Verständlicherweise kamen wir auf das Schauspiel zu sprechen. Wir betrachteten erst die einzelnen Figuren, etwa diejenigen der beiden Gegen-
spieler Gregor und Relling, besessen vom «Rechtschaffenheitsfieber»
der eine, realistisch-pessimistisch der andere. Oder Hjalmar, den unglück-
lichen, sein Leben verschlafenden Ehemann und «Erfinder». Mit der Kern-
problematik des Stücks, der «Lebenslüge», stellte sich dann auch die Frage, wie weit sich die «ideale Forderung» Gregors mit dem unproduktiven
«Auf-sich-beruhen-lassen» Rellings verbinden liesse. Selbstverständlich
fanden auch wir kein Rezept, glaubten aber, mit der Formel «Liebe und
Wissen» des englischen Philosophen und Mathematikers Russell eine
brauchbare Synthese gefunden zu haben.

Über alle Massen freute mich die Art, in der diskutiert wurde. Schüler, die
bereits in der Primarschule zweimal repetiert haben, die in der Sonderklas-
seneinstufung als «schwachbegabt» bezeichnet werden, setzten sich hier
in kluger und scharfsinniger Weise mit der gewiss nicht leichten Thematik
des Stücks auseinander. Von allen Seiten kamen Anregungen und Gedanken, die sich weit über dem Niveau des üblichen Theatergeplauders be-
wegten, so dass man sich des Eindruckes schwerlich entziehen konnte, es
hier nicht mit «dummen» Förderklässlern, sondern mit «gescheiten» Mit-
telschülern zu tun zu haben. Man merkte ebenso, dass hier interessierte
und engagierte Leute sassen, was aber nicht erstaunt, wenn man sich überlegt, dass Probleme des Stücks in vielen Fällen Teile der eigenen Lebens-
problematik sind.»

Stücke, die wir bisher gesehen haben

Anonym: Die Hammelkomödie

Shakespeare: Komödie der Irrungen
Die lustigen Weiber von Windsor

Ben Jonson: Der Alchemist
Volpone

Beaumont: Die berühmte Geschichte des Ritters vom
flammenden Stössel

Goldoni: Die venezianischen Zwillinge
Mirandolina
Der Lügner

Molière: Der Arzt wider Willen
Tartuffe
Der Menschenfeind
Die Schelmenstreiche des Scapa
Der eingebildete Kranke

Schiller: Wilhelm Tell

Grabbe: Scherz, Satire, Ironie und tiefere Bedeutung

Büchner: Leonce und Lena
Dantons Tod

Nestroy: Lumpazivagabundus
Das Mädel aus der Vorstadt
Der Färber und sein Zwillingsbruder

Ibsen: Ein Volksfeind
Die Wildente

Schnitzler: Liebelei

Hofmannsthal: Jedermann

Deane Balderston:	Dracula
Zuckmayer:	Der Hauptmann von Köpenick
Brecht:	Das Leben des Galilei Herr Puntila und sein Knecht Matti Der gute Mensch von Sezuan Die Dreigroschenoper Der kaukasische Kreidekreis
Behan:	Richards Korkbein
Kohout:	August August, August
Weiss:	Wie dem Herrn Mockinpott das Leiden ausgetrieben wird
Hochhuth:	Die Hebamme
Jewan:	Paracelsus / Der Stadtarzt zu Basel

Natürlich erweitert sich diese Reihe ständig.

Die Frage: «Welches Stück hat dir am besten gefallen?» wird von den Schülern übrigens sehr unterschiedlich beantwortet. Meist sind es Komödien, denen die Palme gereicht wird. Ein Schüler sagte zu meinem Erstaunen ganz spontan, Brechts Galilei hätte ihm am besten gefallen. Er fügte bei: «Wenn man nur darauf sieht, was auf der Bühne selbst geschieht, ist es nicht besonders kurzweilig. Sobald man aber versucht mitzudenken, wird es unglaublich spannend.»

Mündliche Auswertung

Sie erfolgt – meist ein bis zwei Tage nach der Aufführung – als zwangloses gemeinsames Gespräch. Natürlich in Mundart, wie auch überhaupt sehr häufig Mundart gesprochen wird, was oft Schulbesucher schockiert. Sie fragen dann: «Ja, aber die Schüler sollen doch schriftdeutsch sprechen lernen?» Meine Antwort: «Die Schüler sollen lernen, ihre Gedanken zu formulieren. Dieses Formulieren ist für sie ungewohnt. Was ihnen aber wesentlich dabei hilft, ist die Spontaneität, die in einer bestimmten Situation ermöglicht wird – unter anderem auch dadurch, dass sich bei ihnen nicht die Hochsprache hemmend dazwischen schiebt.»

Solche Besprechungen haben die Schüler gern. Markus sagt: «Weshalb schreibt einer ein Theaterstück? Weil er etwas zu sagen hat. Und da ist es doch toll, über seine Aussage zu sprechen und sie zu überprüfen.» Es gibt viele Ansätze zur Besprechung. Die Handlung wird zusammengefasst, nicht Verstandenes geklärt, der biographische oder zeitgeschichtliche Hintergrund herausgearbeitet, die Aussage des Stücks besprochen, die Aufführung als solche gewürdigt usw.

Das Theaterbuch

Der schriftliche Niederschlag erfolgt im Theaterbuch. In dieses investieren die Schüler ihr gesamtes «schriftstellerisches» und «graphisches» Können. Die Aufgabe: Stück und Aufführung sollen vorgestellt werden. Da wird zusätzliches Material herangezogen: vor allem das Programmheft, dann auch Schauspielführer, Zeitungsartikel, Kritiken. Es ergeben sich viele Aufgaben, in die sich die Schüler teilen: sprachliche Formulierung (meist von allen gemeinsam, weniger häufig von einer kleineren Gruppe, selten einzelne), Einschreiben, Titelblatt anfertigen, zusätzliches Material aussuchen, ausschneiden, aufkleben usw. Das alles wird gemeinsam besprochen und festgelegt.

Beispiele aus dem Theaterbuch

Scherz

Satire

Ironie

und

tiefere

Bedeutung

(Chr. D. Grabbe)

232

Daten zu Grabbes Leben

1801 11. Dezember: Grabbe wird in der väterlichen Dienstwohnung im Detmolder Zuchthaus geboren.
1812 Eintritt in s Detmolder Gymnasium.
1820 Studium in Leipzig.
1822 Immatrikulation an der Berliner Universität. Juni: Tragödie «Herzog von Gothland». August: Besuch eines Berliner Literaturkreises, dem auch Heine angehört. September: «Scherz, Satire, Ironie und tiefere Bedeutung».
1823 Abbruch des Studiums, Reisen nach Leipzig, Dresden, Hannover, Braunschweig, in der Hoffnung, als Schauspieler engagiert zu werden. – Fehlschläge. August: Rückkehr nach Detmold.
1824 Juni: Die fürstliche Regierung bewilligt Grabbe die Ausübung einer Advokatur.
1828 Januar: Grabbe erhält die Stelle eines Auditeurs in lippischen Diensten.
1829 März: Uraufführung von «Don Juan und Faust» am Detmolder Hoftheater. April: Arbeit an «Heinrich VI.», «Aschenbrödel», «Kaiser Friedrich Barbarossa». Dezember: Grabbe schreibt an «Napoleon oder die hundert Tage».

1831/1832 Grabbe erleidet alle drei Wochen «infolge früheren wüsten Lebens» einen ihn immer mehr ermattenden Krankheitsangriff.
1833 März: Heirat mit Louise Christiane Clostermeier.
1834 März: Grabbe wird für sechs Monate aus lippischen Diensten beurlaubt. Dezember: Grabbe geht nach Düsseldorf. – Freundschaft mit Immermann.
1835 Februar: Liefert Immermann das druckfertige Manuskript des «Hannibal». März/April: Arbeit an der «Hermannsschlacht».
1836 Mai: Rückkehr nach Detmold. 12. September: Grabbe stirbt im Alter von 34 Jahren und neun Monaten in Detmold.

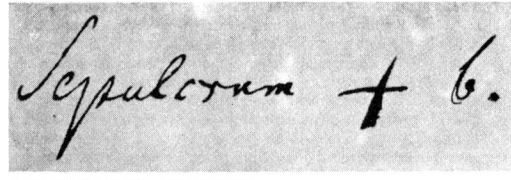

(Grab + be = Grabbe)

Signatur und Handzeichnungen Grabbes

«O so schlage der Henker darein! Kommt mir der Kerl noch so spät in der Nacht durch den Wald, um uns den Punsch aussaufen zu helfen! Das ist der vermaledeite Grabbe oder, wie man ihn eigentlich nennen sollte, die zwergigte Krabbe, der Verfasser dieses Stücks! Er ist so dumm wie ein Kuhfuss, schimpft auf alle Schriftsteller und taugt selber nichts, hat verrenkte Beine, schielende Augen und ein fades Affengesicht!»

Grabbe in «Scherz, Satire, Ironie und tiefere Bedeutung»

Scherz, Satire, Ironie und tiefere Bedeutung

Baron von Haldungen..................	Franz Dehler
Liddy, seine Nichte	Herlinde Latzko
Herr von Wernthal, mit ihr verlobt	Hans-Joachim Frick
Freiherr von Mordax	Hans Heine
Herr Mollfels	Klaus Degenhardt
Rattengift, ein Dichter	Helmut Winkelmann
Der Schulmeister des Dorfes	Günter Gube
Tobies, ein Bauer	Rudolf Schmidt
Gottliebchen, sein Sohn	Editha Hirschmann
Gretchen, Dienstmagd der Gerichts-halterin	Ulla Kaiser
Konrad, ein Schmied	Karlheinz Heidecker
1. Naturhistoriker	Friedrich Giese
2. Naturhistoriker	Wolfgang Hiller
3. Naturhistoriker	Hatto Hirsch
4. Naturhistoriker	Siegfried Meisner
Der Teufel	Werner Schnitzer
Seine Grossmutter	Irene Herbst
Kaiser Nero, ihr Bedienter	Manfred Gerling
Ein Diener	Walter Oberhuber
Ein Hauswirt	Walter Vogel
Grabbe, der Verfasser des Lustspiels..	Dieter Bartel
13 Schneidergesellen	Mitglieder des Ballettensembles

Stadt-theater Bern

Schlagzeugsolo: Kurt Stollberg

Christian Dietrich Grabbe (1801–1836)

Scherz, Satire, Ironie und tiefere Bedeutung

Ein Lustspiel in drei Aufzügen

Entstehung: 1822 (Erstdruck 1827)
Erste Aufführung: Privatvorstellung 1867 in Wien
Erste öffentliche Aufführung: 1907 in München

Inszenierung: Heinrich Koch
Bühnenbild: Ary Oechslin
Kostüme: Margarete Oechslin

234

Die Wiese, auf der der
Teufel erfrohr.

Die Stube des
Schulmeisters.

Das Waldhaus

Die Wiese vor dem
Schloss.

Der Bauer Tobias möchte aus seinem Sohn Gottliebchen einen gelehrten Mann machen. Er
verspricht dem versoffenen Schulmeister Schnaps
und Wurst für jedes Jahr. Der Schulmeister
nimmt Gottliebchen in sein Haus.

Der Teufel erfriert mitten im Sommer auf
einer sonnige Wiese. Ein Naturforscher, der Schmetter-
linge fängt, findet ihn und schleppte ihn
zu seinen Kollegen.

Die Naturforscher untersuchen den Teufel
und raten, was es sein könnte. Sie kommen
zum Schluss, es müsse eine deutsche Dichterin
sein. Durch die Wärme der Kerze wird der erfrorene
Teufel wieder zum Leben erweckt. Er stellt
sich als Kanonikus vor und wird von der
Schlossgesellschaft, die gerade eintritt, eingeladen.
Der Schulmeister tritt mit Gottliebchen in
den Saal. Er will seinen neuen "Gelehrten„ vor-
führen und wird ausgelacht. Unterdessen
nimmt der Teufel einen Stuhl, zündet damit
ein Feuer an und setzt sich hinein.

Der Teufel hat sein Hufeisen zerbrochen
und möchte sich ein neues anfertigen lassen.
Er ruft den Schmied.

236

Der Teufel kauft das Burgfräulein ihrem Verlobten ab. Er verkauft es wieder an einem Ritter, der dafür aber noch 13 Schneidergesellen totschlagen muss. Nun geht er zum Dichter Rattengift und befiehlt ihm, das Fräulein ins Waldhäuschen zu locken.

Christian Dietrich Grabbe

Nach langer Wanderschaft kehrt der hässliche
Herr Mollfels zurück. Er schenkt dem Schulmeister
die Werke von Casanova. Nun begibt er sich ins
Schloss und erklärt dem Burgfräulein seine Liebe.
Diese lacht ihn aber aus.

Der Schmied erzählt dem Schulmeister, der
Kanonikus sei der Teufel. Die beiden beschliessen,
ihn mit einem Gitterwagen zu fangen.

Herr Mollfels will sich erschiessen. Damit er das
nicht tut, veranstalten der Schulmeister und
Rattengift eine Sauferei. Gottliebchen wird abgefüllt
und landet unter dem Tisch.

Der Ritter erschlägt die versprochenen 13 Schneidergesellen.

Der Schulmeister fängt den Teufel mit dem
Casanova als Köder.

Rattengift kommt mit dem Baron und dem Burgfräulein
ins Waldhäuschen. Kaum ist er dort eingetroffen,
vernehmen sie ein Geräusch. Rattengift verschwindet
in einem Fass. Der Ritter überfällt mit ein paar
Gaunern das Schlossfräulein und will es entführen.

Zum letzten Moment tauchte Herr Mollfels auf und
befreit das Fräulein. Dieses will Herrn Mollfels heiraten.
Die Gauner sollen in den Turm geworfen werden, ~~aber~~
aber sie ziehen ihre Perücke ab und gehen lieber
ins Theaterrestaurant.

Der Schulmeister erscheint mit dem gefangenen
Teufel. Er muss ein Gesangbuch fressen. Nun
kommt des Teufels Grossmutter und befreit ihn
aus seiner misslichen Lage.

Am Schluss erscheint der Dichter Grabbe. Die
Schlossgesellschaft lässt ihn nicht herein. Er
bleibt allein auf der Bühne und rennt voller
Angst auf + davon. Zurück bleibt seine Lampe.

Grabbes «Unterschrift»

Galileo Galilei

Leben des Galilei
Bertolt Brecht

Schauspielhaus Zürich

241

Bertolt Brecht 1898–1956

1898 10. Februar in Augsburg geboren
1914 Erste Gedichte
1917 Abitur. Medizinstudium
1918 Kriegsdienst
     Legende vom toten Soldaten
     Baal
1920 Trommeln in der Nacht
1921 Im Dickicht der Städte
1922 Kleistpreis
1923 Dramaturg an den Münchner Kammer-
     spielen. Zusammen mit Feuchtwanger
     Leben Eduards des zweiten nach Mar-
     lowe
1924 Übersiedlung nach Berlin. Zusammen
     mit Carl Zuckmayer Dramaturg bei
     Reinhardt am Deutschen Theater. Erste
     Begegnung mit Helene Weigel. Mann
     ist Mann
1927 Drucklegung der Hauspostille
1928 Die Dreigroschenoper. Aufstieg und
     Fall der Stadt Mahagonny
1929 Das Badener Lehrstück vom Einver-
     ständnis. Zusammen mit Elisabeth
     Hauptmann Happy End. Der Jasager
     und der Neinsager. Die Heilige Johanna
     der Schlachthöfe
1930 Die Ausnahme und die Regel. Die Mut-
     ter nach Gorki. Die Massnahme
1932 Die Rundköpfe und die Spitzköpfe
1933 Am Tag nach dem Reichstagsbrand
     Flucht aus Deutschland. Nach Zwi-

schenstationen in Prag, Wien, Zürich
Niederlassung in Svenborg an der dä-
nischen Küste
1934 Dreigroschenroman
1935 Furcht und Elend des Dritten Reiches.
1937 Die Gewehre der Frau Carrar
1938 Brechts Werke in der Ausstellung «Ent-
     artete Kunst» in Düsseldorf. Der gute
     Mensch von Sezuan. Leben des Galilei
1939 Das Verhör des Lukullus. Mutter Cou-
     rage und ihre Kinder
1940 Bei der Besetzung Dänemarks durch
     deutsche Truppen Flucht über Schwe-
     den nach Finnland. Herr Puntila und
     sein Knecht Matti
1941 Vor den einrückenden deutschen Trup-
     pen weitere Flucht über Moskau, Wladi-
     wostok nach Kalifornien. Der aufhalt-
     same Aufstieg des Arturo Ui
1944 Der Kaukasische Kreidekreis
1947 Verhör durch das «Komitee zur Unter-
     suchung unamerikanischen Verhaltens»
     über Brechts Beziehungen zum Kom-
     munismus. Ein Tag darauf Rückkehr
     nach Europa
1948 Übernahme der Generalintendanz des
     Deutschen Theaters. Antigonemodell
     1948. Tage der Commune. Kleines Or-
     ganon für das Theater
1949 Gemeinsam mit Helene Weigel Grün-
     dung des Berliner Ensembles

1951 Offener Brief an die deutschen Künst-
     ler und Schriftsteller
1953 Wahl zum Vorsitzenden des PEN-Zen-
     trums Ost. Zum Volksaufstand am 17.
     Juni in Berlin Brief an Ulbricht, von
     dem nur der letzte Satz veröffentlicht
     wird
1954 15. Juni Uraufführung des Kaukasischen
     Kreidekreises durch das Berliner En-
     semble
1955 Rede auf dem Deutschen Friedensrat in
     Dresden. Reise zur PEN-Tagung in
     Hamburg
1956 Offener Brief an den Deutschen Bun-
     destag in Bonn.
     14. August Tod in Berlin durch Herz-
     infarkt

Bericht und Handlung

1. Galileo Galilei, Lehrer der Mathematik zu Padua, will das neue Kopernikanische Weltsystem beweisen.
2. Galilei überreicht der Republik Venedig eine neue Erfindung.
3. 10. Januar 1610: Vermittels des Fernrohrs entdeckt Galilei am Himmel Erscheinungen, welche das kopernikanische System beweisen. Von seinem Freund vor den möglichen Folgen seiner Forschungen gewarnt, bezeugt Galilei seinen Glauben an die menschliche Vernunft.
4. Galilei hat die Republik Venedig mit dem Florentiner Hof vertauscht. Seine Entdeckungen durch das Fernrohr stossen in der dortigen Gelehrtenwelt auf Unglauben.
5. 1616: Das Collegium Romanum, Forschungsinstitut des Vatikans, bestätigt Galileis Entdeckungen.
6. Aber die Inquisition setzt die kopernikanische Lehre auf den Index (5. März 1616).
   Nachspiel: Galileis Lehre findet beim Volk Verbreitung. Pamphletisten und Balladensänger greifen überall die neuen Ideen auf. Während der Fastnacht wählen viele Städte Italiens als Thema der Fastnachtsumzüge der Gilden die Astronomie.
7. Ein Gespräch: Galilei und der kleine Mönch.
8. Nach achtjährigem Schweigen wird Galilei durch die Thronbesteigung eines neuen Papstes, der selbst Wissenschafter ist, ermutigt, seine Forschungen auf dem verbotenen Feld wieder aufzunehmen. Die Sonnenflecken.
9. 1633: Die Inquisition beordert den weltbekannten Forscher nach Rom.
10. Der Papst Urban VIII.
11. Galileo Galilei widerruft vor der Inquisition am 22. Juni 1633 seine Lehre von der Bewegung der Erde.
12. 1633 bis 1642. Galileo Galilei lebt in einem Landhaus in der Nähe von Florenz, bis zu seinem Tod ein Gefangener der Inquisition. Die «Discorsi».

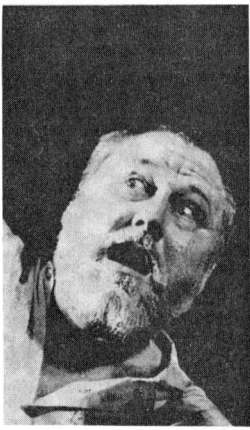

Denker aus Sinnlichkeit: Zeidler

243

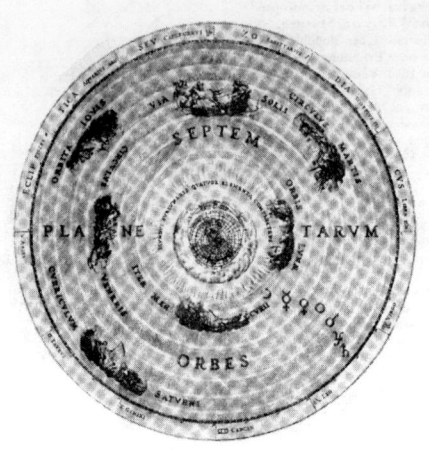

Ptolemäisches Weltsystem: geozentrisch

Dies ist das ptolemäische Weltbild. Die Erde ist
Mittelpunkt. Die Sonne und die andern Planeten
kreisen in Kristallschalen um die Erde.
So stellte man sich im Mittelalter das
Weltall vor.

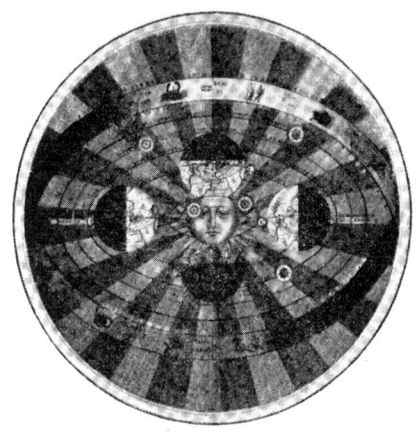

Kopernikanisches Weltsystem: heliozentrisch

Galilei bewies, dass die Erde nicht Mittelpunkt des Alls ist. Sie kreist mit andern Planeten um die Sonne. Einer der ersten, der diese Theorie aufgestellt hatte, hiess Kopernikus. Man nennt dieses Weltbild deshalb das kopernikanische.

Nikolaus Kopernikus

Galilei erklärt
seiner Haushälterin
und ihren Sohn
& seine Entdeckung

Galilei mit seinem
Freunde Sagredo

Das Forscherteam
Galileis: Freude am
Gelungenen Versuch

Warum war die Entdeckung Galileis gefährlich?

Galileo Galilei hatt herausgefunden, dass die Erde nicht der Mittelpunkt des Weltalls ist, sondern nur ein Stern unter vielen anderen. Die Kirche hatte also unrecht. Das hatte schwere Folgen: Bis jetzt glaubten die Leute, sie kämen als Lohn für ihre Arbeit in den Himmel. Arme Bauern schufteten sich zugrunde, und vom Geld, das sie der Kirche abgaben, lebten Bischöfe, Kardinäle usw. im Luxus. Und nun kam Galilei und sagte, "Himmel - abgeschafft. Gott ist in uns - oder nirgends."

Wenn nun Galileis Entdeckung unter die Leute gekommen wäre, hätten diese ungesehen, dass man sie betrogen hatt. Deshalb beschloss die Kirche, dass Galileis Lehre falsch war. Viele der Kirchenfürsten glaubten wirklich ehrlich an Galileis Unrecht. Andere also wussten genau Bescheid - Christapher Clavius hatte ja Galileis Entdeckung genaustens untersucht und war so zum gleichen Ergebnis gekommen.

Balladensänger:

Als der Allmächtige sprach sein grosses Werde
Rief er die Sonn, dass die auf sein Geheiss
Ihm eine Lampe trage um die Erde
Als kleine Magd in ordentlichem Kreis.
Denn sein Wunsch war, dass sich ein jeder kehr
Fortan um den, der besser ist als er.
Und es begannen sich zu kehren
Um die Gewichtigen die Minderen
Um die Vorderen die Hinteren
Wie im Himmel, so auch auf Erden.

Und um den Papst zirkulieren die Kardinäle.
Und um die Kardinäle zirkulieren die Bischöfe.
Und um die Bischöfe zirkulieren die Sekretäre.
Und um die Sekretäre zirkulieren die Stadtschöffen.
Und um die ~~Stadt Sch~~ Stadtschöffen zirkulieren die
Und um die Handwerker zirkulieren die Dienstleute. Handwerker.
Und um die Dienstleute zirkulieren die Hunde, die Hüh-
ner und die Bettler.

Er singt.

Auf stund der Doktor Galilei (Schmiss die Bibel weg,
zückte sein Fernrohr, warf einen Blick auf das
Universum) Und sprach zur Sonn: Bleib stehn!
Es soll jetzt die creatio dei Mal andersrum sich drehn
Jetzt soll sich mal die Herrin, he! Um ihre Dienstmagd
drehn.

248

Galileis Lehre findet beim Volk Verbreitung: Lindenberg, Buck, Wiesemann

249

Kontakte zum Theater

Das Beispiel des Stadttheaters Luzern.

In näheren Kontakt zu den «Theatermachern» kamen wir erstmals in Luzern anlässlich der «Dracula»-Aufführung im «Mobilen Studio». In der nächsten Spielzeit wurde ein «Artikel» der Schüler im Programmheft des Stadttheaters abgedruckt. («Warum der ‚Tartuffe' verboten wurde».) Als «Gegenleistung» wurden wir zu einer «Tartuffe»-Aufführung eingeladen. Vor der Vorstellung führte uns der Dramaturg, Dieter E. Neuhaus, über die Bühne. Die Schüler konnten so einmal die Vorbereitungen für die Aufführung unmittelbar «von hinten» betrachten. Das interessierte sie sehr. Später lud uns Neuhaus zur Hauptprobe seiner Inszenierung von «Richards Korkbein» ein. Die daraus erwachsenden Kontakte zu den Theaterleuten freuen die Schüler ungemein. Sie genossen die Gespräche mit der «Neuhaus-Clique» nach den «Korkbein»-Aufführungen. Für meine Arbeit bedeuteten sie eine grosse Hilfe, sowohl was ihre kompensatorische (Anregung) als auch die therapeutische (Erweiterungsphase) Seite betrifft. Ich glaube, dass solche Kontakte zu Theatermachern sich hin und wieder realisieren liessen. Der Gewinn dürfte auf beiden Seiten recht gross sein.

Beispiel einer Gruppenarbeit: Die Souvenir-Untersuchung

Das nun folgende Beispiel zeigt die Arbeit einer weit fortgeschrittenen Gruppe. Wir hatten dafür etwa anderthalb Wochen zur Verfügung, während derer die andern Schüler ein Praktikum absolvierten. Das Thema wurde von der Gruppe aus drei Vorschlägen ausgewählt, die ich gemacht hatte. Ich selbst arbeitete als ein Mitglied der Gruppe mit. Vor unserer Arbeit hatte ich keine Ahnung von der angeschnittenen Thematik, und Literatur darüber aus unserem Blickwinkel fanden wir keine.

Die Arbeit an dieser Untersuchung hat uns allen sehr viel Spass gemacht. Wir stiessen auf Tatbestände, die keiner von uns je erwartet hatte. Wir waren auch dementsprechend stolz auf unser Ergebnis.

Was hier leider fehlt, ist ein Protokoll der Gespräche, die wir während der Arbeit hatten. Die Diskussionen über Fragen wie: Warum ist das eigentlich so? Wer profitiert davon, dass es so ist? Muss es so sein? waren für uns alle äusserst anregend.

Übrigens waren die Souvenirhändler unserem Anliegen gegenüber äusserst positiv eingestellt und zeigten sich gerne zur Mitarbeit bereit, nachdem ein anfängliches Misstrauen überwunden war. Die meisten hatten zuerst geglaubt, wir wollten uns lediglich in der üblichen überheblichen Manier über ihre «schönen» Sachen lustig machen. Sie seien das von alljährlich auftauchenden Zeitungsleuten gewohnt. Aber wie sie merkten, dass es uns um die Sache zu tun war, und dass wir sie nicht mit ihrer Ware identifizierten, wurden manche richtig herzlich, und wir bekamen Dinge zu hören, die ich noch in keiner Zeitung gelesen habe . . .

Ziel der Untersuchung

①

Unser Vorhaben ist es, etwas hinter die Kulissen der Souvenirbranche zu blicken. Uns interessierten Fragen wie:

- Wo werden Reiseandenken gekauft?
- Welche Andenken werden gekauft?
- Wie verhält sich der Käufer?
- Denkt er? und wie?
- Wie ist der Handel organisiert?
- Wer verdient daran?

Vorgehen

② Wir suchten uns vier Orte aus, die von
Fremden häufig aufgesucht werden.
Diese sollten möglichst unterschiedlich
sein. Wir wählten folgende Orte aus:

① ein "Naturwunder": Rheinfall
② einen Wallfahrtsort: Einsiedeln
③ eine Stadt: Luzern
④ einen Kurort: Interlaken

An allen diesen Orten unterhielten wir uns
mit einem Souvenirhändler über seine Waren,
seinen Beruf und seine Kundschaft.

3.) _Unsere Kategorien_

Wir ordneten die Souvenirs nach 3 Kategorien.
Dabei war uns die Frage "Kitsch oder wertvoll?"
gleichgültig. Wir teilten ein in:

a.) Charakteristische Andenken

b.) nicht ortsgebundene Andenken

c.) Schickschnack

a.) Charakteristische Andenken

Charakteristische Andenken sind Gegenstände, die
eine unmittelbare Beziehung zum betreffenden Ort aufweisen. Sie werden nur dort
hergestellt, sind nur dort erhältlich oder
weisen uns auf diesen Ort hin:

Beispiele: Brienzer Schnitzereien
Lötschentaler Mäken
Berner Oberländer
Keramik

Ein charakteristisches Andenken ist aber auch z.B.
ein geschnitztes Luzerner Löwendenkmal.

b.) Nicht ortsgebundene Andenken

Nicht ortsgebundene Andenken können an jedem
Fremdenort gekauft werden. Der Gegenstand ist
der geleiche, nur die Aufschrift oder die Ver-
zierung wechselt.
z. B. Bierkrüge
       Taschenmesser
       Kuhglocken
       Rindenbilder

c) Schnickschnack

Als Schickschnack bezeichnen wir Gegenstände, die
in keiner Weise an den jeweiligen Ort erinnern. Sie
werden gekauft, weil die Leute die "schön" doot oder
"lustig" u.s.w. finden
z. B. Grotte, Seichmannli,
       Klosettpapierhalter

255

④ Die ausgewählten Fremdenorte

(a) Rheinfall

Am rechten Rheinfallufer befinden sich zwei
Kioske. Beide gehören zu je einem Restaurant.
Die Inhaber sprechen die Preise für die
Andenken ab. Es wird anständig
eingenommen: Der Tagesumsatz eines solchen
Kiosks beläuft sich auf 4-5000 Fr

(b) Eginsiedeln

Vor dem Kloster Einsiedeln befinden sich 16
Souvenirläden. Die Stände

Die Miete ist
bei den äussersten Ständen am höchsten.
Die Konkurenz unter den Händlern ist sehr
scharf.

(c) Luzern

Luzern hat 120 Souvenirläden, die Konkurrenz
ist deshalb sehr scharf. In Luzern befindet
sich der König im Souvenirhandel, Bucherer.
Er verkauft Schweizer Uhren und hat
einen Jahresumsatz von ca. 120 Mio Fr.
(Schätzung eines Konkurrenten)
"Übrigens": In Einsiedeln und in Luzern
wurde uns berichtet, dass man Nonnen
und Priester mit Soutanen besonders

im Auge behalten müsse. Der Teufel pflegt
sie mit Vorliebe zum Souvenierdiebstahl zu
verführen...

(d) Interlaken

Interlaken ist ein typisches Fremdenkurort.
Er besitzt ca. 20 Souvenirläden.

Erste Ergebnisse der Untersuchung

a) Was wird gekauft?

An allen Orten, die wir besuchten, werden vor allem
Gegenstände der Kategorie b. (nicht ortsgebundene
Andenken) gekauft: Bierkrüge, Rindenbilder usw.
In zweiter Linie kommt Kategorie c (Schnickschnack)
vor allem Musikdosen. Am schlechtesten verkaufen
sich die charakteristischen Andenken. Dabei spielt
es keine Rolle, ob es sich etwa um einen Ferien—
oder Wallfahrtsort handelt.

b.) Konsumverhalten

Wir stellten fest, dass Souvenirkäufe "Modeström—
ungen" unterworfen sind. Kauft jemand z.B. ein
Taschenmesser, so kauften die nächsten paar
ebenfalls eines.
Modeströmungen können auch eine Saison lang
andauern. 1972 wurden auffallend viele Kuh—
hörner verkauft, 1973 hingegen fast keine.
Dies wurde von Souvenirhändlern übereinstimmend
berichtet. Erklärung dafür: Möglicherweise
hängt dies damit zusammen, wie im Ausland
für die Schweiz geworben wird. (Bild von Alphorn—
bläser, Berglandschaft oder Trachtenmeitli usw.)

Wir stellten auch Unterschiede nach Nationali-
täten fest:
Engländer kaufen vor allem Glocken und Puppen
(Die Puppen tragen Schweizertrachten, die Engländer
nennen sie allerdings "Schwarzwälderpuppen"), Italiener
und Deutsche kaufen Rindenbilder ("Nissen sie wir
hamm ne Bauernstube"), und Stocknägel.
Amerikaner kaufen alles was glänzt.
Etwas Spezielles: Solche Wandbehänge kommen aus Japan.
Sie werden vor allem von Japanern gekauft.

"Reisebewusstsein"

(c)

In allen 4 Orten konnten wir eine unerwartete Entdeckung machen: Viele Touristen haben keine Ahnung, wo sie sich befinden.

Rheinfall: Ein Kunde sagte: "Geben sie mir auch eine Karte von den Donauwellen." Ein anderer: "Was ist denn das für'n Bach da?" "Das ist der Rhein." Darauf der Kunde: "Nee, der Rhein ist doch bei uns drunten."

Viele Leute haben gar keine Ahnung, dass sie sich in der Schweiz befinden.

Einsiedeln: Nach Einsiedeln geht man nur um das Kloster zu sehen. Aber oft werden die Souvenierverkäufer gefragt: "Was ist dies für ein Gebäude? Irgend ein Museum muss es sein." (Eine Verkäuferin: "Das sind meistens Protestanten, oder solche die gar nichts glauben.")

Luzern: Ein Amerikaner wollte unbedingt eine Karte vom Eiffelturm kaufen, der stehe in Luzern.

Praktika

Wir legen jeweils sehr viel Wert darauf, dass unsere Praktika nicht mit den landläufigen «Schnupperlehren» verwechselt werden: Da wird einem Achtklässler Gelegenheit geboten, für eine Woche eine Schnupperlehre als Dreher bei der Firma Müller zu absolvieren. Er freut sich sehr – wahrscheinlich vor allem deshalb, weil er für eine Woche der langweiligen Schule entrinnen kann. Begeistert kommt er zurück, und sein Berufswunsch steht fest: Er will Dreher werden. Und zwar – welch ein Zufall! – bei der Firma Müller.

Karikatur? Vielleicht. Vielleicht wurde die Schnupperlehre aufgrund eines Neigungstests ausgesucht . . .

Demgegenüber geht es bei den Praktika um «. . . die wirkliche zeitweilige Beteiligung des Schülers am Produktionsprozess, durch die er sowohl Einblick in das Bewusstsein der Arbeiter und der sie bestimmenden Faktoren gewinnen als auch Erfahrungen mit sich selbst angesichts ökonomisch-technischer Umstände machen . . .» kann.[6] (H. J. Gamm.)

Für beide Aspekte ist es unerlässlich, dass der Schüler möglichst viele und möglichst verschiedene Praktika durchführen kann. Ebenso wichtig ist es, dass man den Kontakt mit ihm auch während des Praktikums aufrecht erhält. Deshalb macht bei uns ein älterer Schüler im Laufe eines Schuljahres zwischen vier und sechs Praktika: ein paar Wochen lang halbtags, ein Vierteljahr lang einen Tag pro Woche, zwei Wochen lang kontinuierlich, mit Schule am Samstagvormittag usw. Das hängt von der Art des betreffenden Betriebs, der Weise der Arbeit und vom jeweiligen Schüler ab.[7]

Anm. 6:
Gamm: Kritische Schule, S. 139
Anm. 7:
An dieser Stelle möchte ich berichten, dass sich vor allem die Handwerker unserer Gemeinde als ausserordentlich kooperativ erwiesen haben. Sie zeigten auch grosse Einsatzbereitschaft, wenn es darum ging, einen Schüler etwas zu beobachten, um seine Eignung für den betreffenden Beruf abzuklären.

262

Der Schüler soll «Erfahrungen mit sich selbst» machen. Aufgrund dieser Erfahrungen wird am Schluss die Berufswahl fallen. Es ist sehr wichtig, dass man mit ihm während des Praktikums darüber spricht. «Was gefällt dir am Beruf? Was nicht?» Ist es eher die Arbeit mit Holz oder mit Metall, die den Schüler anzieht? Eher grobe oder feine? Macht ihm der Kontakt mit andern Menschen Freude, oder möchte er lieber eine Arbeit, die er still für sich in einer Ecke erledigen kann? All diese Probleme muss der Schüler selbst erfahren können. Wenn er schliesslich kommt und überzeugt ist: «Ich werde Bäcker», so ist es wichtig, dass er noch ein zweites Praktikum bei einem andern Bäcker macht. Es besteht ja die Möglichkeit, dass ihm eher der Bäcker Meier als der Bäckerberuf an sich imponiert.

Ebenso wichtig sind für den Schüler seine «Kollegen» am Arbeitsplatz. Wie verhalten sie sich? Welches sind ihre Probleme? Wie leben sie? All das wird gemeinsam besprochen. Es ist oft erstaunlich, wie genau die Schüler zu beobachten wissen, und was ihnen alles auffällt. Hin und wieder leiten sie auch regelrechte «Hilfsaktionen» ein: Einem italienischen Arbeiter wird ein «Deutschlehrer» verpasst, und einer Hilfsarbeiterin, die Kindergärtnerin werden möchte, wird ganz einfach Jürgs Adresse angegeben. «Der hilft dir schon weiter. Ich werde ihm noch Bescheid sagen.»

Schwerpunkte

Die vorstehenden Beispiele vermögen vielleicht einen Begriff zu geben von dem, was mit «Kompensation» gemeint ist: Anregungen möglichst vielfältiger Art. Anregungen, die eine Auseinandersetzung lohnen. Allerdings besteht nun eine Gefahr, die nicht unterschätzt werden darf. Ähnlich wie dem pädagogisch-therapeutischen kann auch dem kompensatorischen Vorgang der Wirklichkeitsbezug abhanden kommen. Der Schüler schätzt dann beispielsweise Molière, Goldoni oder (wer weiss?) Goethe, hat Freude am Töpfern usw. Aber er kennt sich in der Alltagswelt nicht mehr aus.

Um diesem Mangel zu steuern, wird zunächst meist Wert auf sorgfältige Vermittlung der grundlegenden «kulturtechnischen Fertigkeiten» (Lesen, Rechnen usw.) gelegt. Natürlich ist das sehr wichtig. Der beschriebenen Gefahr jedoch ist damit nicht ausgewichen. Es kann einer sehr wohl das Einmaleins gut beherrschen und sich in seiner Umwelt dennoch nicht zurechtfinden.

Es stellt sich demnach die Frage: Welche Schwerpunkte müssen im Vorgang der Kompensation gesetzt werden, damit dieser den Schüler befähigt, sich «der Welt zu stellen»? Eine sehr schwierige Frage, die noch schwieriger wird, wenn man bedenkt, dass diese «Welt» sich ebenfalls verändert. Wer von uns vermag zu sagen, welches Wissen, welche Art des Wissens in einer zukünftigen Gesellschaft notwendig sein wird? Und damit rückt – in weiterem Sinne – die Frage des Curriculum in den Blickpunkt.

Auf der Suche nach einem brauchbaren Modell bieten sich Gamms Curriculum-Fundamentalien[8] an, die er selbst als «basale Lehrplanvororientierungen» versteht:

Anm. 8:
Gamm: a.a.O. S. 138 ff. Auch die folgenden Zitate sind an dieser Stelle zu finden.

1. das Lernen der technischen Grundbezüge
2. das Lernen der Liebe
3. das Lernen der Politik
4. das Lernen des Lernens
5. das Lernen der Internationalität

Ich möchte nun einige Konkretisierungsmöglichkeiten für diese fünf Punkte aufzeigen. Es geht hier keinesfalls um eine «Didaktik der Kompensation». Dafür besitze ich viel zu wenig Erfahrung. Es geht lediglich darum, auf einige Möglichkeiten hinzuweisen, wie die Konkretisierung dieser Schwerpunkte praktisch aussehen kann.

Lernen der Technik

Es geht darum, dem Schüler technische Grundbezüge durchschaubar zu machen. «Denn wenn die Technik unser Leben ständig mehr regulieren wird, kann darin nur sinnvoll, effektiv und zufrieden existieren, wer ihre Grundvorgänge versteht und selbst vielseitig mitdenken kann . . .» Dazu ist zunächst notwendig, dass der Schüler grundlegende Erfahrungen mit Feuer, Wasser usw. machen kann. Viele meiner Schüler – soweit es sich nicht gerade um Bauernkinder handelt – haben solche Erfahrungen nicht sammeln können. Aufgewachsen in engen Blockwohnungen, die dazu noch stets sauber zu bleiben hatten, holen sie sich ihre grundlegenden «Erlebnisse» in quadratischen Sandkästen oder aus den Veranstaltungen einer krampfhaft munteren Vorzeigemamsell auf dem Bildschirm. Eine wahrhaft kümmerliche Angelegenheit! Deshalb haben solche Kinder einen ungeheuren Nachholbedarf, der ausreichend gestillt werden muss. Feuermachen, den Bach stauen usw. sind elementare Voraussetzungen für das Verstehen einfacher physikalischer Vorgänge und gehören deshalb ebenso zum «Lernen der Technik» wie «Physikunterricht». Dem Schüler muss jedoch beides ermöglicht werden. Mehr noch: Er muss Gelegenheit erhalten, Hütten zu planen und zu bauen, Seifenkisten zu basteln usw.

Später kommt dazu die «wirkliche zeitweilige Beteiligung des Schülers am Produktionsprozess», wie dies im Abschnitt über die Praktika dargelegt worden ist.

Lernen der Liebe

So einleuchtend Gamms «Plädoyer für eine menschenfreundliche Sexualität» ist, so utopisch dürfte seine praktische Verwirklichung im Augenblick noch sein. «Die Schule hat das Lernen der Liebe zu ihrer wichtigsten sozialpädagogischen Aufgabe zu machen. Gelingt es ihr, eine Sensibilität zwischen den Partern aufbauen zu helfen, so ist damit der kardinale Sozialbezug überhaupt geschaffen.»

Und doch kann bereits im jetzigen Zeitpunkt Wesentliches zu diesem «Aufbau der Sensibilität» beigetragen werden:

– Eine unerlässliche Voraussetzung für das «Lernen der Liebe», für die Entwicklung der Liebesfähigkeit ist, dass das Kind sich selbst als geliebt, anerkannt erfährt. Dieser Problemkreis fällt weitgehend mit dem beschriebenen pädagogisch-therapeutischen zusammen. Besser: Er ist einer seiner wesentlichsten Teilaspekte.

– Im pädagogisch-therapeutischen Gespräch wird es auch möglich, vorhandene Sexualängste des Schülers abzubauen. Auch der Austausch von Information kann natürlich hier stattfinden und ersetzt weitgehend die vielerorts üblichen hochnotpeinlichen «Aufklärungsstunden» im Klassenverband. Das Hauptproblem ist hier selten die Frage: «Woher kommen die Kindlein?» Das Hauptproblem bilden die Ängste des Schülers, die vor allem eine Spezialauflage seines sonstigen negativen Selbstbildes darstellen. «Ich bin nicht nur dumm/frech, ich bin auch ein ,Grüsel'.» Diese Ängste können nicht durch einen auch noch so vielseitigen und «progressiven» Unterricht im Klassenverband abgebaut werden. Deshalb ist auch für die Lösung dieses Problems eine gute pädagogisch-therapeutische Beziehung wichtiger als alle Lichtbilderserien, Tonbildschauen und Arbeitsblätter mit Querschnitten zum Ausmalen.

Lernen der Politik

Gamm spricht hier von einem «Prozess der dauernden konstruktiven Ernüchterung und Emotionalisierung politischer Umstände und Vorgänge» und fügt bei, dieser diene «als Arbeitshilfe, um eine prinzipielle Unenttäuschbarkeit des jungen Menschen in politischer Hinsicht anzustreben und eben dadurch auch die zunehmende Versachlichung der Argumentation zu fördern und eigenes politisches Handeln zu ermöglichen.» Die Aufgabe ist also eine doppelte: Einerseits geht es um das «Sichtbarmachen politischer Funktionen». Da bieten sich unzählige Möglichkeiten bei der Besprechung alltäglicher Begebenheiten, im Geschichtsunterricht usw. Andererseits aber, und das scheint mir weit wichtiger, geht es darum, den Schüler in die Lage zu versetzen, sich für sich selbst zu wehren, sich selbst zu helfen.

Auch dies ist zunächst ein pädagogisch-therapeutisches Problem. Die Fähigkeit, sich selbst zu helfen, ist wesentlich abhängig von der Ich-Stärke des betreffenden Schülers. Daneben aber ist es wichtig, dass er auch grundlegende Erfahrungen in Gruppenarbeit machen kann. Er muss lernen können, dass und wie man etwas gemeinsam eher erreicht als im Alleingang.

Hier erfährt der von Peter Petersen verwendete Begriff des Zwischenlernens[9] einen erweiterten Sinn. «Eigentlich» geht es um das jeweilige Thema der Gruppenarbeit. Der Schüler lernt aber zugleich gerade mit, wie eine Gruppe irgendein Problem lösen kann, das die Kräfte eines einzelnen oft übersteigt.

Lernen des Lernens

Das Lernen des Lernens (eine alte Forderung der Reformpädagogik) weist nach Gamm einen Doppelaspekt auf. «Es ist retrospektiv-analytisch in der Reflexion von Lernabschnitten und ihrer jeweilig gelungenen oder misslungenen Motivation, über die sich der Absolvent klar zu werden hat; es ist prospektiv-synthetisch als erworbene Befähigung zum Ansatz der verwendeten methodischen Muster für neue Aufgaben . . .»

Hier vermag das blosse Zwischenlernen nicht mehr zu genügen. Es muss ergänzt werden durch die gemeinsame Überlegung: Wie haben wir dieses spezielle Problem angegangen? Wie haben wir uns in diesen speziellen Stoffkreis eingearbeitet? Hat sich die dabei angewandte Art des Vorgehens bewährt? Wenn nein, warum nicht? Daneben aber geht es immer auch um die Frage, wie weit das angewandte Vorgehen auch für die Lösung anderer,

---

Anm. 9:
s. Petersens Schriften zum «Jenaplan».

künftiger Probleme dienen kann. Solche Fragen müssen im gemeinsamen Gespräch beantwortet werden. Der Schüler muss trainiert werden, sich damit auseinanderzusetzen.

Die Problemstellung ist dem Schüler meist völlig fremd. Er ist, wenn überhaupt, meist trainiert auf eine bestimmte Form des Lernens, das «Aufgabe-Lernen» (Petersen). Dieses hat er auch nie in Frage stellen «dürfen». Und doch hat er es in Frage gestellt durch sein Verhalten als «dummer» Schüler. Deshalb eröffnet sich ihm von seinen eigenen Erlebnissen her ein sehr direkter Zugang zum Problemkreis.

Es ist daher für das Lernen des Lernens äusserst wichtig, dass mit dem Schüler seine frühern Lern-Erlebnisse und die damit verbundenen Erinnerungen an Misserfolge aufgearbeitet werden. Voraussetzung dafür ist natürlich auch hier wieder der entsprechende pädagogisch-therapeutische Hintergrund.

Lernen der Internationalität

Die Wichtigkeit dieses Postulates muss kaum begründet werden. Allerdings dürfte der von Gamm gemachte Vorschlag – frühe Hinführung des Kindes in einen zweiten Lebenskreis – im Augenblick auf grosse Schwierigkeiten stossen. Darauf weist Gamm selbst hin. Es bieten sich aber auch unter unsern Bedingungen Möglichkeiten des Lernens der Internationalität.

Da wäre einmal der eigentliche Unterricht. Hier kommt es in vielen Einzelfällen wesentlich darauf an, ob er unter chauvinistischem oder einem alternativen Blickpunkt erteilt wird. Da wäre auch der Kontakt mit den Gastarbeiterkindern der Klasse und deren Familien. Hier lernen die Kinder, sich mit vielen Problemen auseinanderzusetzen, mit denen sie sonst kaum konfrontiert würden. Schliesslich sind da noch die Ferienreisen, die wir mit den ältern Schülern hin und wieder ins Ausland unternehmen. Dabei wird darauf geachtet, dass die Schüler wirklich in Kontakt zu «Einheimischen» kommen.

Sekundärtugenden

Dieses Problem ist im vorliegenden Buch schon verschiedentlich angetönt worden. Auch spukt es in fast jede Diskussion über Sonderschulfragen hinein. Aus diesen beiden Gründen möchte ich es hier noch kurz gesondert darstellen.

Als Sekundärtugenden bezeichnen wir Fleiss, Pünktlichkeit, Ordnungssinn usw. Dazu einige hilfreiche Beispiele:

– Kürzlich fand sich in den Zeitungen eine Meldung über einen Einbrecher, der in zwei Wochen ungefähr 30 Einbrüche verübt hatte. Ein wahrhaft fleissiger Mensch!

– Jeder von uns kennt wohl die Filme, in denen eine Gang um punkt 23.19 Uhr irgendeinen Handstreich durchführt. Hier ist absolute Pünktlichkeit unerlässlich.

– In einem Büro der Geheimpolizei eines Diktaturstaates muss peinlichste Ordnung herrschen, damit ja kein Verhaftungsbefehl oder keine Denunziationsnotiz verloren geht.

– Ein Heckenschütze, der vom Dach irgendeines Schuppens herunter irgendeinen Regierungspräsidenten erschiessen will, muss mit grösster Genauigkeit arbeiten, weil es sonst geschehen kann, dass er den Aussenminister erwischt.

Vielleicht wird man sich nun fragen: Was soll diese kabarettistische Einlage? Soll hier etwa der Wert dieser Tugenden in Frage gestellt werden? Erraten! Diese «Tugenden» stellen nämlich für sich allein keinen positiven Wert dar. Sie sind völlig wertneutral. Wichtig sind die menschlichen (gesellschaftlichen, politischen usw.) Bezüge, die dahinter stehen und in deren Dienst sie gestellt werden. Es besteht wohl kein Zweifel darüber, dass diese Tugenden auch das Leben, die zwischenmenschlichen Beziehungen wesentlich erleichtern können. Aber: Wichtig sind in diesen Fällen die Beziehungen. Die «Tugend» ist völlig sekundär.

Was heisst das nun für das Problem der Hilfsschüler? «Gerade diese Schüler» (um den Ausdruck auch einmal zu gebrauchen) tun sich oft schwer mit
den Sekundärtugenden. Der Grund dafür ist leicht ersichtlich: Damit ein
Schüler fähig ist, einer Sache Sorge zu tragen, muss er erlebt haben, dass
man zu ihm Sorge trägt; damit ein Schüler erlebt, dass durch diese Tugenden Beziehungen erleichtert werden, müssen auch Beziehungen da sein, die
zu erleichtern sich lohnt. Diese Tugenden sind also auch im pädagogischen
Vorgang sekundär. «Gerade diese Schüler» aber brauchen zunächst das
Primäre: die Beziehungen, die zu erleichtern, die Anregungen, für die Sorgfalt sich lohnt.

Aus dieser Sicht lässt sich formulieren: Primär ist bei diesen Kindern der
pädagogisch-therapeutische und allenfalls der kompensatorische Vorgang.
Die Sekundärtugenden lassen sich im Verlaufe des erfolgreichen Prozesses
entwickeln. «Erziehung» zur Sorgfalt, Ordnung usw. ohne diesen Hintergrund ist Dressur.

Nehmen wir das Beispiel eines Arbeiters in einem Betrieb. Es ist durchaus
denkbar, dass er pünktlich, zuverlässig usw. ist, dass er auch zeitweise einen
Stress mitmacht. Aus Loyalität, weil seine Arbeitsbedingungen und die
damit verbundenen Beziehungen befriedigend sind. Loyalität setzt aber ein
gewisses Mass an Selbstgefühl, an Sicherheit voraus. Er kann auch fleissig,
pünktlich usw. sein ohne diese Voraussetzungen. Weil er einfach dazu dres-
siert worden ist. Mit einer solchen Abrichtung aber hat man ihn um sein
Menschsein betrogen.

«Erziehung zur Sorgfalt, Pünktlichkeit, Zuverlässigkeit» – das ist als Begriff
etwa ebenso zwingend wie «hölzernes Eisen». «Erziehung» meint das Primäre, auch und «gerade bei diesen Schülern». Die Sekundärtugenden
braucht man nicht zu entwickeln. Die entwickeln sich, wenn sich der Schüler entwickelt. Bei meinen Schülern, bei denen der pädagogisch-therapeutische Vorgang einigermassen fortgeschritten war, hat sich noch kein einziger
Lehrmeister oder Praktikumsleiter darüber beklagt, dass sie unpünktlich
oder unsorgfältig wären.

Ueber «vorgeburtliche Intelligenz»[10]

Anm. 10:
Der Ausdruck stammt von Richard Hauser. Von einem Kenner der Anthroposophie wurde ich darauf aufmerksam gemacht, dass der Begriff sehr wohl konkret ernst genommen werden könnte. Je nun!

Nein, es handelt sich nicht um ein Versehen. Auch nicht um den letzten Schrei einer vollends überbordenden Begeisterung für vorschulische Intelligenzförderung. Der Titel stimmt: Wenn das Kind zur Welt kommt, hat es die wesentlichste Leistung bereits hinter sich, die für sein weiteres Leben bestimmend sein wird. Es hat sich den richtigen Vater ausgesucht. Für diese – vorgeburtliche – Intelligenzleistung müsste es über vorgeburtliche Intelligenz verfügen können. Denn sonst wäre diese Wahl ja Zufall und damit sehr ungerecht.

Um keine Zweifel aufkommen zu lassen: Der richtige Vater, das steht hier für die richtigen Familienverhältnisse, die eine günstige seelische Entwicklung erlauben, die richtigen Lebens- und Arbeitsbedingungen für die Eltern, die ihnen seelische Ausgeglichenheit ermöglichen und sie so zu guten Erziehern machen, das richtige gesellschaftliche und kulturelle «Milieu», das Anregungen bietet. Kurz: die «Umstände», die «Verhältnisse» eben.

Intelligenz sei Voraussetzung für das Lernen. Heisst es. In unserem Falle stimmt es sogar. Von seiner vorgeburtlichen Intelligenz hängt es ab, was der Mensch nachher lernt. Der eine lernt «Tugend, Weisheit, Kenntnisse», der andere lernt Dummheit. Der eine wird gebildet, der andere wird ausgebildet. Der eine stellt schliesslich etwas dar, der andere stellt etwas her.[11] Durch diese «Lernprozesse» wird die Sache noch ungerechter.

Hier kommt vermutlich der Einwand: Das sind Klassenkämpferparolen. Rote Schwarzweissmalerei. Aber: Für diese «Erkenntnis» braucht es weder Marx noch Mao. Dazu genügt die Lektüre beispielsweise der Schweizerischen Bundesverfassung. «Es gibt in der Schweiz keine Untertanenverhältnisse, keine Vorrechte des Orts, der Geburt, der Familien oder Personen.»[12] So oder ähnlich steht das wohl in der Verfassung jedes «bürgerlichen» Landes. Eine radikalere Klassenkämpferparole lässt sich kaum denken.

Klassenkampfparolen in bürgerlichen Verfassungen. Woher rührt dieser Widerspruch? Georges Orwell hat ihn (in «1984») sarkastisch erklärt:

«Seit Beginn der geschichtlichen Überlieferung, und vermutlich seit dem Ende des Steinzeitalters, gab es auf der Welt drei Menschengattungen: die

---

Anm. 11:
Das ist gestohlen. Aus einem Song der «Floh de Cologne»: Profitgeier.
Anm. 12:
Schweizerische Bundesverfassung, Art. 4

Ober-, die Mittel- und die Unterschicht. Sie waren mehrfach unterteilt, führten zahllose verschiedene Namensbezeichnungen, und sowohl ihr Zahlenverhältnis wie ihre Einstellung zueinander wandelten sich von einem Jahrhundert zum anderen; die Grundstruktur der menschlichen Gesellschaft jedoch hat sich nie gewandelt. Sogar nach gewaltigen Umwälzungen und scheinbar unwiderruflichen Veränderungen hat sich immer wieder die gleiche Ordnung durchgesetzt, ganz so wie ein Kreisel immer wieder das Gleichgewicht herzustellen bestrebt ist. (...)

Die Ziele dieser drei Gruppen sind miteinander vollkommen unvereinbar. Das Ziel der Oberen ist, sich da zu behaupten, wo sie sind. Das der Mittelklasse, mit den Oberen den Platz zu tauschen. Das der Unteren, wenn sie überhaupt ein Ziel haben – denn es ist ein bleibendes Charakteristikum der Unteren, dass sie durch die Mühsal zu zermürbt sind, um etwas anderes, als hin und wieder ihr Alltagsleben ins Bewusstsein dringen zu lassen – besteht darin, alle Unterschiede abzuschaffen und eine Gesellschaft ins Leben zu rufen, in der alle Menschen gleich sind. So wiederholt sich die ganze Geschichte hindurch ein in seinen Grundlinien gleicher Kampf wieder und immer wieder. Während langen Zeitspannen scheinen die Oberen sicher an der Macht zu sein, aber früher oder später kommt immer ein Augenblick, in dem sie entweder ihren Selbstglauben oder ihre Fähigkeit, streng zu regieren, oder beides, verlieren. Dann werden sie von den Angehörigen der Mittelklasse gestürzt, die die Unteren auf ihre Seite ziehen, indem sie ihnen vormachen, für Freiheit und Gerechtigkeit zu kämpfen. Sobald sie ihr Ziel erreicht haben, drängen die Angehörigen der Mittelklasse die Unteren wieder in ihre alte Knechtschaftsstellung zurück, und sie selber werden die Oberen. Bald darauf spaltet sich von einer der anderen Gruppen oder von beiden eine neue Mittelgruppe ab, und der Kampf beginnt wieder von vorne. Von den drei Gruppen gelingt es nur den Unteren nie, auch nur zeitweise ihre Ziele zu erreichen. Es wäre eine Übertreibung zu sagen, dass im Verlauf der Geschichte kein materieller Fortschritt erzielt worden sei. Sogar heutzutage, in einer Periode des Niedergangs, ist der Durchschnittsmensch physisch besser daran, als er es vor ein paar Jahrhunderten war. Aber keine Steigerung des Wohlstandes, keine Milderung der Sitten, keine Reform oder Revolution hat die Gleichheit der Menschen jemals auch nur um einen Millimeter nähergebracht. Vom Gesichtspunkt der Unteren aus hat kein geschichtlicher Wandel jemals viel anderes bedeutet als eine Änderung der Namen ihrer Herren.»[13]

Anm. 13:
Orwell: 1984, Zürich 1950, S. 184 ff.

Und Max Adler hat für das Verhältnis von Bürgertum und Arbeiterschaft präzisiert:

«Vor der bürgerlichen Revolution und in den Anfängen derselben vertritt das Bürgertum Menschheitsziele; es fühlt sich als den Vorkämpfer von Menschenrechten, als den Befreier von jeder Unterdrückung und Ungleichheit. Die wundervollen Ideale der Freiheit, Gleichheit und Brüderlichkeit sind aufgerichtet, denen die ganze kämpfende Klasse, die in diesem Abschnitte ihres Kampfes auch wirklich alle Unterdrückten vertritt, mit dem ganzen Glauben und der Begeisterung anhängt, die sich aus einer solchen Solidarität des sich erhebenden Menschentums ergeben müssen. Aber in dem Fortschritt der bürgerlichen Revolutionen – und das ist ein soziologisches Gesetz derselben, das seit der englischen Revolution von 1648 bis zu der letzten bürgerlichen Revolution im Februar 1917 in Russland sich immer wieder wirksam zeigte – ergibt es sich bald, dass, was als Menschenrechte verkündet worden war, nur die Rechte des besitzenden Bürgertums gegenüber den bevorrechteten Ständen waren, nicht aber auch Rechte der Besitzlosen, und dass sie daher nun auch gegen diese letzteren geltend gemacht, ja nur zu oft mit der Waffe und blutigster Unterdrückung erobert werden mussten. So ging der revolutionäre Begriff des Bürgertums (citoyen), der alle Menschen als Bürger eines Rechtsstaates umfassen wollte, in die Gespaltenheit der neuen Begriffe von Bourgeoisie und Proletariat auseinander, die ihre unüberbrückbare Gegensätzlichkeit erkannten. Die bürgerliche Ideologie war Menschheitsideologie gewesen, die der Bourgeoisie behielt zwar deren Ausdrücke bei, aber sie meinte damit nichts anderes mehr als die Interessen des bürgerlich-kapitalistischen Staates, in dem sie herrschend geworden war.»[14]

Sind diese Aussagen richtig? Der Gegenbeweis steht noch aus. Die in den Verfassungen so stolz verkündete Gleichheit harrt auf vielen Gebieten noch ihrer Verwirklichung.

Auch auf dem Gebiet der Schule. Dummheit ist nicht nur lernbar, sie kann auch verlernt werden. Verlernt durch Hilfe. Das wollte ich mit meinem Buch zeigen. Aber die Aufbauschule ist keine «Rettungsanstalt» für arme, bemitleidenswerte Unterschichtkinder. Sie ist ein – aufs Ganze gesehen sehr bescheidener – Beitrag zur Verwirklichung dieses Rechts. Ein Beitrag auf kurze Sicht.

Anm. 14:
Adler: Neue Menschen, Berlin 1926² S. 148

Auf lange Sicht bliebe wohl das Problem der «vorgeburtlichen Intelligenz-förderung». Aber da wird die Sache etwas schwierig. Da ist wohl weder mit Arbeitsblättern noch mit Lernspielen viel auszurichten. Da bleibt wohl nur, die «Umstände», die Verhältnisse zu ändern. Geduldig, aber unnachgiebig.

Herzlichen Dank allen, die am Manuskript mitgearbeitet haben:

Vera Amstutz, Marie Bamert, Markus Dünki, Hans Jochen Gamm, Monika Graf, Hanspeter Gredig, Karl Huber, Franz Hübscher, Martin Kuster, Romain Maillard, Katharina Müller, Hans U. Müller, Edith Surer, Hans Wyler, Daniel Zangger, Markus Zangger.

Literaturverzeichnis

Die Aufstellung erhebt keinen Anspruch auf Vollständigkeit. Sie will einige Hinweise auf grundlegende oder mögliche weiterführende Literatur geben. Deshalb wurden in erster Linie Bücher aufgeführt, die noch im Handel erhältlich sind. Überhaupt wurde auf grösstmögliche «Benützerfreundlichkeit» geachtet. So ist bei jedem Buch die neueste und auch die billigste Ausgabe angeführt. Für die grosse Arbeit des Bibliografierens möchte ich Romain Maillard herzlich danken. Die im Buch erwähnten Titel (darunter natürlich auch einige ältere Werke) sind mit * bezeichnet.

Das Verzeichnis ist nach Problemkreisen gegliedert. Einige Bücher allerdings liessen sich nur mit Mühe in einem unserer fünf Schublädlein unterbringen. Aber die Einteilung will ja die Bücher nicht abstempeln und etikettieren. Sie will nur dem armen Leser angesichts der Fülle der verordneten Literatur den Überblick etwas erleichtern.

Problemkreis: Schule und Gesellschaft

Adorno, Th. – Tabus über dem Lehrerberuf. – In: Neue Sammlung. – 1965; Jg. 5; S. 487–498.

Aktuelle Probleme zur Sozialpädagogik und Verhaltensgestörtenpädagogik. – Hrg. G. Heese; A. Reinartz. – Berlin: Marhold, 1973. – (Sonderpädagogik; 2).

***Aspekte** der künftigen Schule. – Hrg. H. Hauke. – Heidenheim: Heidenheimer Vlgsanst., 1970.

Attacken auf die pädagogische Provinz. – Hrg. M. Brauneiser. – Stuttgart: Klett, 1970.

***Beck, J.** – Lernen in der Klassenschule: Disziplinierung, Rituale, Stumpfsinn – Was wir verändern können. – Reinbek: Rowohlt, 1973. – (rororo sachbuch; 6820).

Bernfeld, S. – Sisyphos oder die Grenzen der Erziehung. – Frankfurt a.M.: Suhrkamp, 1973. – (stw; 37).

Bloch, E. – Pädagogica. – Frankfurt a.M.: Suhrkamp, 1971. – (ed. suhrkamp; 455).

Bokelmann, H. – Die ökonomisch-sozialethische Bildung. – Heidelberg: Quelle u. Meyer, 1964. – (Anthropologie u. Erziehung; 13).

Combe, A. – Kritik der Lehrerrolle: Gesellschaftliche Voraussetzungen und soziale Folgen des Lehrerbewusstseins. – München: List, 1971. – (List Tb. der Wissensch.; 1662).

Erikson, E.H. – Kindheit und Gesellschaft. – 5. Aufl. – Stuttgart: Klett, 1974.

Fend, H. – Sozialisierung und Erziehung. – 7. Aufl. – Weinheim: Beltz, 1974. – (Studien z. Erz.wiss.; 5).

*__Fromm, E.__ – Die Furcht vor der Freiheit. – 5. Aufl. – Frankfurt a.M.: Europ.Verlagsanst., 1972

Fürstenau, P. – Soziologie der Kindheit. – Heidelberg: Quelle u. Meyer, 1967. – (Gesellschaft u. Erziehung; 3).

Gamm, H.-J. – Das Elend der spätbürgerlichen Pädagogik. – München: List, 1972.

*__Gamm, H.-J.__ – Kritische Schule: Eine Streitschrift für die Emanzipation von Lehrern und Schülern. – München: List, 1970.

Gottschalch, W. – Soziologie der politischen Bildung. – 3. Aufl. – Frankfurt a.M.: Europ. Verlagsanst., 1972.

Habermas, J. – Erkenntnis und Interesse. – Frankfurt a.M.: Suhrkamp, 1973. – (stw; 1).

*__Hauser, R.__; Hauser, H. – Die kommende Gesellschaft: Handbuch für soziale Gruppen- und Gemeinwesenarbeit. – Barmen-Wuppertal: Jugenddienst, o.J.

Horkheimer, M.; Adorno, Th. W. – Dialektik der Aufklärung. – 2. Aufl. – Frankfurt a.M.: S. Fischer, 1973. – (Fischer Tb.; 6144).

Horn, K. – Dressur oder Erziehung: Schlagrituale und ihre gesellschaftl. Funktion. – Frankfurt a.M.: Suhrkamp, 1969. – (ed. suhrk.; 199).

Huisken, F. – Zur Kritik bürgerlicher Didaktik und Bildungsökonomie. – München: List, 1972. – (List Tb. d. Wiss.: Erziehungswiss.; 1663).

Krause; Vilmar. – Materialien zur Sozialgeschichte der Erziehung. – In: Zeitschr. f. Pädagogik. – 1972 (H. 3).

Kuckartz, W. – Sozialisation und Erziehung: Eine Polemik wider den Pädagogismus. – Essen: Neue Deutsche Schule, 1969. – (Neue pädagogische Bemühungen; 39).

Kursbuch Nr. 24: Schüler, Schulung, Unterricht. – Berlin: Wagenbach, 1971.

Langeveld, M.J. – Die Schule als der Weg des Kindes: Versuch einer Anthropologie der Schule. – 4. Aufl. – Braunschweig: Westermann, 1968.

Marcuse, Herbert. – Triebstruktur und Gesellschaft. – 40. Tsd. – Frankfurt a.M.: Suhrkamp, 1970. – (Bibl. Suhrkamp; 158).

Materialien zur polit. Oekonomie des Ausbildungssektors. – Hrg. E. Altvater; F. Huisken. – Erlangen: Politladen, 1971. (Letzter Nachdruck: 1975).

*****Mieskes, H. – Jenaplan und Schulreform. – Oberursel: Finken, 1966.

*****Müller, H.U. – Das Berufsmilieu des Volksschullehrers. – In: Psyche. – 1958 (Bd. 12).

*****Müller, H.U. – Die Schule im Schlepptau der Gesellschaft. – In: Schweizer Erziehungsrundschau. – 1971 (Märzheft).

*****Pädagogisches Lexikon. – Hrg. H.H. Groothoff; M. Stallmann. – Stuttgart: Kreuz, 1961.

Psychologie der Erziehungsstile. – Hrg. von Th. Herrmann. – 4. Aufl. Göttingen: Hogrefe, 1974.

*****Reble, H. – Geschichte der Pädagogik. – 7. Aufl. – Stuttgart: Klett, 1964.

*****Reglement** über die Sonderklassen und die Sonderschulung vom 2.11.1965. – Hrg. vom Kanton Zürich.

Reichwein, R. – Autorität und autoritäres Verhalten bei Lehrern. – In: Neue Sammlung. – 1967 (Jg. 7; S. 20–33).

*****Reicke, E.** – Magister und Scholaren: Illustrierte Geschichte des Unterrichtswesens. – Düsseldorf: Diederichs, 1971. – (Fotomech. Nachdruck der Ausg. Leipzig, 1901).

Richter, H.E. – Die Gruppe. – Reinbek: Rowohlt, 1972.

Roth, H. – Jugend und Schule zwischen Reform und Restauration. – 2. Aufl. – Heidelberg: Schroedel, 1965.

*****Salzmann, F.** – Bürger für die Gesetze: Darstellung des erziehenden Staates. – Bern: Verlagsgenossensch. Freies Volk, 1949.

Schulreform oder der sogenannte Fortschritt. – Hrg. J. Beck; L. Schmidt. – Frankfurt a.M.: S. Fischer, 1970. – (Fischer Tb.; 1121).

Schulreport: Kritische Beiträge zur modernen Erziehungspolitik. – Hrg. D. Dehm. – 3. Aufl. – Frankfurt a.M.: Melzer, 1972.

Soziologie der Schule. – Hrg. D. Heintz. – Sonderheft 4 der Kölner Zeitschr. f. Soziologie und Sozialpsychologie, 1959.

Wörterbuch Kritische Erziehung. – Hrg. E. Rauch; W. Anzinger. – 3. Aufl. – München: Raith, 1972.

Zenke, K. – Pädagogik: Kritische Instanz der Bildungspolitik? – München: List, 1972. – (List Tb. d. Wiss.: Erziehungswiss.; 1664).

Problemkreis: Schule und Elternhaus

Bittner, G. – Für und wider die Leitbilder: Idealische Lebensformen in pädagogisch-psychologischer Kritik. – 2. Aufl. – Heidelberg: Quelle u. Meyer, 1968.

Brim, O.G. – Soziologie des Erziehungswesens. – Heidelberg: Quelle u. Meyer, 1968. – (Pädagogische Forschung; 24).

Brocher, T. – Gruppendynamik und Erwachsenenbildung. – 8. Aufl. – Braunschweig: Westermann, 1971.

Claessens, D. – Familie und Wertsystem. – 3. Aufl. – Berlin: Duncker u. Humblot, 1972. – (Soziol. Abh.; 4).

Flitner, A. – Soziologische Jugendforschung: Darstellung und Kritik aus pädagogischer Sicht. – Heidelberg: Quelle u. Meyer, 1963.

Flitner, A.; Bittner, G. – Die Jugend und die überlieferten Erziehungsmächte. – München: Juventa, 1965. – (Überblick z. wiss. Jugendkunde; 2).

Goode, W.J. – Soziologie der Familie. – 5. Aufl. München: Juventa, 1973. – (Grundfragen der Soziologie; 8).

Habermas, J. – Strukturwandel der Öffentlichkeit. – 6. Aufl. Neuwied: Luchterhand, 1974. – (Slg. Luchterhand; 25).

Haensch, D. – Repressive Familienpolitik: Sexualunterdrückung als Mittel der Politik. – Reinbek: Rowohlt, 1969. – (rororo sexologie; 8023).

Kob, J. – Erziehung in Elternhaus und Schule. – Stuttgart: Enke, 1963. – (Soziologische Gegenwartsfragen; N.F. 15).

Mitscherlich, A. – Auf dem Wege zur vaterlosen Gesellschaft. – 9. Aufl. München: Piper, 1970.

Mollenhauer, K. – Erziehung und Emanzipation. – 6. Aufl. – München: Juventa, 1973.

Nave-Herz, R. – Die Elternschule. – Neuwied: Luchterhand, 1964.

Negt, O. – Soziologische Phantasie und exemplarisches Lernen: Zur Theorie und Praxis der Arbeiterbildung. – 6. Aufl. – Frankfurt a.M.: Europ. Verlagsanst., 1971.

Plack, A. – Die Gesellschaft und das Böse: Eine Kritik der herrschenden Moral. – München: List, 1968.

Richter, H.E. – Patient Familie. – Reinbek: Rowohlt, 1972. – (rororo sachbuch; 6722).

*****Van Ussel.** – Sexualunterdrückung. – Reinbek: Rowohlt, 1970.

Problemkreis: Dummheit, Schulversagen, Intelligenz

Abels, H. – Sozialisation und Chancengleichheit. – Köln: Westdeutscher Vlg. 1973. – (Stud. z. Sozialwiss.; 5).

Aktuelle Probleme der Lernbehindertenpädagogik. – Hrg. G. Hesse; A. Reinartz. – Berlin: Marhold, 1973.

Angst bei Schulkindern: Ein Forschungsbericht. – Stuttgart: Klett, 1971.

Aspekte des Lernens. – Hrg. H. Hauke. – Heidenheim: Heidenheimer Verlagsanst., 1972.

*Begabung und Lernen. – Hrg. H. Roth. – 9. Aufl. – Stuttgart: Klett, 1974. – (Dt. Bildungsrat: Gutachten u. Studien; 4).

Berna, J. – Schulschwierigkeiten als Folge seelischer Störungen. – 3. Aufl. – Basel: E. Reinhardt, 1965.

Clyne, M.B. – Schulkrank?: Schulversagen als Folge psychischer Störungen. – Stuttgart: Klett, 1969.

Correll, W. – Lernstörungen beim Schulkind: Ursachen, Formen, Überwindungsmöglichkeiten. – 9. Aufl. – Donauwörth: Auer, 1973.

Fippinger, F. – Intelligenz und Schulleistung: Eine experimentelle Untersuchung bei 9–10jährigen Schülern. – 2. Aufl. – Basel: E. Reinhardt, 1971. – (Erziehung und Psychologie; 4).

Fischel, W. – Psychologie der Intelligenz und des Denkens. – Berlin: Duncker u. Humblot, 1969. – (Erfahrung u. Denken; 3).

Foppa, K. – Lernen, Gedächtnis, Verhalten. – 7. Aufl. – Köln: Kiepenheuer, 1970.

Freyhoff, U. – Begabung und Bildsamkeit. In: Zs. f. Päd. – 1966 (6. Beiheft; S. 187–203).

Furck, G.L. – Das pädagogische Problem der Leistung in der Schule. – 5. Aufl. – Weinheim: Beltz, 1975.

Guthke, J. – Zur Diagnostik der intellektuellen Lernfähigkeit. – 2. Aufl. Berlin: Deutscher Vlg d. Wissenschaften, 1974.

Guyer, W. – Wie wir lernen. – 5. Aufl. – Zürich: Rentsch, 1974.

Halbwachs, M. – Das Gedächtnis und seine sozialen Bedingungen. – Neuwied: Luchterhand, 1966. – (Soziologische Texte; 34).

Höhn, E. – Der schlechte Schüler. – 6. Aufl. – München: Piper, 1974.

*Ingenkamp, K. – Untersuchungen zum Einschulungstermin. – In: Praxis d. Kinderpsychologie und Kinderpsychiatrie. – 1962 (H. 7).

Ingenkamp, K. – Untersuchungen zur Übergangsauslese. – Weinheim: Beltz, 1968. – (Theorie u. Praxis der Schulpsychologie; 8).

*__Ingenkamp, K.__ – Zur Problematik der Jahrgangsklassen. – 2. Aufl. – Weinheim; Beltz, 1972. – (Theorie u. Praxis der Schulpsychologie; 9).

Knoche, W. – Jungen, Mädchen, Lehrer und Schulen im Zensurenvergleich: Eine Untersuchung an 14 000 Schülern aus 50 Gymnasien. – Weinheim: Beltz, 1969.

Köstlin-Gloger, G. – Sozialisation und kognitive Stile. – Weinheim: Beltz, 1974. – (Beltz-Studienb.; 57).

Kreativität und Schule. – Hrg. G. Mühle; Ch. Schell. – 3. Aufl. München: Piper, 1973.

*__Kritik__ der Sonderpädagogik. – Giessen: Edition 2000, 1973. – (Theorie u. prakt. Kritik; 18).

Lempp, R. – Lernerfolg und Schulversagen: Eine Kinder- und Jugendpsychiatrie für Pädagogen. – 2. Aufl. – München: Kösel, 1973.

Liungmann, C.G. – Der Intelligenzkult: Eine Kritik des Intelligenzbegriffs und der IQ-Messung. – Reinbek: Rowohlt, 1972. – (rororo sachbuch; 6792).

Mierke, K. – Begabung, Bildung und Bildsamkeit. – Bern: Huber, 1963. – (Abh. z. pädagogischen Psychologie; 7).

Montada, L. – Die Lernpsychologie Jean Piagets. – Stuttgart: Klett, 1970.

Neisser, U. – Kognitive Psychologie. – Stuttgart: Klett, 1974.

Oevermann, U. – Soziale Schichtung und Begabung. – In: Psychologie und Soziologie in ihrer Bedeutung f.d. erziehungswiss. Studium; Zs f. Pädagogik. – 1966 (6. Beiheft; S. 166–186).

Olechowski, R. – Das alternde Gedächtnis. – Bern: Huber, 1969.

Petrat, G. – Soziale Herkunft und Schullaufbahn. – Frankfurt a.M.: Dt. Inst. f. Päd. Forschungen, 1964.

Piaget, J. – Die Entwicklung des Erkennens. – Stuttgart: Klett, 1972/73. – 3 Bde.

Piaget, J. – Psychologie der Intelligenz. – 5. Aufl. – Olten: Walter, 1972.

Roeder, P.M.; Pasdzierny, A.; Wolf, W. – Sozialstatus und Schulerfolg: Bericht über empirische Untersuchungen. – Heidelberg: Quelle und Meyer, 1965. – (Pädagog. Forschung; 32).

Rolff, H.G. – Sozialisation und Auslese durch die Schule. – Heidelberg: Quelle und Meyer, 1967.

Rosenthal, R.; Jacobson, L. – Pygmalion im Unterricht: Lehrererwartungen und Intelligenzentwicklung der Schüler. – Weinheim: Beltz, 1971.

282

Roth, E.; Oswald, W.D.; Daumerlang, K. – Intelligenz: Forschungsansätze, Problemstand, Ausblicke. – Stuttgart: Kohlhammer, 1973.

Roth, H. – Pädagogische Psychologie des Lehrens und Lernens. – 13. Aufl. Hannover: Schroedel, 1971.

***Rühle,** O. – Zur Psychologie des proletarischen Kindes. – Frankfurt a.M.: S. Fischer, 1975. – (Fischer Tb.; 6280).

Scheuerl, H. – Begabung und gleiche Chancen. – Heidelberg: Quelle und Meyer, 1958.

Schizophrenie und Familie. – Frankfurt a.M.: Suhrkamp, 1971.

Schmitz, G.S. – Grundschulleistung, Intelligenz und Übertrittsauslese. – Basel: E. Reinhardt, 1964. – (Erz. u. Psychologie; 29).

Singer, K. – Lernhemmung, Psychoanalyse und Schulpädagogik. – 2. Aufl. – München: Ehrenwirth, 1974.

Singer, K. – Verhindert die Schule das Lernen? – München: Ehrenwirth, 1973.

Skowronek, H. – Psychologische Grundlagen einer Didaktik der Denkerziehung. – 2. Aufl. – Hannover: Schroedel, 1970.

Tausch, R. und A. – Erziehungspsychologie. – 7. Aufl. – Göttingen: Hogrefe, 1973.

Umwelt und Begabung. – Hrg. H. Skowronek. – Stuttgart: Klett, 1973.

Valtin, R. – Empirische Untersuchungen zur Legasthenie. – Hannover: Schroedel, 1972.

Valtin, R. – Legasthenie: Theorien und Untersuchungen. – 3. Aufl. – Weinheim: Beltz, 1974.

***Vinnai,** G. – Sozialpsychologie der Arbeiterklasse. – Reinbek: Rowohlt, 1973. – (rororo sachbuch, 6812).

Wewetzer, K.H. – Intelligenz und Intelligenzmessung. – Darmstadt: Wiss. Buchges., 1972.

Wiederhold, K.A. – Kindersprache und Sozialstatus. – Ratingen: Henn, 1971.

283

Alternativen: Pädagogik

Ansichten pädagogischer Berufspraxis: Eine Einführung in das Lehrerstudium. / J. Beck; W. Drechsel; W. Gottschalch u.a. – Frankfurt a.M.: Europ. Verlagsanst., 1973.

Bettelheim, B. – Liebe allein genügt nicht: Die Erziehung emotional gestörter Kinder. – 2. Aufl. – Stuttgart: Klett, 1971. – (Sozialpädagogik; 5).

*__Birnbaum.__ – Die Repetenten. – In: Zs. f. Individualpsychologie. – 1927 (H. V/4).

*__Brezinka, W.__ – Erziehung als Lebenshilfe: Eine Einführung in die pädagogische Situation. – 8. Aufl. – Stuttgart: Klett, 1972.

*__Buber, M.__ – Nachlese. – Heidelberg: Lambert Schneider, 1965.

*__Buber, M.__ – Reden über Erziehung. – 9. Aufl. – Heidelberg: Lambert Schneider, 1969.

Dahle, W. – Deutschunterricht und Arbeitswelt: Modelle kritischen Lernens. – Reinbek: Rowohlt, 1972. – (rororo sachbuch; 6785).

Dreikurs, R.; Soltz, V. – Kinder fordern uns heraus. – 9. Aufl. – Stuttgart: Klett, 1973.

Erziehung zum Ungehorsam: Kinderläden berichten aus der Praxis. – Hrg. G. Bott. – Frankfurt a.M.: März, 1970.

Freire, P. – Erziehung als Praxis der Freiheit. – Stuttgart: Kreuz, 1974.

Furck, C.L. – Schule für das Jahr 2000. – In: Neue Sammlung. – 1963 (Jg 3; S. 501–508).

*__Hahn, K.__ – Erziehung zur Verantwortung: Reden und Aufsätze. – Stuttgart: Klett, 1962. – (Aus d. dt. Landerz.heimen; 2).

Handbuch der Pädagogik. – Hrg. H. Nohl; L. Pallat. – Weinheim: Beltz, 1966. – 5 Bde + Erg.bd.

Handbuch zum Unterricht Grundschule: Modelle emanzipatorischer Praxis. – Starnberg: Raith, 1973.

*__Handbuch__ zum Unterricht: Modelle emanzipatorischer Praxis. Hauptschule. – Starnberg: Raith, 1973.

Haug, H.J. – Demokratisierung der Schule durch politische Schülerorganisationen: Kritik, Praxis und Pläne des AUSS. – In: Blätter f.d. internat. Politik. – 1967 (Jg. 12; S. 1262–1272).

Höchstetter, W.K. – Der Tod der Schule oder die Selbstbefreiung der Belehrten. – Starnberg: Raith, 1975.

Hoernle, E. – Grundfragen proletarischer Erziehung. – Frankfurt a.m.: S. Fischer, 1973. (Fischer Tb.; 6247).

Kanitz, O. – Kämpfer der Zukunft: Für eine sozialistische Erziehung. – Frankfurt a.m.: S. Fischer, 1974. – (Fischer Tb.; 6240).

Klauer, K.J. – Lernbehindertenpädagogik. – Berlin: Marhold, 1967.

Konzepte für eine neue Schule. – Hrg. R. Hörl. – Neuwied: Luchterhand, 1967.

Mollenhauer, K. – Einführung in die Sozialpädagogik. – 5. Aufl. – Weinheim: Beltz, 1974. – (Beltz Bibl.; 46).

Muth, J. – Das Ende der Volksschule. – Essen: Neue Dt. Schule, 1963.

* **Neill, A.S.** – Neill, Neill, Birnenstiel: Erinnerungen von A.S. Neill. – Reinbek: Rowohlt, 1973.

Neill, A.S. – Das Prinzip Summerhill: Fragen und Antworten, Erfahrungen und Ratschläge. – Reinbek: Rowohlt, o.J. – (rororo sachbuch; 6690).

Neill, A.S. – Theorie und Praxis der antiautoritären Erziehung: Das Beispiel Summerhill. – Reinbek: Rowohlt, 1969. – (rororo sachbuch; 6707).

Petersen, P. – Der kleine Jenaplan. – 54./55. Aufl. – Weinheim: Beltz, 1974. – (Beltz Bibl.; 31).

Russell, B. – Freiheit ohne Furcht: Erziehung für eine neue Gesellschaft. Kreativität und Kooperation im Schulexperiment. – Reinbek: Rowohlt, 1975. – (rororo sachbuch; 6900).

Schulstrafen: Arbeits- und Diskussionspapier des Sozialistischen Lehrerbundes, Frankfurt a.m. – In: betrifft erziehung. – 1968 (Nr. 8; S. 30 ff.).

* **Summerhill:** Pro und Contra. 15 Ansichten zu A.S. Neills Theorie und Praxis. – Reinbek: Rowohlt, 1971. – (rororo sachbuch; 6704/05).

Vasques, A.; Oury, F. – Vorschläge für die Arbeit im Klassenzimmer: Freinet-Pädagogik. – Reinbek: Rowohlt, 1976. – (rororo sachbuch; 6957).

Alternativen: Psychologie

* **Adler, M.** – Neue Menschen: Gedanken über sozialistische Erziehung. – 2. Aufl. – Berlin: Laub'sche Verlagshandlg, 1926.

Aichhorn, A. – Erziehungsberatung und Erziehungshilfe. – Reinbek: Rowohlt, 1972. – (rororo studium; 13).

Aichhorn, A. – Psychoanalyse und Erziehungsberatung. – Frankfurt a.M.: S. Fischer, 1974. – (Fischer Tb.; 6233).

*Antiautoritäre Erziehung oder Die Erziehung der Erzieher. – Hrg. H.W. Sass. – Stuttgart: Metzler, 1972.

Berna, J. – Kinder beim Analytiker. – München: Piper, 1973. – (Slg Piper; 53).

Bernfeld, S. – Antiautoritäre Erziehung und Psychoanalyse. – Berlin: Ullstein, 1974. – 3 Bde. – (Ullstein Tb; 3074/75/76).

Dinkmeyer, D.; Dreikurs, R. – Ermutigung als Lernhilfe. – 3. Aufl. – Stuttgart: Klett, 1973.

*Dreikurs, R. – Grundbegriffe der Individualpsychologie. – 3. Aufl. – Stuttgart: Klett, 1975.

*Dreikurs, R. – Psychologie im Klassenzimmer. – 7. Aufl. – Stuttgart: Klett, 1975.

*Freud, S. – Über Psychoanalyse. – In: Gesammelte Werke; Bd. 8. – 5. Aufl. – Frankfurt a.M.: S. Fischer, 1969.

*Handbuch der Kinderpsychotherapie. – Hrg. G. Biermann. – 3. Aufl. – Basel: E. Reinhardt, 1973. – 2 Bde.

Höchstetter, W.K. – Die psychoanalytischen Grundlagen der Erziehung. – 3. Aufl. – Starnberg: Raith, 1972.

Meng, H. – Zwang und Freiheit in der Erziehung. – 3. Aufl. Bern: Huber, 1961.

Psychoanalytische Pädagogik des Schulkindes. – Hrg. H. Meng. – Basel: E. Reinhardt, 1973.

*Simon / Seelmann. – Schulkinderpsychologie. – In: Zs. f. Individualpsychologie. – 1925 (H. III/4).

Zulliger, H. – Die Angst unserer Kinder. – 7. Aufl. – Frankfurt a.M.: S. Fischer, 1974. – (Fischer Tb.: 6098).

Zulliger, H. – Bausteine zur Kinderpsychotherapie und Kindertiefenpsychologie. – 2. Aufl. – Bern: Huber, 1966.

Zulliger, H. – Einführung in die Kinderseelenkunde. – Bern: Huber, 1967.

Zulliger, H. – Gespräche über Erziehung. – 2. Aufl. – Bern: Huber, 1963.

Zulliger, H. – Heilende Kräfte im kindlichen Spiel. – 5. Aufl. – Stuttgart: Klett, 1967.

Zulliger, H. – Helfen statt strafen. – 3. Aufl. – Stuttgart: Klett, 1967.

Zulliger, H. – Das Kind in der Entwicklung. – Bern: Huber, 1969.

Zulliger, H. – Schwierige Kinder. – 6. Aufl. – Bern: Huber, 1970.

Inhaltsverzeichnis

Einige Bemerkungen zum Gegenstand dieses Buches   **9**

Wie Ruedi in die Hilfsschule kam   **15**

Müssen dumme Schüler dumm sein?   **27**
Thesen   29
Beispiel 1: Der Bub mit dem Hirnschaden   30
Beispiel 2: Soziokulturelle Beschränkungen   34
Beispiel 3: Albert kann nicht lesen   35
Beispiel 4: Schwachbegabt   38
Beispiel 5: Der Intelligenztest   41

Das Erscheinungsbild des «dummen» Schülers   **45**
Die Begabungsschranke als soziokulturelles Problem   **47**
Thesen   47
Beispiel 6: Kulturelle Anregungsarmut   47
Beispiel 7: Beziehungskultur   50
Beispiel 8: Bildungsfeindlichkeit   51
Beispiel 9: Hilflosigkeit   53
Die Begabungsschranke als psychisches Problem   **55**
Thesen   55
Materialien zu These 1: Die primären Bedürfnisse   56
Materialien zu These 2: Autonomie   60
Materialien zu These 3: Selbstgefühl   64
Gestörte Beziehungen   65
Reaktionen auf den Druck der Umwelt   67
Aggressive Reaktionen   67
Defensive Reaktionen   69
Zusammenfassung   75
Zum Begriff der Begabungsbeschränkung   **76**

«Schulversager»   **79**
Brutale Schule   81
Vom Unsinn der Repetition   89
Eingliederung mit pädagogischen Nebengeräuschen   94
Zur «Schulgeschichte»   100
Mittelalter   100

287

Das 18. Jahrhundert: Schule als Institution 101
Das 18. Jahrhundert: Schule als pädagogisches Kraftfeld 104
Die Verbürgerlichung der Gesellschaft 107
Die «allgemeine Volksschule» als Institution 110
Die «allgemeine Volksschule» als pädagogisches Kraftfeld 113
Die «allgemeine Volksschule» als «Bürgerschule» 115
«Heute»? 116
«Unterschichtkinder» 123
Sozio-kulturelle Problematik 123
Psychische Problematik 125
Die Schüler der Sonderschule 128
Zum Problem der «Normalität» 129
Die Maschen des Systems 130
Nicht gefördert? 130
Nicht schulreif? 130
«Jeder Unterricht ist Sprachunterricht» 132
Repetition 132
Intelligenztest 133
Warum? 136
Dumm für die Reichen? 136
Hilflosigkeit? 138
Die «Hilfsmöglichkeiten» der bürgerlichen Schule 139
«Werkschule» 139
«Hilfsschule» 139
Mischform «Sonderschule» 142
Was tun? 144
langfristige Lösung: Schulpolitik 144
kurzfristige Lösung: «Aufbauschule» 145
Die bürgerliche Schule und ihre «Dummen» 147

Einige pädagogisch-therapeutische Probleme 149
Zum Begriff: «pädagogisch-therapeutisch» 151
Die «Bravheit» am Anfang 155
Die «Ruderphase» 158
Aufbau der Beziehung 164
Die Beziehungsphase 167
Gegen-Erlebnisse 169
Erinnerungen 170
Aktuelle Probleme 171
Geborgenheit, Sicherheit 173
Gruppenprobleme 175
«Du» sagen 179
Die Entdeckung des Ich 181

Die Erweiterungsphase 189

Widerstand

Widerstand als Problem des Schülers 191

Widerstand als Problem des Elternhauses 194

Widerstände seitens der Öffentlichkeit 201

Misserfolge 208

«Rückfälle» 210

Einige kompensatorische Probleme 213

Zum Begriff der Kompensation 215

Unterricht 218

Unterricht während der «braven» Phase 218

Unterricht in der Bubeli-Phase 220

Unterricht in der Beziehungsphase 221

Zum Beispiel: Theaterbesuche 222

Hilfsschüler im Theater! 222

Schüler über die Theaterbesuche 223

Weshalb Theaterbesuche? 225

Organisation und Durchführung 226

Bericht über einen Theaterbesuch 226

Stücke, die wir bisher gesehen haben 228

Mündliche Auswertung 229

Das Theaterbuch 230

Beispiele aus dem Theaterbuch 231

Verschiedene Möglichkeiten für schriftliche Formulierungen

Kontakte zum Theater 250

Beispiel einer Gruppenarbeit: Die Souvenir-Untersuchung 251

Praktika 262

Schwerpunkte 264

Lernen der Technik 265

Lernen der Liebe 266

Lernen der Politik 266

Lernen des Lernens 267

Lernen der Internationalität 268

Sekundärtugenden 269

Über «vorgeburtliche Intelligenz» 271

Literaturverzeichnis 277

Inhalt 287

In diesem Buch finden Sie alle wichtigen Argumente zur Kernenergiediskussion – meisterhaft dargestellt von Frederic Vester

Dieses farbige Fenster-Bilderbuch für Erwachsene will in didaktisch neuartiger Weise aufzeigen, welche wirtschaftlichen, sozialen und technologischen Konsequenzen mit einem weiteren Ausbau der Kernenergie verbunden sind.

Beim Aufblättern des Buches öffnen sich immer mehr Fenster und geben nach und nach den Blick auf die zunehmenden Vernetzungen, Rückwirkungen und Spätfolgen frei. Eine sachliche Aufklärung in knapper, eindringlicher Form mit den wichtigsten Begründungen und Informationen.

Kösel-Verlag München

Katharina Zimmer

Das einsame Kind

Für ein neues Verständnis der
kindlichen Urbedürfnisse
224 Seiten. In Leinen gebunden

Viele Eltern fühlen sich verunsichert. Sie wissen nicht mehr, ob sie als Mütter und Väter zulänglich sind. Eine Flut von Ratgeberliteratur hat ihr Selbstvertrauen erschüttert. Das Buch versucht, die von verwirrenden Erziehungsratschlägen zugeschüttete Sensibilität für die wichtigsten psychischen Bedürfnisse eines Kindes freizulegen und gleichzeitig das Vertrauen der Eltern in die Macht ihrer Gefühle zu stärken. In reportageartigen Darstellungen durchschnittlicher und extremer Lebenssituationen schildert die Autorin, wie Kinder Geburt, Geburtsklinik, Krankenhaus- und Heimaufenthalte, Behinderungen, Trennungen von den Eltern, aber auch unterschiedliche Familiensituationen erleben. Ergänzt werden diese Schilderungen durch Passagen, die zusammenfassend und erklärend wiedergeben, was die Wissenschaft in den letzten Jahren über die Folgen seelischer Vereinsamung herausgefunden hat. An Hand der bedeutungsvollsten Entwicklungsschritte und »sensiblen Phasen« erklärt das Buch, wie in den ersten Tagen und Jahren die Weichen für ein ganzes Leben gestellt werden.

Kösel-Verlag München